权威·前沿·原创

皮书系列为
"十二五""十三五""十四五"时期国家重点出版物出版专项规划项目

B

BLUE BOOK

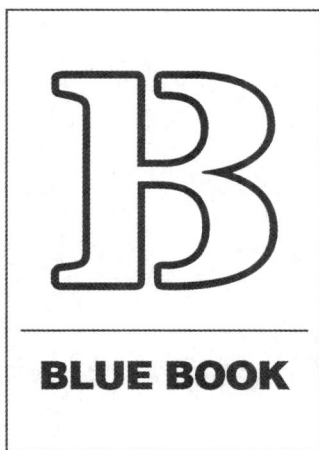

智库成果出版与传播平台

装备制造业蓝皮书

BLUE BOOK OF EQUIPMENT MANUFACTURING INDUSTRY

中国装备制造业发展报告
（2024）

REPORT ON THE DEVELOPMENT OF EQUIPMENT
MANUFACTURING INDUSTRY IN CHINA (2024)

组织编写／机械工业经济管理研究院

主　编／徐东华　　史仲光
副主编／张　挺

社会科学文献出版社
SOCIAL SCIENCES ACADEMIC PRESS (CHINA)

图书在版编目（CIP）数据

中国装备制造业发展报告. 2024 ／ 徐东华，史仲光
主编；张挺副主编. --北京：社会科学文献出版社，
2024. 11. --（装备制造业蓝皮书）. --ISBN 978-7
-5228-4198-4

Ⅰ . F426. 4

中国国家版本馆 CIP 数据核字第 2024WA7184 号

装备制造业蓝皮书

中国装备制造业发展报告（2024）

主　　编／徐东华　史仲光
副 主 编／张　挺

出 版 人／冀祥德
责任编辑／张建中
文稿编辑／刘　燕
责任印制／王京美

出　　版／社会科学文献出版社·文化传媒分社（010）59367004
　　　　　地址：北京市北三环中路甲 29 号院华龙大厦　邮编：100029
　　　　　网址：www. ssap. com. cn
发　　行／社会科学文献出版社（010）59367028
印　　装／天津千鹤文化传播有限公司

规　　格／开　本：787mm×1092mm　1/16
　　　　　印　张：20　字　数：301 千字
版　　次／2024 年 11 月第 1 版　2024 年 11 月第 1 次印刷
书　　号／ISBN 978-7-5228-4198-4
定　　价／168. 00 元

读者服务电话：4008918866

装备制造业蓝皮书编委会

主要编撰者简介

徐东华　国家二级研究员、教授级高级工程师、编审、享受国务院政府特殊津贴专家，国务院国资委机械工业经济管理研究院党委书记、院长，《智慧中国》杂志社社长、总编辑，国家重大技术装备专家委员会委员。曾任中共中央书记处农村政策研究室副研究员，国务院发展研究中心研究员、研究室主任，国务院国资委研究中心研究员，中国机械工业联合会专家委员，中国石油和化学工业联合会专家委员，国家发展改革委工业项目评审委员，福建省政府、德州市政府等经济顾问。参加了国家"八五"至"十四五"国民经济和社会发展规划研究工作，我国多个工业主管部委的产业政策、行业发展规划工作，以及我国制造业、装备制造业发展规划工作，所撰写的研究报告多次被中央政治局常委和国务院总理等领导批转至国家经济综合部、委、办、总局，相关政策性建议被采纳。兼任中共中央"五个一工程"奖评委，中央电视台特邀财经观察员，中国社会科学院经济所、金融所、工业经济所博士生答辩评审委员，北京大学光华管理学院、清华大学经济管理学院、中国传媒大学、北京化工大学、厦门大学兼职教授，长征火箭股份有限公司等上市公司独立董事。在《经济日报》《光明日报》《经济参考报》《求是》《经济学动态》《经济管理》等报刊发表百余篇理论研究文章。

史仲光　教授级高级工程师，机械工业经济管理研究院副院长兼职业发展与评价研究所所长、机械工业职业技能鉴定指导中心执行主任。具有 30

余年机械行业从业经历，在机械企业曾从事产品设计、质量管理、生产管理、战略规划和综合管理工作16年，在机关和事业单位从事机械行业、轻工行业发展规划制定，质量管理，职业技能鉴定工作15年。主持和参与了2015年版《中华人民共和国职业分类大典》（机械部分）和《中国机械工业职业发展观察报告》（2013）的编写，主持并参与了"机械工业职业技能鉴定工作管理体系研究"（2003）、"2004～2010年机械工业高技能人才队伍建设振兴方案的研究"（2004）、"机械工业标准化职业培训认证体系研究"（2005）、"机械行业国家职业（工种）分类体系研究"（2007）课题。主持并参与了《电站锅炉》《电线电缆》《数控机床》中关于劳动定额标准的编审，以及《车工》《铣工》《变压器制造工》《汽车装调工》《轴承制造工》《弹簧工》《数控机床装调维修工》《工程机械维修工》《电梯安装维修工》《模具工》《汽车技术服务师》等百余本国家职业标准和职业培训教程的编写与审定工作，这些作品由中国劳动社会保障出版社或机械工业出版社出版发行。

张　挺　中国科学院博士，正高级经济师，机械工业经济管理研究院院长助理、产业经济研究所所长、重大技术装备研究中心主任、环境能源研究所所长，《智慧中国》杂志社副社长，企业社会价值实验室副理事长。主要研究方向为产业经济、复杂系统理论等。入选2021年度"中国产业研究青年学者百强"。参与编写出版2017～2022年《装备制造业蓝皮书：中国装备制造业发展报告》和《区块链蓝皮书：中国区块链发展报告（2023）》等多部专著。长期支持工业和信息化部、国家发展改革委等中央部委政策文件撰写及重大课题项目。主持了中国制造业上市公司创造价值百强报告、制造业上市公司ESG发展评价等研究项目。在《管理世界》《中国人口·资源与环境》《宏观经济管理》等权威核心刊物发表多篇文章。

摘　要

习近平总书记指出，装备制造业是国之重器，是实体经济的重要组成部分。装备制造业为各经济部门生产装备，是国民经济的支柱性产业，其发展水平关乎国家安全和国际影响力。"十四五"以来，中国装备制造业跻身国际领先水平，产业增加值大幅提升，结构布局持续优化，核心技术实现突破性进展。但装备制造业也面临供需错配、产业链条薄弱和创新能力不足等问题。为加速新旧动能转换，中国装备制造业应秉承"鼎新"的发展思路，建设制造强国。

《中国装备制造业发展报告（2024）》分为总报告、行业篇、企业篇和专题篇。总报告介绍2023年中国装备制造业的发展情况，对中国装备制造业发展进行展望并提出发展政策建议。行业篇分析2023年通用设备制造业、专用设备制造业、电气机械和器材制造业、仪器仪表制造业四个细分行业的发展情况、面临的问题，并提出发展建议。企业篇介绍2023年中国制造业上市公司价值创造情况，评选中国装备制造业上市公司价值创造100强，分析技术创新企业典型案例。专题篇对2023年国际装备制造业和船舶与海洋工程装备行业发展情况进行专题研究。

总报告指出，2023年，中国装备制造业增加值增速有所回升，资产规模稳步增长，产品结构持续升级，总体运行稳中向好，自主创新能力不断增强，对外贸易稳步增长。但在国际层面，中国装备制造业仍面临核心技术国际依存度高、高端装备领域缺乏国际话语权、产业布局有待优化、智能化和绿色化程度不足等问题。围绕发展困境，总报告从创新发展、优化产业布局、加快产业转型、构建产业生态、促进品牌质量提升、培育高端人才和提高对外合作水平等方面提出建议。

行业篇通过对通用设备制造业等四个细分行业发展情况的研究表明，2023年，四个细分行业稳步发展，多个领域子行业实现产量提升和重大技术攻关，部分核心技术达到全球领先水平。但各细分行业仍存在创新动能不足、产业结构失衡、营商环境有待优化等问题，需要加快向高端化、智能化、绿色化和品牌化发展。

企业篇通过分析中国制造业上市公司价值创造情况得出，制造业上市公司在资产价值、产业价值和创新价值等方面表现出色。选取三家典型装备制造业企业进行案例研究发现，这三家企业在技术创新过程中采取的构建科研机制、探索合作模式、推动智能制造等举措，为装备制造业企业进行技术创新和管理方法改进提供了参考。

专题篇通过探究国际装备制造业发展概况得出，各国在芯片、航空航天、医疗、机器人等多个领域取得突破。美国、德国、日本在制造业领域仍处于全球领先地位。各国专注于加强本国制造业的技术攻关、稳固产业链韧性、探索绿色化智能化发展路径。此外，分析智能制造和绿色制造发展情况发现，国际层面制造业数字化和绿色化转型取得突破，但中国企业仍存在不足，需要坚持绿色发展理念，推动智能制造稳步升级。

关键词： 装备制造业　智能制造　绿色制造

目 录 ◩

I 总报告

Ⅱ 行业篇

Ⅲ 企业篇

Ⅳ 专题篇

皮书数据库阅读使用指南

总报告

B.1

2023年中国装备制造业发展概况

徐东华*

摘 要： 本报告主要从产业规模、经济运行、产业结构、技术创新等方面整理总结了2023年中国装备制造业的发展概况。中国装备制造业的增加值增速继续恢复，资产规模稳步增长，各细分行业固定资产投资增速不均，产品结构持续升级。2023年，中国装备制造业整体运营相对稳定，营业收入稳步增长，营业成本同步上升，利润总额整体略有减少，盈利能力略微下降，偿债能力基本持平。从细分行业看，主要行业的资产规模和营业收入出现分化特征。在技术创新方面，中国装备制造业研发经费支出保持稳步增长，科技创新能力和水平不断提升。在对外经济方面，中国装备制造业对外贸易表现呈分化趋势，对外直接投资稳步增长，外商投资力度加大。

---

* 徐东华，国家二级研究员、享受国务院政府特殊津贴专家，国务院国资委机械工业经济管理研究院党委书记、院长，《智慧中国》杂志社社长、总编辑。

关键词: 产业结构 技术创新 装备制造业

一 2023年中国装备制造业产业规模概况

(一)增加值增速有所回升

2023 年,中国装备制造业增加值增速为 6.8%,比 2022 年提高 1.2 个百分点,超过全国工业增加值增速 2.2 个百分点,与全国制造业增加值增速(7.1%)接近。按月份看,受到宏观经济形势回暖的影响,1~12 月制造业增加值增速呈现恢复性上升趋势(见表 1)。

表 1 2023 年 1~12 月中国规模以上工业和制造业增加值增速

单位:%,个百分点

月份	规模以上工业		制造业	
	本月	累计	本月	累计
1~2	—	2.4	—	2.1
3	3.9	3.0	4.2	2.9
4	5.6	3.6	6.5	3.9
5	3.5	3.6	4.1	4.0
6	4.4	3.8	4.8	4.2
7	3.7	3.8	3.9	4.2
8	4.5	3.9	5.4	4.3
9	4.5	4.0	5.0	4.4
10	4.6	4.1	5.1	4.5
11	6.6	4.3	6.7	4.7
12	6.8	4.6	7.1	5.0

资料来源:国家统计局网站,如无特殊说明,本报告数据均来自国家统计局。

2023 年,中国装备制造业 8 个细分行业增加值增速均为正,且除电气机械和器材制造业增速较 2022 年度有一定幅度的下降外,其他 7 个行业增加值增速较 2022 年均有一定幅度的增长。其中，通用设备制造业，汽车制造业，计算机、通信和其他电子设备制造业，金属制品、机械和设备修理业这四个行业的增加值增速均出现大幅上升（见表 2）。

表 2　2022～2023 年中国装备制造业各细分行业增加值增速

单位：%，个百分点

行业	2022 年	2023 年	同比增减
通用设备制造业	-3.4	4.6	8.0
专用设备制造业	-0.5	3.6	4.1
汽车制造业	-5.9	20.0	25.9
铁路、船舶、航空航天和其他交通运输设备制造业	2.0	5.6	3.6
电气机械和器材制造业	10.8	10.1	-0.7
计算机、通信和其他电子设备制造业	1.1	9.6	8.5
仪器仪表制造业	-1.2	5.9	7.1
金属制品、机械和设备修理业	-0.4	14.6	15.0

（二）资产规模稳步增长

中国装备制造业资产规模在 2023 年 12 月末累计达到 580068.8 亿元，同比增长 7.85%。按月份看，装备制造业资产规模同比增速全年保持在 7.5% 以上，1~10 月增速总体呈现下降趋势，11 月出现回升，12 月再次下降（见图 1）。

（三）各细分行业固定资产投资同比增速不均

2022～2023 年中国装备制造业细分行业固定资产投资同比增速不均。其中涨幅最大的是金属制品、机械和设备修理业，同比上升 93.8 个百分点；固定资产投资增速下降的行业有通用设备制造业，专用设备制造业，电气机

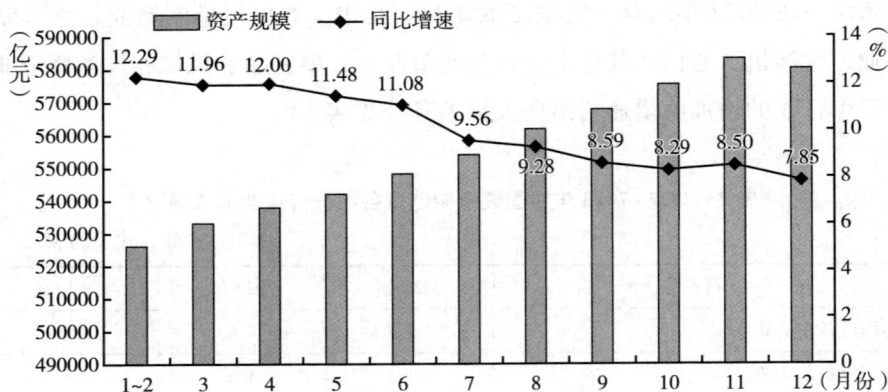

图1　2023年1~12月中国装备制造业累计资产规模和同比增速

械和器材制造业，计算机、通信和其他电子设备制造业、仪器仪表制造业，其余两个行业固定资产投资增速均为正（见表3）。

表3　2022~2023年中国装备制造业各细分行业固定资产投资增速

单位：%，个百分点

行业	2022年	2023年	同比增减
通用设备制造业	14.8	4.8	−10.0
专用设备制造业	12.1	10.4	−1.7
汽车制造业	12.6	19.4	6.8
铁路、船舶、航空航天和其他交通运输设备制造业	1.7	3.1	1.4
电气机械和器材制造业	42.6	32.2	−10.4
计算机、通信和其他电子设备制造业	18.8	9.3	−9.5
仪器仪表制造业	37.8	14.4	−23.4
金属制品、机械和设备修理业	−22.4	71.4	93.8

（四）产品结构持续升级

2023年，中国装备制造业的主要产品生产量和销售量稳步增长，产品结构不断升级，带动中国装备制造业持续发展与壮大。装备制造业的发展与壮大进一步促进了中国优势产业发展，补齐了产业基础能力短板。

一是新能源汽车和轨道交通装备等优势产业的产品进一步迭代升级，带动装备制造业快速发展。国家明确延续车辆购置税减免政策，深入推进新能源汽车下乡活动、公共领域车辆全面电动化试点、"中国汽车品牌向上发展"专项活动，释放新能源汽车产业活力。1~11月，新能源汽车销量同比增长36.7%，达到830.4万辆，占新车总销量的30.8%；出口109.1万辆，同比增长83.5%。轨道交通设备行业的创新能力不断增强，继续保持行业龙头地位。例如，雅万高铁依托CR400AF型"复兴号"动车组，全面融合印度尼西亚文化特色，成为中国和印度尼西亚共建"一带一路"的"金字招牌"。

二是工业母机、仪器仪表、农机装备等产业基础领域产品硬件质量进一步提升，产业短板得到补齐。机床产品国际竞争力不断增强，机床工具首次实现全部9个商品类别贸易顺差。光学元件精密制造装备工程化能力大幅提升，精密磨削、平面快速抛光、非球面快速抛光等装备实现突破。六自由度激光跟踪仪技术达到国际先进水平，四极杆飞行时间液质联用仪填补国内空白。另外，农机装备智能化建设成效明显，农机装备智能化发展取得了阶段性成果。在15个省（区、市）建设26个无人农业作业试验区，智能农机累计作业面积达1.79亿亩。支持开展智能农机装备管理平台建设，可实时监控超过16万台农机装备状态及作业情况。

二 2023年中国装备制造业经济运行概况

（一）整体运行相对稳定

1.营业收入稳步增长

2023年1~12月，中国装备制造业的营业收入总计471772.6亿元，呈稳步增长态势，营业收入较2022年增长2.11%。从月度数据来看，2023年

1~2月和7月的营业收入相较于2022年同期有所下降，其余月份的营业收入相较于2022年同期均有所提升，其中4月的增幅最大，达到10.09%（见图2）。

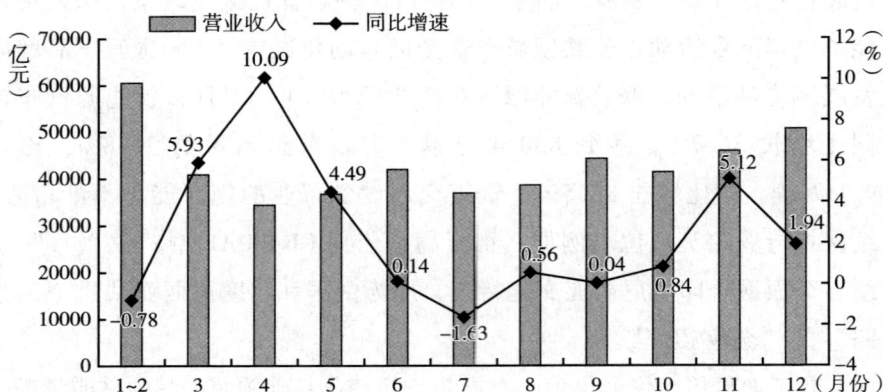

图2　2023年1~12月中国装备制造业营业收入和同比增速

2. 营业成本同步上升

2023年1~12月，中国装备制造业发生营业成本399735.7亿元，较2022年增长1.88%。从月度数据来看，1~2月、6月、7月、8月和9月的营业成本相较于2022年同期稍有下降，其他各月均同比有所提升。同比增速整体呈现先扬后抑再震荡回升的态势，并在7月出现了-2.61%的最低增速，并在4月达到了年内的最高增速8.95%（见图3）。

3. 利润总额整体略有减少

2023年1~12月，中国装备制造业相关企业利润总额达到26242.2亿元，较2022年降低2.05%。从月度数据来看，同比增速起伏较大，利润总额呈现波动增加的态势。具体来讲，1~4月增速持续提高，5月略有下降，6月回升至最高点19.08%，7月降低至-14.56%，8月迅速回升至12.33%，9月回落至次低点-15.83%，之后持续回升至11月的6.32%，最后下降至12月的1.10%。6月增速显著提升，而1~2月增速明显回落（见图4）。

图3　2023年1~12月中国装备制造业营业成本和同比增速

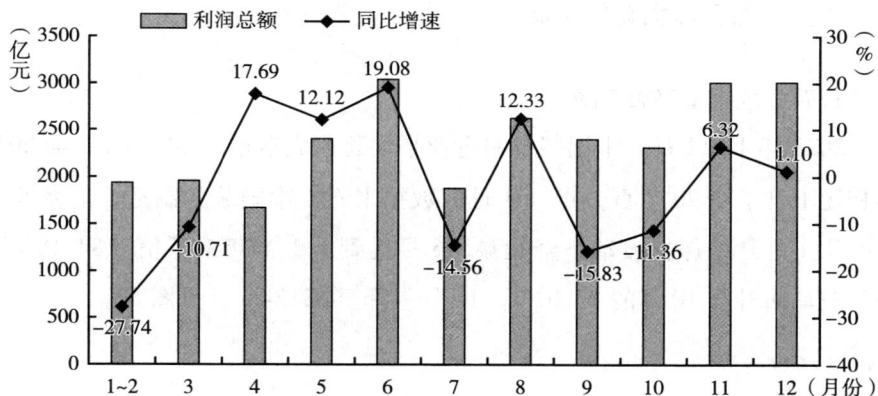

图4　2023年1~12月中国装备制造业利润总额和同比增速

（二）营运能力不断降低

2023年1~12月，中国装备制造业平均总资产周转率为0.81次，较2022年下降6.52%。从月度数据看，2023年1~2月中国装备制造业总资产周转率为全年最高点（0.12次），此后持续下滑至4月的0.06次，之后处于震荡上升态势（见图5）。

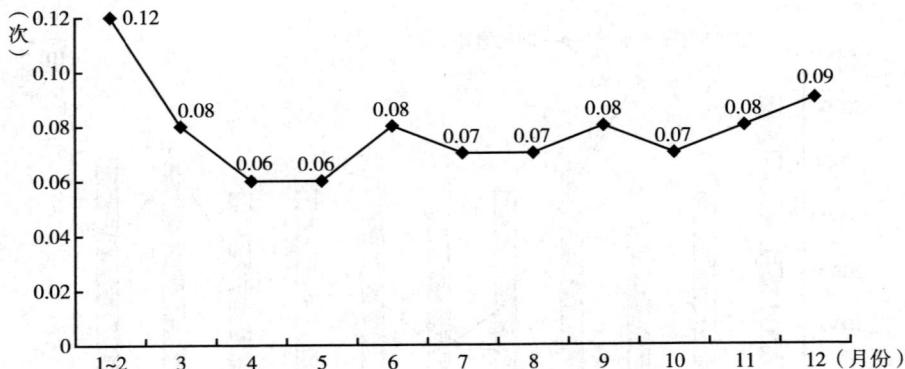

图5 2023年1~12月中国装备制造业总资产周转率

（三）盈利能力略微下降

1. 营业成本率略微下降

2023年1~12月，中国装备制造业平均营业成本率为84.74%，与2022年相比上升了0.20个百分点。从月度数据来看，中国装备制造业的营业成本率从1月开始保持波动下降趋势，6月达到了上半年最低值（84.18%），随后波动回升至10月的85.01%，12月下降至82.34%（见图6）。

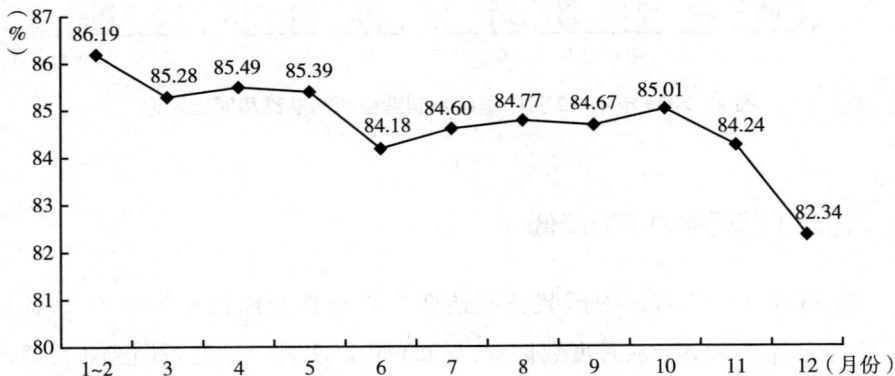

图6 2023年1~12月中国装备制造业营业成本率

2. 总资产利润率整体有所下降

2023 年中国装备制造业盈利稳健，总资产利润率达 4.52%，但同比微降 0.57 个百分点。从月度数据来看，1~4 月总资产利润率下降，4 月的总资产利润率为全年最低点（0.31%），6 月总资产利润率平稳提升至最高点 0.55%，随后波动下降至 11 月和 12 月的次高点 0.52%（见图 7）。

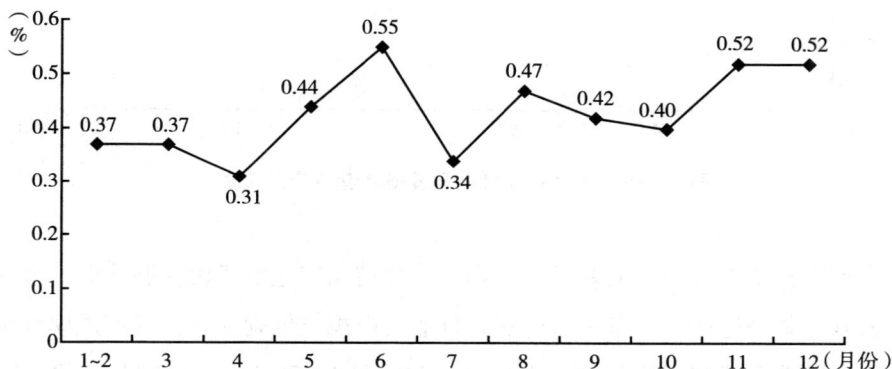

图 7　2023 年 1~12 月中国装备制造业总资产利润率

（四）偿债能力基本持平

2023 年末，中国装备制造业的资产负债率为 57.05%，比 2022 年末提高了 0.49 个百分点，偿债能力基本持平。从月度数据来看，中国装备制造业资产负债率整体呈现波动上升趋势，年末略有下降，全年最低值为 1~2 月的 56.54%，最高值为 10 月的 57.73%（见图 8）。

三　2023年中国装备制造业产业结构概况

（一）各行业资产规模分化

2023 年，中国装备制造业不同行业的资产规模呈现分化趋势，细分行

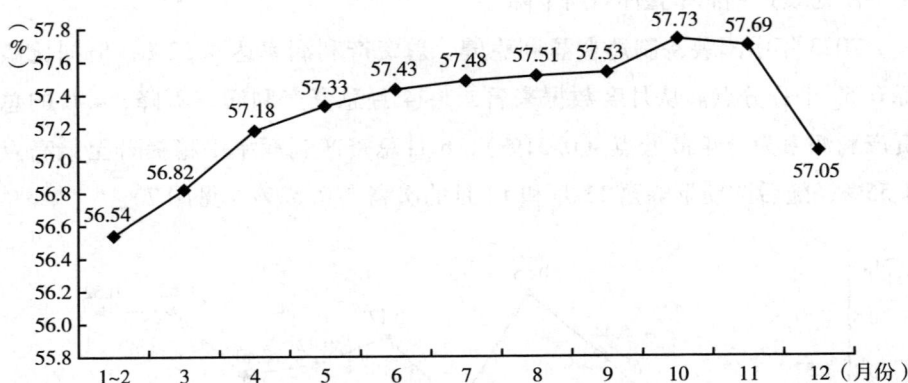

图8 2023年1~12月中国装备制造业资产负债率

业资产规模增速呈现较大差异。计算机、通信和其他电子设备制造业，电气机械和器材制造业、汽车制造业三大行业资产规模位列前三。资产规模分别占装备制造业资产规模的32.01%、21.24%和18.73%。金属制品、机械和设备修理业在资产规模增速上表现最为突出，同比增速高达55.89%，其次是电气机械和器材制造业（14.43%）（见表4）。

表4 2023年中国装备制造业细分行业资产规模及同比增速

单位：亿元，%

行业	资产规模	同比增速
通用设备制造业	62550.2	8.27
专用设备制造业	60062.6	8.66
汽车制造业	108668.3	11.98
铁路、船舶、航空航天和其他交通运输设备制造业	20226.0	4.11
电气机械和器材制造业	123229.9	14.43
计算机、通信和其他电子设备制造业	185692.2	10.17
仪器仪表制造业	15513.8	10.67
金属制品、机械和设备修理业	4125.8	55.89

（二）各行业营业收入呈现分化趋势

2023年，中国装备制造业的营业收入整体稳步上升。通用设备制造业，专用设备制造业，计算机、通信和其他电子设备制造业的营业收入出现了不同程度的下滑，降幅分别为-1.72%、-3.50%和-2.21%。其他细分行业营业收入均保持增长。其中，金属制品、机械和设备修理业的营业收入增长最为明显，增速达到23.00%；紧随其后的是汽车制造业，较2022年增长8.69%；电气机械和器材制造业的营业收入较2022年上涨了6.18%（见表5）。

表5 2023年中国装备制造业细分行业营业收入及同比增速

单位：亿元，%

行业	营业收入	同比增速
通用设备制造业	47072.2	-1.72
专用设备制造业	36745.1	-3.50
汽车制造业	100975.8	8.69
铁路、船舶、航空航天和其他交通运输设备制造业	13661.1	1.34
电气机械和器材制造业	110059.9	6.18
计算机、通信和其他电子设备制造业	151067.8	-2.21
仪器仪表制造业	10112.2	2.81
金属制品、机械和设备修理业	2078.5	23.00

（三）多个行业营业成本增速下降

2023年，除汽车制造业以及金属制品、机械和设备修理业以外，中国装备制造业其余6个细分行业营业成本的增速均呈现下降趋势。电气机械和器材制造业营业成本增速降幅最大，降低了-17.13个百分点。计算机、通信和其他电子设备制造业、电气机械和器材制造业、汽车制造业三大行业营业成本较高，分别占32.86%、23.46%和21.92%，合计占装备制造业营业成本的78.24%（见表6）。

表6 2023年中国装备制造业细分行业营业成本情况

行业	2023年营业成本（亿元）	2023年增速（%）	2022年增速（%）	同比增减（个百分点）
通用设备制造业	37903.6	-3.46	1.75	-5.21
专用设备制造业	28458.4	-4.98	3.73	-8.71
汽车制造业	87626.9	9.76	7.79	1.97
铁路、船舶、航空航天和其他交通运输设备制造业	11403.6	0.05	2.46	-2.41
电气机械和器材制造业	93780.6	5.30	22.43	-17.13
计算机、通信和其他电子设备制造业	131357.5	-2.00	10.27	-12.27
仪器仪表制造业	7466.9	0.77	8.78	-8.01
金属制品、机械和设备修理业	1738.2	21.27	15.72	5.55

（四）各行业利润水平差别较大

2023年，中国装备制造业8个细分行业均实现了盈利，但不同行业的利润总额存在明显差异。汽车制造业，电气机械和器材制造业，计算机、通信和其他电子设备制造业利润总额均超过5000亿元，分别为5086.3亿元、6334.5亿元和6411.3亿元，在整个装备制造业中合计占比高达67.95%。五大行业较2022年正增长，三大行业负增长。各细分行业中，利润总额涨幅最大的是铁路、船舶、航空航天和其他交通运输设备制造业，涨幅为16.27%；计算机、通信和其他电子设备制造业的跌幅居首位，达到-13.24%（见表7）。

表7 2023年中国装备制造业细分行业利润总额及同比增速

单位：亿元，%

行业	利润总额	同比增速
通用设备制造业	3427.8	5.46
专用设备制造业	2878.0	-5.84
汽车制造业	5086.3	-4.39

续表

行业	利润总额	同比增速
铁路、船舶、航空航天和其他交通运输设备制造业	893.8	16.27
电气机械和器材制造业	6334.5	7.08
计算机、通信和其他电子设备制造业	6411.3	−13.24
仪器仪表制造业	1049.9	3.17
金属制品、机械和设备修理业	160.6	12.00

四 中国装备制造业技术创新概况

（一）创新引领动能转换

1. 重大技术装备成果较为突出

2023年推出"大国重器"系列。中国首个深海浮式风电平台——由中国海洋石油集团投资建设的"海油观澜号"，于1月2日在青岛完成浮体总装下线。1月6日，国内首台国产体外膜肺氧合机（ECMO）整机及配套耗材获得医疗器械注册证和生产许可证，获准上市销售。4月20日，由中国交通建设集团和中联重科合作研制的全球最大的塔吊——R20000-720塔吊正式竣工。由中国核工业集团牵头建设，中国自主研发的三代核电技术"华龙一号"世界首堆示范工程——福清核电5号、6号机组，5月5日正式通过竣工验收。2023年11月4日，由中国船舶集团主导设计建造的国内首艘大型邮轮"爱达·魔都号"圆满完成命名交付。

2. 工业"四基"出现质和量的突破

2023年中国装备制造业四大基础领域均实现不同程度的突破。例如，在核心基础零部件和元器件方面，宁德时代开发的滑板底盘实现了技术突破。

3. 装备领域智能化趋势明显

智能网联汽车、智能医疗、机器人、智能检测装备和智能工厂等战略性新兴产业快速发展，促进制造业智能化水平稳步提升。政府发布相关文件，建立车联网行业规范体系，并启动智能网联汽车准入试点。成功研发一系列先进医疗设备并应用于临床，帮助优质医疗资源向基层延伸，实现智慧医疗和远程医疗，上市获批的人工智能医疗设备超过 100 种。骨科手术机器人与腹腔内窥镜机器人通过 5G 技术已联合完成 400 余例远程手术。机器人制造板块整体走强，涨幅稳定，整体涨幅居前。机器人产业 1～11 月营收逾 1465 亿元，同比增长 10.1%。工业机器人的新装机数量占比超过一半，同时在全球范围内约占 1/3。2023 年，中国按场景化思路遴选出 421 家智能制造示范工厂，带动地方建设万余家数字化车间和智能工厂。新型网络、数字孪生、人工智能等新技术在 90% 以上的示范工厂得到应用。

（二）研发投入不断增长

1. 内部研发经费支出整体增长

内部研发经费支出实现稳步增长，同时各细分行业内部研发经费增长情况存在差异。2022 年，中国内部研发经费支出总额为 11200.99 亿元，比上年增长 12.92%。从行业角度来看，计算机、通信和其他电子设备制造业的内部研发经费支出金额最大，总计达到 4099.93 亿元。汽车制造业研发内部经费支出较上年增长最快，增幅达 16.75%。

内部研发经费仍主要用于日常性开支。2022 年中国装备制造业内部研发经费日常性支出为 10534.9 亿元，同比增长 13.60%，占全国内部研发经费的 94.05%，比上年提高 0.56 个百分点。资产性支出达 666.12 亿元，同比增长 3.18%。在 8 个细分领域中，汽车制造业内部研发经费增长最多，其中日常性支出和资产性支出分别同比增长 18.65% 和下降 14.67%；金属制品、机械和设备修理业资产性支出同比降幅最大，较上年下降 55.22%（见表 8）。

表8 2022年中国装备制造业内部研发经费的总体支出情况

单位：亿元，%

行业	日常性支出		资产性支出		内部研发经费	
	金额	增速	金额	增速	金额	增速
通用设备制造业	1124.45	6.39	66.14	6.40	1190.59	6.39
专用设备制造业	1094.85	11.37	55.24	5.50	1150.09	11.07
汽车制造业	1582.89	18.65	68.76	−14.67	1651.65	16.75
铁路、船舶、航空航天和其他交通运输设备制造业	594.65	2.80	38.58	−7.66	633.23	2.10
电气机械和器材制造业	1976.71	14.21	121.79	39.38	2098.49	15.42
计算机、通信和其他电子设备制造业	3803.89	16.23	296.05	−2.91	4099.93	14.59
仪器仪表制造业	335.27	12.32	18.83	27.49	354.09	13.03
金属制品、机械和设备修理业	22.19	17.16	0.73	−55.22	22.92	11.42

资料来源：2022~2023年《中国科技统计年鉴》。

2. 内部研发经费呈分化趋势

企业资金为主要资金来源。从中国装备制造业企业内部研发经费来源分布来看，2022年，经费来源的96.54%为企业经费，达到10813.56亿元，同比增长13.59%；政府资金完成368.85亿元，比上年减少1.36%，占各项资金来源的3.29%；境外资金仅占0.09%，金额为9.87亿元，比上年减少40.79%；其他资金占比极低，金额为8.71亿元。

企业资金显示出明显的成长性。2022年，除铁路、船舶、航空航天和其他交通运输设备制造业企业资金小幅下降外，其余各细分行业企业资金均出现上升。分行业看，2022年计算机、通信和其他电子设备制造业企业到位资金最多，达到3969.88亿元，占企业资金总额的36.71%；汽车制造业企业资金增速最快，总计1632.41亿元，同比增长17.13%。

政府在资金分配上对某些板块有明显的倾斜。特别是对铁路、船舶、航空航天和其他交通运输设备制造业，政府投资力度最大，2022年投资总额达到142.85亿元，同比增长12.77%。金属制品、机械和设备修理业获得的政府拨款增长显著，增幅达 112.50%，远超上年。

境外资金和其他资金显著下降。总体来看，2022 年，除个别行业以外，装备制造业多数细分行业获得的境外资金及其他资金较上年有显著下降。仪器仪表制造业吸引境外资金的能力增强，呈现正增长态势。金属制品、机械和设备修理业获得的境外资金降幅最大，为 100.00%；仪器仪表制造业获得的其他资金降幅最大，为 55.00%（见表 9）。

表 9 2022 年中国装备制造业内部研发经费来源情况

单位：亿元，%

行业	企业资金		政府资金		境外资金		其他资金	
	金额	增速	金额	增速	金额	增速	金额	增速
通用设备制造业	1158.02	6.27	29.26	13.81	2.78	-7.02	0.53	-23.19
专用设备制造业	1120.01	12.41	29.12	-16.71	0.58	-84.28	0.38	-7.32
汽车制造业	1632.41	17.13	17.71	-2.10	0.50	-70.41	1.03	-16.94
铁路、船舶、航空航天和其他交通运输设备制造业	488.54	-0.77	142.85	12.77	0.28	-45.10	1.56	122.86
电气机械和器材制造业	2078.98	15.98	17.05	-23.27	1.81	-30.65	0.65	-12.16
计算机、通信和其他电子设备制造业	3969.88	15.56	122.38	-8.34	3.38	-28.09	4.29	0.94
仪器仪表制造业	343.32	14.44	10.14	-19.59	0.54	14.89	0.09	-55.00
金属制品、机械和设备修理业	22.40	11.33	0.34	112.50	0.00	-100.00	0.18	-35.71

资料来源：2022~2023 年《中国科技统计年鉴》。

3. 外部研发经费支出稳步增长

研发方面的对外开支呈现稳步上升的态势。2022 年中国装备制造业规模以上企业的外部研发经费支出达到 985.68 亿元，同比增长 8.55%。分行业看，除铁路、船舶和航空航天和其他交通运输设备制造业外部研发经费支出同比降幅较大外，其余行业全部实现上涨。计算机、通信和其他电子设备制造业在外部研发经费支出上独占鳌头，金额高达 514.08 亿元，同比增长 3.61%。外部研发经费支出增长最多的是汽车制造业，与 2021 年相比增长了 38.99%。

外部研发经费支出中对国内研究机构和高校支出略有下降，且呈现分化态势。2022年对国内研究机构和高校支出为303.07亿元，比上年减少14.35%，占外部研发经费支出的30.75%，同比减少8.21个百分点。从细分行业看，对国内研究机构和高校支出主要集中在计算机、通信和其他电子设备制造业及汽车制造业，这两个行业的占比为79.99%；金属制品、机械和设备修理业对国内研究机构和高校支出增长最快，增速达到233.33%（见表10）。

表10　2022年中国装备制造业规模以上企业外部研发经费支出情况

单位：亿元，%

行业	外部研发经费支出	增速	对国内研究机构和高校支出	增速
通用设备制造业	39.54	13.10	8.61	−6.31
专用设备制造业	32.94	2.23	10.11	16.34
汽车制造业	246.42	38.99	49.29	−2.32
铁路、船舶、航空航天和其他交通运输设备制造业	73.94	−22.75	25.07	−40.76
电气机械和器材制造业	61.71	23.54	13.33	37.99
计算机、通信和其他电子设备制造业	514.08	3.61	193.13	16.11
仪器仪表制造业	15.86	23.82	3.13	9.82
金属制品、机械和设备修理业	1.19	26.60	0.40	233.33

资料来源：2022~2023年《中国科技统计年鉴》。

4. 新产品开发项目数量同比增长较快

2022年中国装备制造业规模以上企业共完成56.79万项新产品开发项目，同比增长12.93%。新产品开发经费支出总计14740.95亿元，同比增长13.64%，销售收入达到178353.82亿元，同比增长8.53%。计算机、通信和其他电子设备制造业新产品开发经费支出、销售收入和出口收入均居首位，分别为5526.09亿元、61286.21亿元和24299.61亿元（见表11）。

表11　2022年中国规模以上装备制造业企业新产品研制情况

行业	新产品开发项目		新产品开发经费支出		新产品销售收入		新产品出口收入	
	数量（万项）	增速（%）	金额（亿元）	增速（%）	金额（亿元）	增速（%）	金额（亿元）	增速（%）
通用设备制造业	10.73	14.51	1528.70	8.76	16496.50	0.12	2242.97	3.26
专用设备制造业	9.87	14.24	1519.75	13.49	14153.90	9.98	1954.20	14.53
汽车制造业	6.28	11.74	2171.55	15.65	30512.71	−1.47	2639.62	63.66
铁路、船舶、航空航天和其他交通运输设备制造业	2.48	11.71	755.57	6.25	8749.45	12.99	1745.71	27.42
电气机械和器材制造业	11.51	10.67	2724.17	17.92	43513.54	23.78	8325.09	19.02
计算机、通信和其他电子设备制造业	12.40	13.55	5526.09	13.72	61286.21	6.30	24299.61	2.95
仪器仪表制造业	3.35	12.04	490.78	10.62	3464.81	4.38	480.90	12.62
金属制品、机械和设备修理业	0.17	30.77	24.34	−0.98	176.70	9.24	27.67	30.40

资料来源：2022~2023年《中国科技统计年鉴》。

（三）研发组织建设持续加快

1.研发机构总量同比增长

中国装备制造业规模以上企业在2022年设立的研发机构数量达到63302个，同比增长11.61%；经费支出为10386.07亿元，同比增长2.28%；仪器和设备购置金额同比增长16.02%至6826.76亿元。

2.不同行业的研发机构差异较大

2022年，中国装备制造业中，计算机、通信和其他电子设备制造业的

R&D 人员总数最多，共计 104. 12 万人。研发机构经费支出、仪器和设备购置金额也最高，分别为 3527. 80 亿元、2278. 71 亿元；电气机械和器材制造业的研发机构数量最多，达到 14185 家。而通用设备制造业的机构数量增速最高，为 17. 94%；经费支出增速最高的是汽车制造业，为 19. 25%；仪器和设备购置金额增速最高的是金属制品、机械和设备修理业，达到 67. 27%（见表 12）。

表 12　2022 年中国装备制造业规模以上企业设立研发机构的情况

行业	机构		经费支出		仪器和设备购置	
	数量（家）	增速（%）	金额（亿元）	增速（%）	金额（亿元）	增速（%）
通用设备制造业	12956	17. 94	1051. 74	12. 81	915. 04	19. 58
专用设备制造业	10880	13. 29	1020. 11	17. 66	615. 85	−15. 33
汽车制造业	6320	12. 98	1881. 22	19. 25	1170. 24	30. 82
铁路、船舶、航空航天和其他交通运输设备制造业	2124	10. 40	439. 40	4. 49	530. 47	25. 44
电气机械和器材制造业	14185	10. 57	2102. 65	17. 98	1096. 41	13. 58
计算机、通信和其他电子设备制造业	13414	5. 62	3527. 80	−16. 65	2278. 71	22. 21
仪器仪表制造业	3300	11. 04	348. 54	6. 18	199. 60	−14. 01
金属制品、机械和设备修理业	123	12. 84	14. 61	3. 84	20. 44	67. 27

资料来源：2022~2023 年《中国科技统计年鉴》。

3. R&D 人员略微减少

R&D 人员总体略有减少，2022 年，中国装备制造业规模以上企业 R&D 人员总数、R&D 全时当量、研究人员总数分别为 320. 92 万人、235. 21 万人年、74. 11 万人，分别比上年减少 4. 09%、1. 52%、0. 19%。

4. 细分行业 R&D 人员多呈上升趋势

2022 年，除了仪器仪表制造业以外，其他 7 个行业的 R&D 人员总数都在增加，其中增速最高的是金属制品、机械和设备修理业，为

22.96%。计算机、通信和其他电子设备制造业研究人员总数为25.75万人，位居前列，增长9.25%。除仪器仪表制造业以外，其余7个细分行业的研究人员总数均有显著增长，其中汽车制造业增速最高，为25.81%（见表13）。

表13 2022年中国规模以上装备制造业企业R&D人员情况

行业	R&D人员		R&D人员		其中:研究人员	
	总数（万人）	增速（%）	全时当量（万人年）	增速（%）	总数（万人）	增速（%）
通用设备制造业	43.97	7.01	31.63	8.40	8.92	7.86
专用设备制造业	40.36	10.82	28.36	13.26	9.12	13.86
汽车制造业	44.71	18.78	32.68	35.45	10.92	25.81
铁路、船舶、航空航天和其他交通运输设备制造业	16.81	2.56	11.89	6.07	4.64	4.04
电气机械和器材制造业	55.78	4.65	40.60	7.64	10.80	4.15
计算机、通信和其他电子设备制造业	104.12	8.99	79.22	11.14	25.75	9.25
仪器仪表制造业	14.14	−73.47	10.12	−73.17	3.71	−64.22
金属制品、机械和设备修理业	1.03	22.96	0.71	12.70	0.25	4.17

资料来源：2022~2023年《中国科技统计年鉴》。

（四）科技产出侧重专利

1. 企业专利水平不断提升

中国装备制造业规模以上企业的专利申请数量在2022年高达94.80万件，同比增长8.19%。发明专利拥有量增长13.88%，达37.9万件；有效发明专利拥有量增长17.50%，达133.1万件。除金属制品、机械和设备修理业外，其余7个行业专利申请数量、发明专利拥有量和有效发明专利拥有量均呈增长态势。

在专利申请数量增速和发明专利拥有量增速两个指标上，汽车制造业表现最为突出，增速分别为 13.77% 和 34.81%；有效发明专利拥有量增速最为突出的是金属制品、机械和设备修理业，达到 23.53%（见表14）。

表14　2022年中国装备制造业规模以上企业专利申请情况

单位：万件，%

行业	专利申请		发明专利		有效发明专利	
	数量	增速	拥有量	增速	拥有量	增速
通用设备制造业	13.38	7.82	3.72	13.07	15.07	17.55
专用设备制造业	13.94	6.82	4.31	8.29	16.91	20.27
汽车制造业	9.83	13.77	3.64	34.81	9.10	12.48
铁路、船舶、航空航天和其他交通运输设备制造业	3.88	6.30	1.70	10.39	5.79	16.27
电气机械和器材制造业	21.71	9.15	7.29	14.08	22.88	19.29
计算机、通信和其他电子设备制造业	27.34	7.26	15.57	12.10	58.07	17.05
仪器仪表制造业	4.52	5.36	1.62	13.29	5.07	16.02
金属制品、机械和设备修理业	0.20	0.00	0.05	−16.67	0.21	23.53

资料来源：2022~2023年《中国科技统计年鉴》。

2. 技术获取和技术改造支出呈分化趋势

2022年中国装备制造业规模以上企业用于技术获取和技术改造的费用同比增长 6.96%，达到 2208.43 亿元。其中 64% 为技术改造经费支出，支出金额为 1423.14 亿元，同比增长 10.85%；19% 为购买境内技术经费支出，支出金额为 426.77 亿元，同比增长 59.17%；13% 为引进技术经费支出，支出金额为 279.11 亿元，同比下降 408.68%；4% 为消化吸收经费支出，支出金额为 79.41 亿元，同比增长 4.69%（见图9）。

分行业看，2022年，在引进技术和消化吸收方面，经费支出最高的

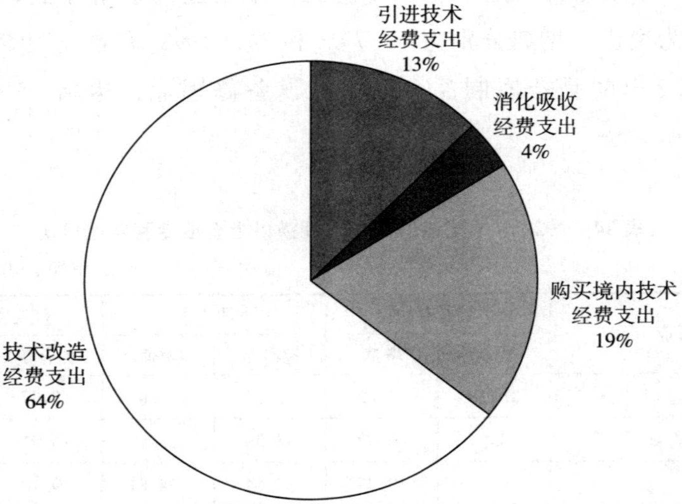

**图 9　2022 年中国规模以上装备制造业企业技术获取
与技术改造支出占比**

资料来源：2022～2023 年《中国科技统计年鉴》。

为汽车制造业，分别为 183.70 亿元和 61.84 亿元。在技术改造方面，支出最多的是计算机、通信和其他电子设备制造业，达到 471.32 亿元。在购买境内技术方面，电气机械和器材制造业经费支出居首位，总计 209.20 亿元。从增幅上看，金属制品、机械和设备修理业增幅最为显著，购买境内技术经费支出与一年前相比增长近百倍。在消化吸收经费支出方面，除电气机械和器材制造业外，其余 7 个行业总体呈明显下降趋势。在引进技术经费支出方面，铁路、船舶、航空航天和其他交通运输设备制造业进步明显，增长 2.56 倍；仪器仪表制造业也呈现大幅增长态势，同比增长 32.49%；通用设备制造业略有上升，为 7.73%；其他行业在引进技术方面的经费支出下降或持平。通用设备制造业、电气机械和器材制造业技术改造经费支出均实现了显著增长，增幅分别高达 35.29% 和 34.56%（见表 15）。

表 15   2022 年中国规模以上装备制造业企业技术获取和技术改造支出情况

单位：亿元，%

行业	引进技术经费支出		消化吸收经费支出		购买境内技术经费支出		技术改造经费支出	
	金额	增速	金额	增速	金额	增速	金额	增速
通用设备制造业	15.06	7.73	0.92	-60.17	10.71	-16.72	174.38	35.29
专用设备制造业	2.64	-0.75	1.77	-74.31	4.95	-12.54	78.93	-12.87
汽车制造业	183.70	-37.16	61.84	-1.20	35.32	27.92	287.90	26.91
铁路、船舶、航空航天和其他交通运输设备制造业	25.85	255.57	0.13	-74.51	36.30	5.77	99.56	-10.18
电气机械和器材制造业	10.72	-51.49	13.70	561.84	209.20	529.55	278.55	34.56
计算机、通信和其他电子设备制造业	38.53	-60.11	1.05	-28.08	121.52	-19.9	471.32	-4.68
仪器仪表制造业	2.61	32.49	0.00	-1.00	4.09	52.04	26.80	10.33
金属制品、机械和设备修理业	0.00	0.00	0.00	-1.00	4.68	9260.00	5.70	5.06

资料来源：2022~2023 年《中国科技统计年鉴》。

五 中国装备制造业对外经济分析

（一）对外贸易表现呈分化趋势

2023 年，中国装备制造业累计出口交货值已达 104498.4 亿元，比上年降低 1.56%。按行业来看，出口交货值高达 62390.8 亿元的计算机、通信和其他电子设备制造业占比高达 59.71%。六大行业出口交货值均较上年有所上升，金属制品、机械和设备修理业涨幅最大，较上年增长71.02%，通用设备制造业，计算机、通信和其他电子设备制造业出口交货值下降（见表 16）。

表 16　2023 年中国装备制造业出口交货值及同比增速

单位：亿元，%

行业	出口交货值	同比增速
通用设备制造业	6678.3	-2.43
专用设备制造业	5477.1	3.88
汽车制造业	8113.4	26.93
铁路、船舶、航空航天和其他交通运输设备制造业	2798.9	11.38
电气机械和器材制造业	17026.7	2.35
计算机、通信和其他电子设备制造业	62390.8	-6.57
仪器仪表制造业	1385.2	2.15
金属制品、机械和设备修理业	628.0	71.02

资料来源：国家统计局。

（二）对外投资稳步增长

1. 对外直接投资稳步增长

2023 年，中国实现对外直接投资 1478.5 亿美元，同比增长 0.9%，增速与 2022 年持平。2018~2023 年，中国对外直接投资规模总体保持增长趋势，从 1298.3 亿美元逐步增长到 1478.5 亿美元，增速先波动增加后放缓至持平（见图 10）。

2. 对北美洲、大洋洲的直接投资有所增加

2022 年，中国装备制造业对北美洲的投资额达到 72.7 亿美元，同比增长 10.5%，占当年中国装备制造业对外直接投资金额的 4.5%。与此同时，对大洋洲的投资达到了 30.7 亿美元，比上一年度增长了 44.8%（见表 17）。

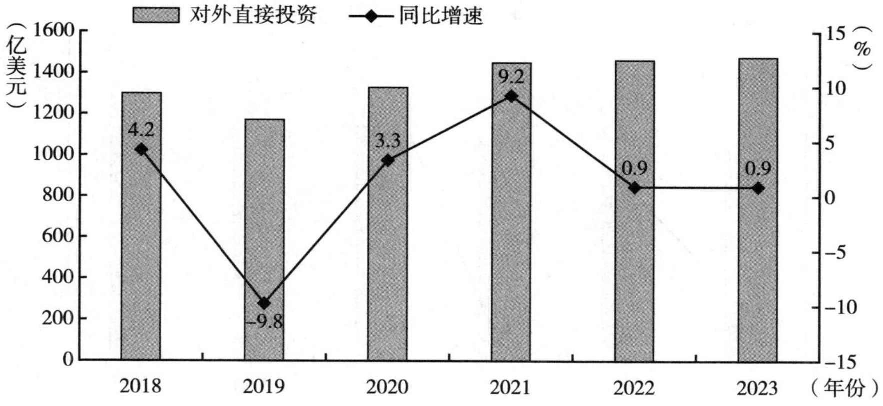

图 10 2018~2023 年中国对外直接投资及同比增速

资料来源：中国全行业对外直接投资简明统计。

表 17 2022 年中国对外直接投资金额地区分布情况

单位：亿美元，%

洲别	金额	同比增速	比重
亚洲	1242.8	-3.0	76.2
欧洲	103.4	-4.9	6.3
非洲	18.1	-63.7	1.1
北美洲	72.7	10.5	4.5
拉丁美洲	163.5	-37.5	10.0
大洋洲	30.7	44.8	1.9
合计	1631.2	-8.8	100.0

资料来源：《2022 年度中国对外直接投资统计公报》。

3. 对共建"一带一路"国家投资创历史最高

截至 2022 年底，中国对共建"一带一路"国家非金融类投资累计完成 209.7 亿美元，同比增速为 3.3%，占比达 17.9%。中国在共建"一带一路"国家的非金融类投资金额总体呈上升趋势，从 2017 年的 143.6 亿美元增加到 2022 年的 209.7 亿美元（见图 11）。

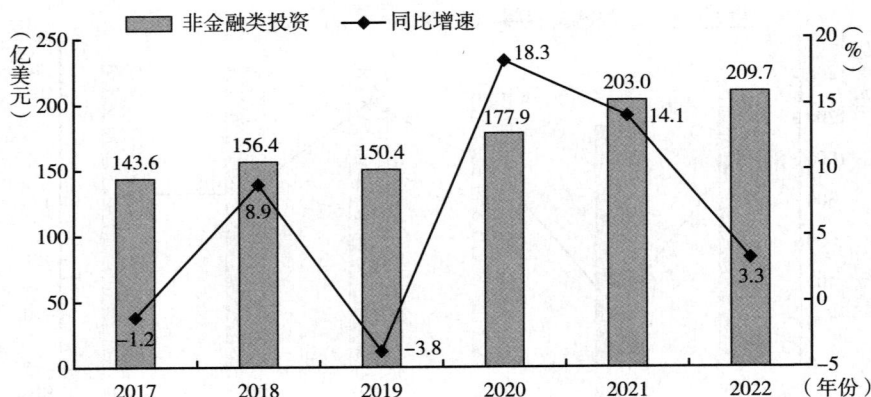

图11　2017~2022年中国对共建"一带一路"国家非金融类投资及同比增速

资料来源：商务部网站。

（三）外商投资力度加大

1.高技术制造业利用外资规模回升

2022年，中国新设立外商投资企业总数为38497户，同比减少19.2%。高技术制造业实际利用外资金额同比增长3.16倍至182.1亿美元（见表18）。

表18　2022年中国高技术产业利用外资情况

	新设企业数（户）	比重（%）	实际利用外资金额（亿美元）	比重（%）
总计	38497	100.0	1891.3	100.0
高技术产业	10885	28.3	683.5	36.1
高技术制造业	866	2.2	182.1	9.6
高技术服务业	10019	26.0	501.4	26.5

资料来源：商务部外资统计。

2.外商投资限制放松

2003年12月，为响应国家发展和改革委员会《〈中华人民共和国国民经济和社会发展第十四个五年规划和 2035 年远景目标纲要〉实施中期评估报告》的要求，取消制造业领域的外资准入限制，在吸引和利用外资方面采取更有力的措施，进一步开放服务业，扩大数码产品等市场准入。各级地方政府也出台了相关政策为制造业领域的外商投资松绑。以广东省为例，2023 年 7 月 4 日，韶关市人民政府印发了《韶关市进一步扩大对外开放积极利用外资若干政策措施（2023 年修订版）》，明确提出全面落实最新版《外商投资准入特别管理措施（负面清单）》的要求，扩大制造业、服务业、金融业等外资准入领域，做好外商投资项目服务管理，强化有关政策的宣传。

B.2
中国装备制造业发展展望

史仲光 李河新 张挺*

摘 要： 2023 年，全球经济逐步趋向稳定，各主要经济体的发展逐渐回归正轨。在国际层面，随着国际贸易增速放缓和外国直接投资势头疲软，产业链和供应链形成了相互依赖、不可分割的局面。然而，新科技革命推动产业模式的系统性变革，相关风险不容忽视。在国内方面，中国经济总量增速平稳，产业结构持续优化，科技创新能力不断提升，外贸规模再次刷新纪录。总体而言，2023 年中国制造业整体发展平稳，但仍存在"大而不强、全而不优"的矛盾，制造业的发展已进入攻坚阶段。目前，中国装备制造业投资市场风险投资活跃，企业并购和公开募股规模不断扩大，部分新兴技术和高端装备领域成为投资热点，例如 5G+工业互联网、绿色航空装备、工业机器人、智能检测装备等。

关键词： 装备制造业 工业互联网 高质量发展 机器人+

一 国内外经济形势分析

（一）全球经济格局面临深刻调整

1. 全球经济基本保持稳定

在经历了经济剧烈波动之后，全球经济在 2023 年逐步趋稳（见图 1）。

---

* 史仲光，教授级高级工程师，机械工业经济管理研究院副院长，兼职业发展与评价研究所所长，机械工业职业技能鉴定指导中心执行主任，主要从事职业教育评价与认证研究；李河新，博士，机械工业经济管理研究院发展战略研究所所长、城乡规划研究所执行所长，主要从事区域经济、产业经济研究；张挺，博士，正高级经济师，机械工业经济管理研究院院长助理、产业经济研究所所长、重大技术装备研究中心主任、环境能源研究所所长，《智慧中国》杂志社副社长，企业社会价值实验室副理事长，主要从事产业经济、复杂系统理论等研究。

尽管地缘政治不确定性增加，但全球经济展现出强大的韧性和自我恢复能力。在需求方面，私人消费和政府支出的强劲弥补了紧张的货币状况并支撑起了经济活动；从供应端来看，劳动力参与度的提升、供应链的持续优化以及能源和大宗商品价格的回落，有效地降低了地缘政治复杂性凸显所带来的障碍性影响。同时，人工智能技术的迅猛发展，不仅催生了更多的投资机会，也助力了生产率的快速提升。尽管如此，政治局势的不稳定仍然是全球经济面临的一大挑战，对整体经济形势产生了不可忽视的负面影响。例如，中东冲突造成了大宗商品价格上涨，红海危机造成亚欧运输成本显著增加。[①] IMF 预测显示，全球经济前景呈积极态势，预计 2024 年增速将提升至 3.1%。全球经济正逐渐走出低谷，迈向更为稳健的增长路径。[②]

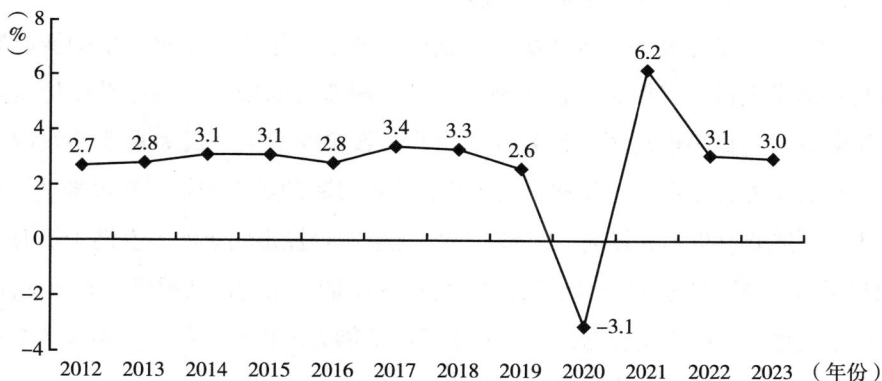

图 1　2012~2023 年全球 GDP 增速

资料来源：世界银行。

2. 国际贸易增速放缓

2023 年《全球贸易更新》报告显示，本年度全球贸易额难以突破 31 万

---

① 《2023 年国际国内经济形势分析》，"中金万瑞研究院"微信公众号，2024 年 2 月 5 日，https://mp.weixin.qq.com/s/xZ4noBXesM9ZjQfK6zpJow。

② 《走向"软着陆"？IMF 为何上调全球经济增长预期》，"海外网"百家号，2024 年 2 月 5 日，https://baijiahao.baidu.com/s? id=1790022712666274334&wfr=spider&for=pc。

亿美元，保持下滑趋势，较2022年下滑5%，近1.5万亿美元，全球国际贸易增速压力持续加大。贸易疲弱态势在许多行业有明显体现。2023年的全球贸易疲弱，既是全球地缘政治变化在经贸领域的体现，也与全球宏观经济的发展趋势有关。尽管全球进口产品需求表现出一定的弹性，且部分经济指标呈现改善的迹象，但宏观经济的不景气、持续紧张的地缘政治局势、高额债务和经济脆弱性仍对全球贸易规模产生了明显的负面影响。一方面，2023年持续的乌克兰危机、新一轮巴以冲突以及红海局势的紧张，使得多国面临更大的安全风险，倾向缩短原有的国际供应链或发展本土供应链，对全球贸易造成冲击。另一方面，全球经济复苏乏力，近两年经济增长持续低迷，新兴技术和产业对全球生产力增长的拉动作用并不明显，低迷的经济状况对全球贸易规模造成了显著冲击。

3. 新科技革命促进智能制造发展

2023年，数字经济、人工智能、新经济业态等进一步发展，推动智能制造行业焕发生机，智能制造正深刻改变世界制造的面貌，数字化设计仿真创新不断深入，显著推动了研发效率的提高。数字孪生工厂成为重要的发展方向，极大地提升工厂的建设和运营水平，生产过程的柔性和敏捷性也推动了核心生产制造能力跨越式提高。同时，智能化生产管控走向落实，有助于提升资源利用率。端到端的产品全周期贯通与协同为高端产品的创新提供了有力支撑。生产全过程的一体化整合与协作，实现了制造能力的提升。此外，供应链全环节的网络化调度管控也推动了产业模式的系统性变革。

4. 外国直接投资势头疲软

联合国贸易和发展会议发布的《全球投资趋势观察》指出，2023年全球外国直接投资预计增长，总量将达1.37万亿美元。尽管这一结果好于预期，但经济不确定性和利率高企对企业投资造成了影响。联合国贸易和发展会议提到，2023年初对经济衰退的担忧逐渐缓解，并且金融市场表现稳健，这些因素共同推动了全球外国直接投资的总体增长。但这一增长在很大程度上得益于几个欧洲"导管经济体"，如果除去这些经济体，那么全球外国直接投资实际上下降了18%。在发达国家中，欧盟的外国直接投资净额经历了显著变化，从 2022 年的-1500 亿美元大幅跃升至 2023 年的 1410 亿美元。这主要是由于卢森堡和荷兰这两个"导管经济体"有大量资金流入；除掉这两个国家来看，流入欧盟其他国家的资金实际上减少了 23%，其中好几个外国直接投资受益大国的资金流入有所下降。其他发达国家的资金流入同样停滞不前，其中北美地区为零增长，而其他地区则出现下滑。美国在 2023 年仍居外国直接投资榜首，但资金流入量同比缩减 3%。

（二）中国经济总量与增速位居世界前列

1. 国民经济运行总体平稳

2023 年，中国 GDP 达到 126.1 万亿元，比上年增长 5.2%（见图 2），略低于设定的预期目标，即 GDP 全年增长 6% 以上。虽然中国经济增长水平国际领先，2023 年中国经济对世界经济增长的贡献率预计超过 30%，但是中国经济增速整体处于放缓后稳步回升的阶段。2023 年中国人均 GDP 超过 1.25 万美元，外汇储备稳居全球首位，余额高达 3.238 万亿美元。

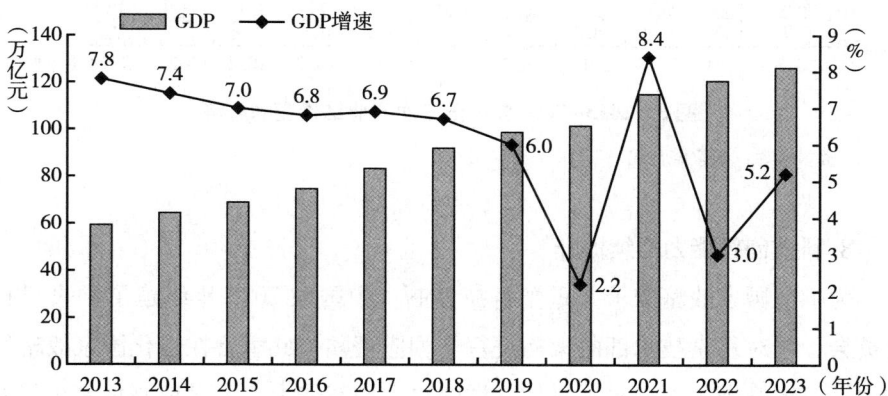

图 2 2013~2023 年中国 GDP 及其增速

资料来源：国家统计局。

2. 产业结构持续优化

2023 年，中国第一产业、第二产业和第三产业分别实现了 89755 亿元、

482589 亿元和 688238 亿元的增加值。相较于上年，第一产业增长 1.8%，第二产业增长 1.9%，第三产业则实现了 7.1% 的显著增长。三次产业占比分别为 7.1%、38.3% 和 54.6%。在 2023 年的经济构成中，第三产业增加值占 GDP 的 54.6%，相较于 2022 年有所增长，涨幅达到 1.2 个百分点。第三产业增加值比上年增长 8.2%，文化企业发展持续回升向好。随着扩内需、促消费政策的逐步落地生效，文娱休闲行业迅速恢复，居民的文化消费需求得到了有效释放。总体来看，2023 年中国产业转型与升级仍在稳步推进，产业结构呈现不断优化的态势。

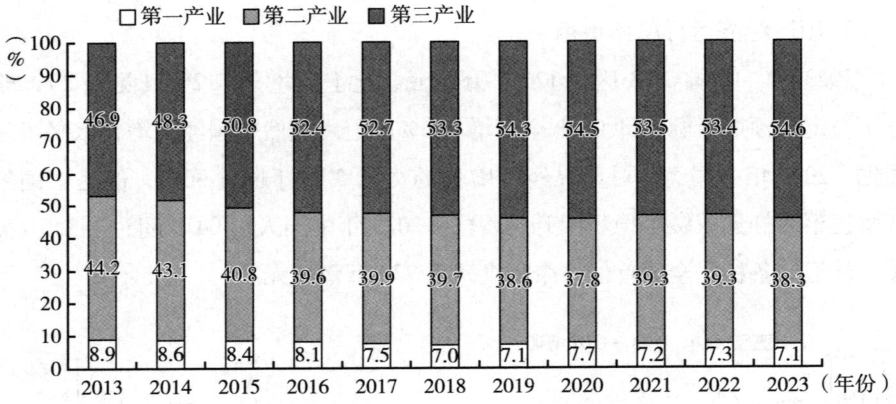

图 3　2013~2023 年中国三次产业结构变动趋势

资料来源：国家统计局。

3. 科技创新能力持续提升

为响应国家战略需求并重塑科技体制，中国在 2023 年组建了中央科技委员会，并对科学技术部的架构进行了相应调整。此举旨在强化国家战略科技力量，提升中国在高水平科技领域的自主创新能力。关键核心技术攻坚战在一个又一个重要领域顺利推进，并相继取得阶段性突破。与此同时，中国继续加强知识保护体系的建设，知识价值导向的激励政策得到了更进一步的落实。中国在《2023 年全球创新指数》中超过日本、以色列、加拿大，成为前 15 个经济体中唯一的发展中国家。整体上，中国科技创新能力继续保持稳步提升趋势，促进了经济高质量发展。

4.外贸规模再创新高

2022年，中国进出口贸易总额达41.80万亿元，同比增长7.9%（见图4）。其中，出口同比增长10.8%，达23.74万亿元；进口同比增长4.3%，达18.06万亿元，贸易顺差为5.68万亿元。中国凭借强大的制造业体系和疫情防控措施，确保了产业链供应链的稳定，满足了国际市场和消费者的需求。2022年，中国与主要贸易伙伴的进出口均保持稳定增长。2022年，中国与共建"一带一路"发展中国家贸易进出口增速达19.4%，继续领跑整体增速。在2023年国际政治形势不确定性较强的情况下，中国外贸的活力和韧性仍十分强劲，进一步凸显了中国外贸在全球产业链和供应链中的重要地位，有效推动世界经济均衡、健康、可持续复苏。

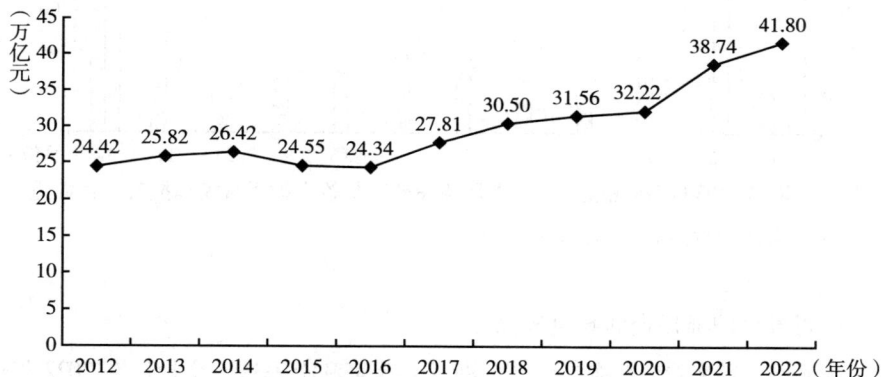

图4　2012~2022年中国进出口贸易总额

资料来源：国家统计局。

二　中国装备制造业投资状况分析

（一）风险投资①市场波动性回暖

2023年，装备制造业投融资项目被披露的投资事件共6047起，同比下

---

①　风险投资：Venture Capital（VC），简称风投，包括天使投资、创业投资、私募股权投资等。

降7%；融资/上市企业共5365家，募资金额为14110.34亿元，比2022年减少9263.35亿元，同比下降39.6%。从单月的披露规模来看，2023年8月实现了2398.38亿元的融资，居首位；2023年3月排第二，达到1829.34亿元。从单月披露事件数量来看，2023年8月最多，达到646起；3月排第二，达到575起（见图5）。

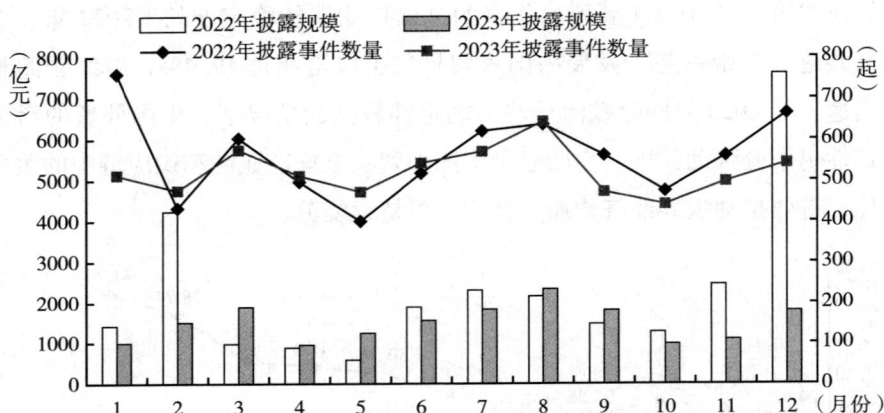

图5　2022~2023年中国装备制造业风险投资市场投资披露规模和披露事件数量

资料来源：投资中国（CVSource）数据库。

1. 粤苏京沪浙投资活跃度较高

从地域分布来看，广东、江苏、浙江、北京和上海这五个地区在2022年全年创业投资活动的活跃度排中国前五名。广东省装备制造业融资规模达2497.65亿元，强势占据全国第一的位置。2023年，粤、苏、浙的投资活跃度保持领先。然而，融资规模排前五位的省份事件数量同比下降了12.6%，同时融资规模下降了10.1%（见表1和表2）。

表1　2022年中国装备制造业创业投资市场融资规模前10名

单位：起，万元

地区	融资规模	事件数量
广东省	24976467.57	1341
江苏省	21104940.79	1317
浙江省	14013230.66	764

地区	融资规模	事件数量
北京市	12419633.19	536
上海市	10914981.81	645
湖北省	10512911.29	170
山东省	6916935.18	213
安徽省	6644341.62	310
福建省	6430664.59	112
辽宁省	4153818.54	62

资料来源：投资中国（CVSource）数据库。

表 2　2023 年中国装备制造业创业投资市场融资规模前 10 名

单位：起，万元

地区	融资规模	事件数量
广东省	22748469.40	1178
江苏省	16900371.51	1222
浙江省	15260649.21	713
上海市	10533361.23	636
安徽省	9574317.92	275
北京市	7506268.21	492
四川省	7318429.86	225
湖南省	5339717.19	132
山东省	3724098.62	199
福建省	3319046.09	88

资料来源：投资中国（CVSource）数据库。

2. 上市及以后融资占主导地位

2023 年中国装备制造业企业上市及以后融资共 539 起，融资规模居首位，为 5999.5 亿元；Buyout 融资 501 起，融资规模为 1574.2 亿元；非控制权收购融资 1478 起，融资规模达到 2776.5 亿元；B 轮融资事件总计 472 起，累计筹集资金 297.5 亿元（见表 3）。与上年相比，除了少数特定的融资轮次如种子轮、C+、Pre-B、D、D+、E、战略融资、非控制权收购、上市及以后的融资外，其余轮次的融资均保持活跃。各轮次融资事件数量均有所下降；天使轮、Pre-A、A、Pre-IPO 等融资规模缩小。从披露的创投事件数量角度看，投资事件更多分布于企业初创期、成熟期及以后阶段，投资者对中期融资企业的兴趣较低，但对成熟企业投资热情较高。

表3　2023年中国装备制造业风险投资类型分布

单位：起，万元

交易轮次	融资规模	事件数量
A	5241642.5	1199
A+	364380.0	217
B	2974929.3	472
B+	380140.0	117
Buyout	15742116.8	501
C	2473500.0	222
C+	309400.0	67
D	1327200.0	93
D+	145300.0	28
E	90000.0	21
E+	20000.0	2
F	150000.0	4
F+	75000.0	2
G	124058.6	4
H	0.0	1
Pre-A	174483.8	318
Pre-B	149000.0	32
Pre-C	40000.0	10
Pre-IPO	320000.0	10
定向增发	607271.7	232
非控制权收购	27765070.6	1478
借壳上市	942387.0	2
上市及以后	59995050.6	539
私有化	200764921.6	2
天使轮	276135.0	428
未披露	728000.0	21
战略融资	10033000.9	180
种子轮	215250.0	53
总计	331428238.3	6255

资料来源：投资中国（CVSource）数据库。

3. 计算机、通信和其他电子设备制造业融资规模最大

2023 年，计算机、通信和其他电子设备制造业融资事件数量和融资规模均位列第一，分别为 2376 起和 24705.8 亿元，投资事件数量占行业总投资事件数量的 38.0%，融资规模占全行业融资规模的 74.5%。电气机械和器材制造业在融资规模上位列第二，融资规模为 3211.4 亿元，共计 885 起，占全行业的 9.7%（见表 4）。

表 4　2023 年中国装备制造业风险投资市场不同行业的融资规模和事件数量

单位：起，万元

行业	融资规模	事件数量
电气机械和器材制造业	32114464.3	885
计算机、通信和其他电子设备制造业	247057502.3	2376
金属制品业	5232426.4	152
汽车制造业	13357902.7	449
铁路、船舶、航空航天和其他交通运输设备制造业	7197934.7	218
通用设备制造业	9016525.2	583
仪器仪表制造业	2098249.4	236
专用设备制造业	15353233.3	1356
总计	331428238.3	6255

资料来源：投资中国（CVSource）数据库。

（二）发行募资规模不断扩大

1. 首次公开募股（IPO）活跃度收缩

与上年相比，装备制造业的 IPO 融资金额呈现下滑趋势。2023 年，中国装备制造业披露上市相关信息并成功上市的企业共有 202 家，与 2022 年相比减少了 38 家；2023 年合计募集的资金为 2211.11 亿元，同比下降了 25.31%。按月来看，IPO 企业数量较多的三个月分别为 6 月、7 月和 8 月。其中，6 月有 27 家装备制造业企业上市，居全年之首，融资金额达 333.44

亿元；7 月有 25 家企业上市，融资金额为 287.54 亿元，融资金额位列第三。5 月融资金额最多，为 364.98 亿元（见图 6）。

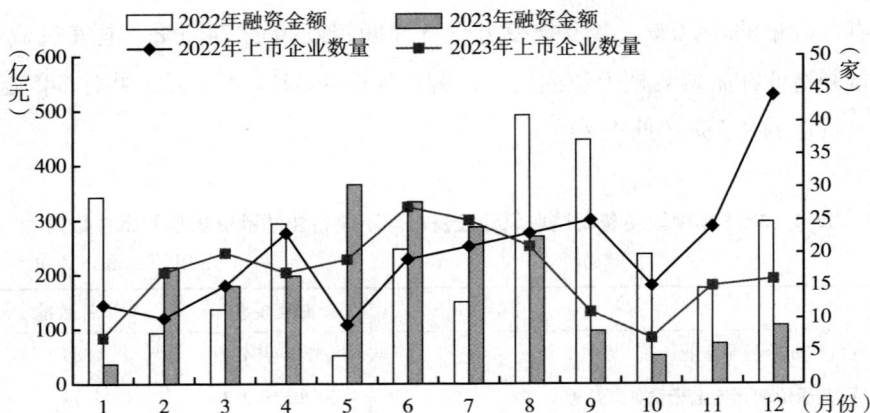

图 6　2022～2023 年中国装备制造业全球资本市场融资金额及上市企业数量

资料来源：投资中国（CVSource）数据库。

计算机、通信和其他电子设备制造业 IPO 企业数量居首位。分行业来看，2023 年八大装备制造行业均有 IPO 企业。计算机、通信和其他电子设备制造业 IPO 企业共 58 家，电气机械和器材制造业 IPO 企业共 26 家，铁路、船舶、航空航天和其他交通运输设备制造业 IPO 企业共 10 家，通用及专用设备制造业 IPO 企业共 64 家，汽车制造业 IPO 企业数量为 20家，金属制品业 IPO 企业数量为 10 家，仪器仪表制造业 IPO 企业数量为14 家。

计算机、通信和其他电子设备制造业融资规模领先。2023 年，计算机、通信和其他电子设备制造业融资规模占装备制造业融资规模的 39.10%，达到 864.50 亿元，其中晶合集成、芯联集成、航材股份 3 家企业融资规模较大，分别为 99.60 亿元、96.27 亿元和 71.09 亿元；专用设备制造业融资404.65 亿元，位列第二（见表 5）。

表5 2023年中国装备制造业IPO融资市场分行业企业数量及融资规模

单位：家，亿元

行业	企业数量	融资规模
计算机、通信和其他电子设备制造业	58	864.50
电气机械和器材制造业	26	319.11
铁路、船舶、航空航天和其他交通运输设备制造业	10	157.91
通用设备制造业	23	145.79
专用设备制造业	41	404.65
汽车制造业	20	148.27
金属制品业	10	71.28
仪器仪表制造业	14	99.60
总计	202	2211.11

资料来源：投资中国（CVSource）数据库。

2. 非公开发行募资有所减少

2023年，装备制造业共有304起非公开发行募资，其中共130起已完成募集，122起正在募集中，52起发行失败。已募集资金1448.81亿元，平均每次募集11.14亿元。2023年非公开发行募资事件数量与2022年相比减少5起，金额下降1406.09亿元。从2023年全年来看，非公开发行募资事件数量略微下降，金额同比下降较多。

按月份看，非公开发行活跃度较高的月份为7月和12月，均为36起非公开发行募资。7月，募资规模达到了502.04亿元，高居榜首。12月，募资规模尽管略有回落，但依然有488.83亿元，位列全年第二。之后是8月，募资规模为451.48亿元，位列第三（见图7）。

2023年A股非公开发行募资事件数量大幅增加。2023年，装备制造业企业在A股市场成功非公开发行募资297起，募资规模为3599.44亿元。与上年相比，增加了46起（见图8）。

非公开发行募资活动中，计算机、通信和其他电子设备制造业的事件数量最多，募资规模最大。2023年，计算机、通信和其他电子设备制造业进

图7 2022~2023年中国装备制造业全球非公开发行募资规模及事件数量

资料来源：投资中国（CVSource）数据库。

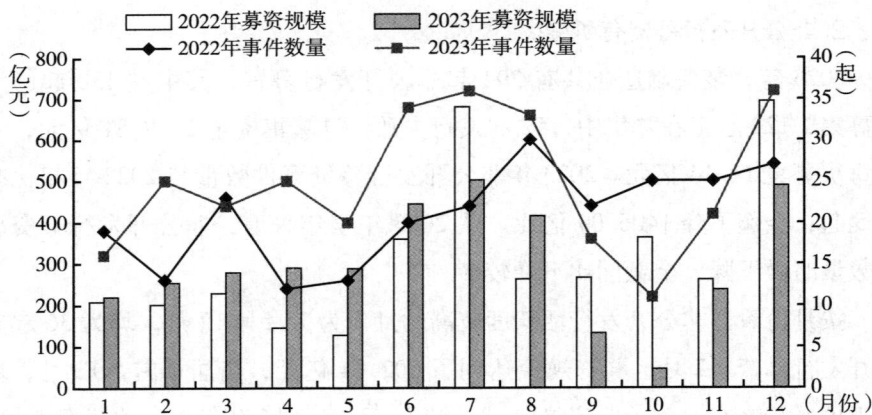

图8 2022~2023年中国装备制造业A股市场非公开发行募资规模及事件数量

资料来源：投资中国（CVSource）数据库。

行了82起募资，募资规模达到1028.89亿元，占全年募资规模的近1/3，表现较为突出（见表6）。

表6　2023年中国装备制造业非公开发行市场分行业的募资规模及事件数量

单位：起，亿元

行业	事件数量	募资规模
计算机、通信和其他电子设备制造业	82	1028.89
铁路、船舶、航空航天和其他交通运输设备制造业	13	184.45
汽车制造业	37	495.09
通用设备制造业	39	237.04
专用设备制造业	44	415.92
电气机械和器材制造业	66	1159.76
金属制品业	16	196.43
仪器仪表制造业	7	31.71
总计	304	3749.29

资料来源：投资中国（CVSource）数据库。

（三）装备制造业企业并购规模小幅下降

2023年，中国装备制造业披露并购事件1885起，交易规模为4123.77亿元，并购事件数量较上年减少了39起，同比下降2.03%。从交易规模上来看，2月交易规模最大，达608.19亿元，12月位列第二，达590.01亿元。从事件数量上来看，12月排名第一，共计227起，兼并活跃度居全年首位（见图9）。

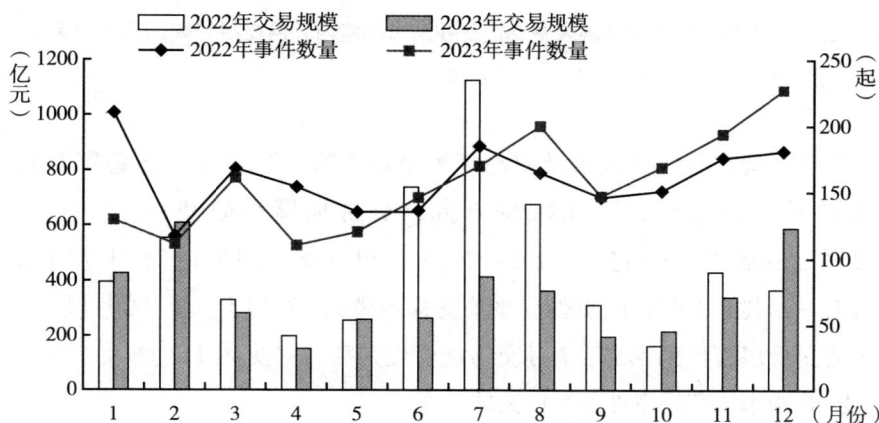

图9　2022~2023年中国装备制造业并购市场交易规模及事件数量

资料来源：投资中国（CVSource）数据库。

1. 境内并购交易占主导地位

2023 年在境内进行的并购事件数量有所减少，交易规模下降明显。2023 年，装备制造业企业有 1863 起境内并购交易，交易规模达 3944.07 亿元，平均每起并购交易规模为 2.12 亿元。境内并购数量减少 34 起，交易规模下降 30.57%。

在各个月份中，2 月的境内并购交易规模达到 608.19 亿元，是交易规模最大的月份。12 月交易规模为 515.29 亿元，位列第二。从事件数量来看，12 月共有 221 起并购事件，在全年居首位，8 月排名第二，共 200 起（见图 10）。

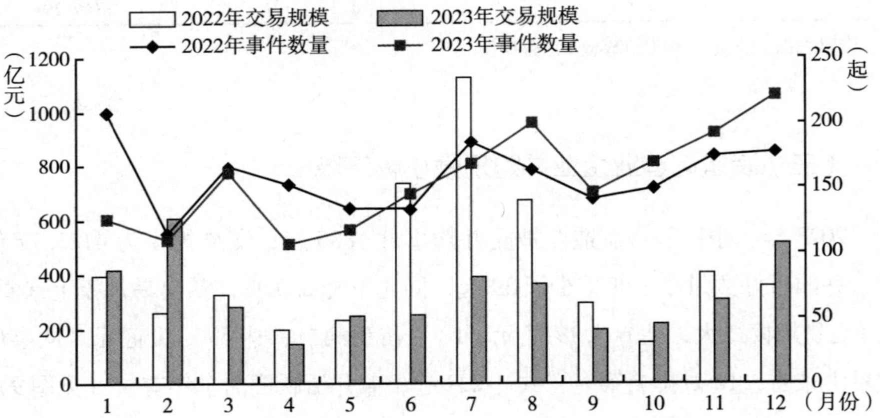

图 10　2022~2023 年中国装备制造业并购市场境内并购交易规模及事件数量

资料来源：投资中国（CVSource）数据库。

跨境并购交易事件数量及交易规模小幅下降。2023 年，装备制造业有 21 起跨境并购事件，同比减少 6 起，交易规模小幅减小，同比下降 22.22%，达到 179.42 亿元。2023 年 12 月单月交易规模达到 74.72 亿元，位列第一，共有 6 起并购事件，平均交易规模为 12.45 亿元。11 月以 35.61 亿元的交易规模位列第二，7 月交易规模位列第三（见图 11）。

2. 并购市场交易事件多数已完成

2023 年有 1038 起事件已完成交易，同比减少 2.08%，占全年披露事件数量的 55.10%（见表 7）。全年已完成交易规模为 2061.87 亿元，同比下降

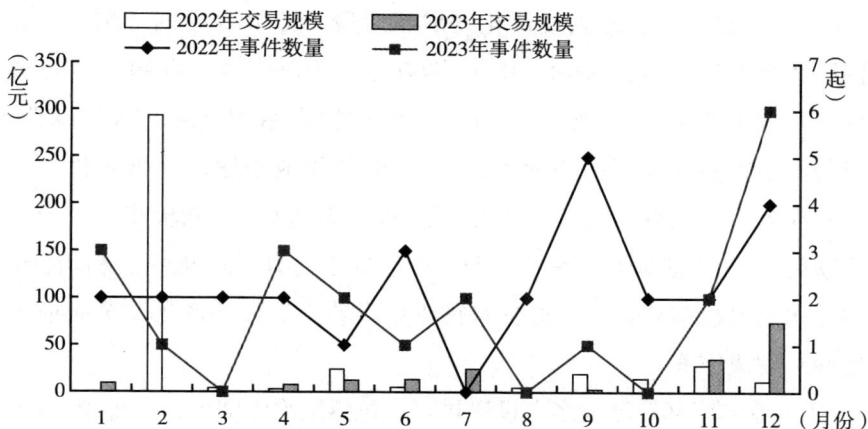

图 11　2022~2023 年中国装备制造业并购市场跨境并购交易规模及事件数量

资料来源：投资中国（CVSource）数据库。

25.80%。共 796 件并购正在进行，与上年相比下降 57.94%，交易规模达 1851.78 亿元；2023 年并购已失败 50 起，同比减少 38 起。

表 7　2023 年中国装备制造业并购市场不同交易状态事件数量与交易规模

单位：起，亿元

交易状态	事件数量	交易规模
进行中	796	1851.78
已失败	50	209.84
已完成	1038	2061.87
总计	1884	4123.49

资料来源：投资中国（CVSource）数据库。

三　中国装备制造业未来增长潜力与投资机遇

（一）"5G+工业互联网"

1.5G 工业专网和新型基础设施升级引发新一轮投资浪潮

随着 5G 基础设施日益完备，5G 轻量化技术部署速度加快，中国

"5G+工业互联网"已进入规模化发展新阶段。《2023 中国"5G+工业互联网"发展洞察报告》显示，中国 8000 个"5G+工业互联网"项目成功落地，覆盖工业 41 个大类，5G 在工业领域的应用占比超 60%。随着 5G 网络的不断完善和商用的快速推进，5G 的使用成本逐步降低，进一步推动了其在各个工业领域的广泛应用。运营商 5G 基站采购价格比"5G+工业互联网"发展初期下降 53%，5G 关键部件成本下降 90%。利用 5G 技术的专用网络能够依据企业的独特需求以及特定的业务场景，为企业量身打造网络解决方案。

5G 工业专网部署涉及多个投资热点，包括网络深度覆盖、虚拟专网/混合专网建设、5G 基站建设等领域。一是强化 5G 在工业领域的应用布局。为了确保 5G 技术能够广泛服务于各工业企业和园区，需要加速 5G 基站的建设。基础电信企业与工业企业加强合作，共同推进 5G 虚拟专网/混合专网建设，并试点探索 5G 独立专网，推动 5G 在工业领域的应用。这种合作模式不仅能够满足生产现场多样化的需求，还能为 5G 与工业互联网的融合提供强有力的安全保障。二是助力工业基础设施实现数字化和智能化升级。为了提升数据采集和分析能力，需要加速工业设备的数字化和网络化改造。此外，需要在工业领域推广 5G、边缘计算、算力网络、TSN、APL、PON、IPv6 等技术，实现信息网络与控制网络的紧密集成。同时，需要提升工业数据的互操作性，构建完善的工业互联网信息模型体系，以推动工业数字化转型和智能化升级。

2. 创新应用场景和5G 工厂建设释放新一轮市场红利

创新应用场景有力地支撑了 5G 技术与工业互联网深度融合。"十四五"规划强调基于 5G 的应用场景和产业生态构建的重要性，提出推动工业互联网稳健发展。这些场景不仅凸显了 5G 与工业互联网结合的巨大潜力，实现了数据共享和智能分析，为企业提供了更高效、更智能的解决方案，也为各行业的数字化转型提供了重要的参考和实践方向，实现了跨领域的深度融合，推动技术创新和产业升级。5G 工厂是"5G+工业互联网"新技术、新场景、新模式深度应用的关键平台，助力工业生产各领域各环节实现转型升级。5G 工厂运用新一代信息通信技术，包括 5G 技术，构建新型工业互联网基础设施，助力工业生产实现智能化和高效化，对产线、车间乃至整个工厂进行新建或改造升级，使生产单元实现广泛互联。基础设施建设涵盖 5G 网络部署、工业网络互联、边缘计算实施以及业务系统的构建等多个方面，有助于为工厂提供高效、稳定且安全的技术环境，为工厂的数字化转型和智能化升级提供有力支撑。

（二）绿色航空装备

1. 电动航空开创未来空中出行新模式

电动航空领域逐渐展现出庞大的投资潜力和广阔的市场前景。随着城市空中交通、紧急救援和物流运输等应用场景需求的日益增加，轻小型固定翼电动飞机、电动垂直起降飞行器（eVTOL）以及新能源无人机等创新产品逐渐成为投资者关注的焦点。为了推动这一领域的绿色发展，需要鼓励开展绿色航空示范运营，并努力推动轻小型固定翼电动飞机和 eVTOL 实现商业运营。同时，随着 eVTOL 逐步融入综合立体交通网络，构建统一的空地智联管理平台和低空智联网将成为行业发展的重要趋势。应针对市场应用场景需求，结合纯电推进技术及涡轮混合电推进技术发展，由小到大开展新能源商用飞机预先研究。

2. 氢能航空引领未来航空能源新变革

作为电力能源的重要补充，氢能在绿色航空领域具有举足轻重的地位。将氢能应用于交通运输，不仅可以有效减少二氧化碳的排放，而且对于提高空气质量、消除空气污染具有重要意义。因此，要推进氢燃料电池与氢内燃机、氢涡轮、氢涡轮混合动力飞机理论研究与技术验证，打通与氢能源产业上下游协同创新的技术应用模式；深入研究未来氢能航空的发展趋势，尝试构建创新的商业化氢能源飞机运营体系。同时，要积极推动氢能航空关键技术的研发工作，加快核心技术的突破，并研究适用于氢能源飞机的新型结构布局技术，积极探索 LNG 等其他能源在航空领域的应用方法和路径，促进绿色航空制造业的持续发展。

（三）"机器人+"应用

1. 政策持续发力下"机器人+"应用需求持续增加

近年来，中国机器人产业取得了迅猛的发展，深刻地改变了人类的生产和生活方式，并为经济社会发展注入了强大的动力。为了推动机器人产业的进一步发展，政府部门采取了一系列配套措施。2021年《"十四五"机器人产业发展规划》将机器人产业营业收入年均增速超过20%作为新的发展目标。随后，2023年工业和信息化部等部门发布的《"机器人+"应用行动实施方案》聚焦社会经济发展和民生改善的现实要求，开展从机器人产品、技术、场景应用到模式推广的全流程跟进工作。这些措施的实施，有助于促进机器人产业在中国经济社会中的广泛应用和发展，为人类的生产和生活带来更多便利和创新。

2. "智能制造+国产化"双重驱动"机器人+"成为新的增长点

国产工业机器人的自给自足存在较大的潜力。2022年中国工业机器人国产化率仅为36%，龙头埃斯顿、汇川技术份额仅分别为6%、5%，国产化前景广阔。长期处于垄断地位的是四大海外巨头，分别是日本的发那科和安川电机，以及瑞士的ABB、德国的库卡。2022年，发那科、ABB、安川电机、库卡在中国的销量分别为4.3万台、2.3万台、2.3万台、2.2万台，市场占有率分别为15%、8%、8%、8%，总计占据了近40%的市场份额。

目前，工业机器人主要在大批量、重复性、简单劳动的场景中发挥着替代作用。但在高端、精密制造领域，机器人的能力与实际需求之间仍存在较大差距。特别是在机器人刚度、精度等技术方面，仍有一系列瓶颈需要突破。此外，机器人的功能安全与多感融合也是当前需要面对的挑战。传统制造业中存在大量的工业机器人潜在需求，如制孔、铆接、装配、搅拌焊等工序。以民用航天领域为例，其对机器人搅拌焊的需求巨大。同样，航空领域在未来20年内预计将生产5000~6000架飞机，市场规模达到万亿级别，这将带来对机器人制孔、铆接和装配的大量需求。为了满足这些需求，机器人需要具备工作空间大、智能化水平高和精度高的特点。因此，为了推动工业机器人的进一步发展，需要不断突破智能制造等领域的技术瓶颈，提高机器人的性能和安全性，以满足高端、精密制造领域的需求。同时，需要关注传统制造业中的潜在需求，推动机器人在更多领域应用。

（四）智能检测装备

1. 国家政策利好，智能检测装备产业迎来机遇上升期

2023 年 2 月，工业和信息化部等七部门发布《智能检测装备产业发展行动计划（2023—2025 年）》，推动智能检测装备产业快速发展。该计划提出，到 2025 年，智能检测技术基本满足用户领域制造工艺需求，核心零部件、专用软件和整机装备供给能力显著提升，重点领域智能检测装备示范带动和规模应用成效明显，产业生态初步形成，基本满足了智能制造发展需求。为了推动产业发展，该计划提出培育专精特新"小巨人"企业，打造产业领军创新团队，并改善用户环境和市场氛围。这些措施为中国智能制造和智能检测装备产业带来了广阔的发展空间和良好的发展机遇。可以说，中国智能制造及智能检测装备产业正迎来一个充满挑战和机遇的新时期。

2. 检测服务全生命周期对智能检测装备发展提出更高的要求

由于产业升级加速，检测需求增多，检验检测行业迅速增长。2021 年中国检验检测认证市场规模为 4090 亿元，预计将在 2025 年达到 5000 亿元。从检验机构数量及设备产值情况来看，随着中国检验检测各细分行业民营化加速推进，中国检验检测行业入局企业数量持续增长，截至 2022 年，中国检测检验机构数量达到 52769 家，较 2021 年增加 820 家，共拥有各类仪器设备 957.54 万台，较 2021 年增长 6.4%。[①]

品质检测作为确保产品质量的关键手段，其需求贯穿产品的整个生命周期，包括设计、研发、采购、生产以及销售等各个环节。企业采购零部件时，会产生验收试验需求。一些企业在生产过程中对品质控制提出了明确要

[①] 《2022 年度全国检验检测服务业统计简报》，"中国钢检"百家号，2023 年 6 月 15 日，https：//baijiahao.baidu.com/s？id=1768731100219135517&wfr=spider&for=pc。

求。同时，消费端客户对产品质量、健康、安全和环保等方面的要求日益提高，催生了对更为严格和精细的检测的需求。随着制造业的创新发展，检验检测已经贯穿产业全过程，与供应链融合、与产线融合、与"服务型"制造融合，甚至与终端产品使用过程融合，这都对智能检测装备发展提出了新要求。

3. 下游行业蓬勃发展拓展智能检测装备需求空间

随着下游行业的持续繁荣，智能检测装备在多个领域如消费电子、医疗、汽车电子以及工业电子等领域的应用得到普及，变得愈加重要。近年来，国民经济稳步增长，人民生活水平不断提升，电子产品市场迎来了需求的迅猛增长，推动企业纷纷扩大产能、加速产品更新换代。同时，消费升级的趋势日益明显，元宇宙概念的兴起更是为消费电子行业注入了新的活力。行业领军企业纷纷加大在泛现实技术领域的投入力度，推动 AR/VR 等新兴消费电子产品迅速崛起。部分先进企业已具备提供自动化解决方案的能力，预示着消费电子行业未来仍有巨大的增长潜力。智能检测是电子产品生产链的重要环节，智能检测装备市场需求也将呈现持续增长态势。

B.3
中国装备制造业发展政策建议

张挺　王茜[*]

摘　要： 本报告从加快推动装备制造业创新发展、加快优化装备制造业产业布局、加快装备制造业产业转型、构建装备制造业产业生态、促进装备制造业企业融通发展、促进装备制造业质量品牌提升、加强装备制造业人才培育、提高装备制造业开放合作水平8个方面提出发展政策建议。在加快推动装备制造业创新发展方面，本报告提出应搭建科技创新平台、完善协同创新体系、强化企业主体作用、加强知识产权保护和推动科技成果转化；在加快优化装备制造业产业布局方面，建议夯实产业发展基础、完善产业链供应链、加快调整产业结构和促进产业集群发展；在加快装备制造业产业转型方面，建议通过促进高端化升级、推进智能化转型等措施加快制造业转型；在构建装备制造业产业生态方面，建议加大政策供给，提升金融服务能力，优化发展环境；在促进装备制造业企业融通发展方面，建议培育骨干企业，壮大中小企业；在促进装备制造业质量品牌提升方面，建议重点提高产品质量及打造产品品牌等；在加强装备制造业人才培育方面，建议在引进培育高端人才及提升企业人才素质等方面发力；在提高装备制造业开放合作水平方面，建议加大吸引利用外资力度、扩大重点产品进出口和深化产业链供应链国际合作。

关键词： 装备制造业　绿色化转型　产业链　产业转型

---

* 张挺，博士，正高级经济师，机械工业经济管理研究院院长助理、产业经济研究所所长、环境能源研究所所长、重大技术装备研究中心主任，《智慧中国》杂志社副社长，企业社会价值实验室副理事长，主要从事产业经济、复杂系统理论等研究；王茜，中国社会科学院经济学院博士，副研究员，机械工业经济管理研究院产业经济研究所副所长、重大技术装备研究中心副主任，主要从事工业经济、投资经济、政府采购研究。

一　加快推动装备制造业创新发展

（一）搭建科技创新平台

建立装备制造业产业链科技创新联合体，围绕链条主体对企业的技术需求，瞄准前沿技术，深化产、学、研联合创新，推动基础研究与应用技术有效对接、技术产业化。支持具备条件的装备制造业企业，为提升产业创新能力，引进研发团队和创新项目资源，建设产业创新中心、重点实验室、技术创新中心和检测认证中心。

（二）完善协同创新体系

积极推进开放型、创新型生态环境建设，优化创新投入机制、创新激励机制和创新保护机制。形成以企业为主，企业与专业研发机构并行的研发体系。引导有条件的企业开展基础研究和应用基础研究，发挥企业在技术创新中的主体作用，发挥高校和科研院所在基础研究和应用基础研究方面的优势。推动产学研用有机结合。以企业为核心，着力构建创新体系，推动产学研用紧密合作，以科技创新带动产业发展，促进新产业、新模式、新动能不断涌现。

（三）强化企业主体作用

鼓励企业通过自主研发、技术转让、研发外包、技术并购和产学研合作等模式，加强应用技术的引进、吸收和再创新，提高企业技术创新能力。以高端装备制造业企业技术中心培训辅导为重点，支持创建创新型企业和研发机构，如国家技术创新示范企业、高新技术企业、国家重点实验室等。鼓励装备制造业企业根据具体情况增加创新投入，采取资助、贴息、奖励、风险补偿等措施，支持企业自主研发新产品、新技术和首台（套）装备。

（四）加强知识产权保护

提高审查质量和效率，增强专利授权的时效性、稳定性，鼓励企业申请首台（套）产品核心关键技术专利，优先享受审查扶持。为防范知识产权风险，加强第一批产品和技术知识产权战略布局。加快培育高价值专利第一台（套）产品产业链和价值链。鼓励知识产权专业服务机构加大对第一台（套）产品的服务力度。

（五）推动科技成果转化

围绕产业链重点领域和关键环节，重点支持一批有市场推广需求、有产业化前景、能大规模生产的重点项目。鼓励企业加大对市场应用第一台（套）产品的研发投入力度。对企业投保第一台（套）产品给予保险赔付；对成功实现第一台（套）产品研发应用的企业，给予经费奖励。

二　加快优化装备制造业产业布局

（一）夯实产业发展基础

加强核心基础零部件、先进基础工艺、关键基础材料、基础软件、基础研究和产业技术基础标准建设，重点抓好重大工程和急需装备。在加强检测、质量检测和共性技术研发服务体系建设的同时，突出推进高端基础工艺技术的攻关和推广应用，重点在关键核心部件研发应用上下功夫、出真招、见实效。

（二）完善产业链供应链

加强前端补链。在技术、质量管理方面，质量安全标准等方面与发达国家缩小差距，锚定"技术关""质量关""市场关"，紧盯"卡脖子"环节。加强后端延链。适应市场多元化需求，提升服务市场、联动生产的能力和供需衔接水平。强化要素保障。加强产业资金、人才、土地、能源等要素资源保障，夯实产业链供应链安全稳定和高效运行的根基。

（三）加快调整产业结构

加快推进传统产业转型升级的过剩产能化解和落后产能淘汰工作。前瞻性布局未来产业，打造产业发展新引擎，做大做强战略性新兴产业。做优基础配套产业，促进装备制造业与相关产业融合发展。加强装备与材料、机械与电子、整机与元器件等产业在技术、产品、市场等方面的协同联动，提升装备制造业与现代服务业协同发展水平，促进装备制造业与相关产业融合发展。

（四）促进产业集群发展

推动各地依托产业基础、资源禀赋、比较优势和发展特点，优化装备制造业的产业组织与空间布局。加快构建东部地区世界级先进装备制造业集群，通过培育一批中西部和东北地区的核心增长极，增强装备制造业产业体系的协调性。建圈强链推动产业集群建设。强化产业集群产业链对接，促进企业上中下游协同发展和配套发展。定期组织产业链发展联合体对产业集群公共服务平台开展产业发展支撑能力诊断工作。

三　加快装备制造业产业转型

（一）促进高端化升级

针对核心技术受制于人等"卡脖子"问题，推动技术水平的提升，在技术水平提升上下功夫、出实招、见实效。大力发展高端装备制造业，聚焦重点领域，突破核心部件、关键技术、重大装备产业化瓶颈，提高中国高端装备在全球的影响力。通过开辟新的赛道，培育新的产业，发展新的产业和未来产业，增强全产业链的国际竞争优势。通过提高产品价值、加快产品迭代升级和增加高端产品供给，推动价值链向中高端攀升。

（二）推进智能化转型

鼓励装备制造业企业进行数字化改造，借助先进数字化技术，如物联网、大数据分析等，提升运用信息化管理系统的能力和集成水平。以工业互联网平台为依托，以质量4.0技术为支撑，完善装备制造业智能化标准体系和网络基础设施，打造装备制造业智能制造体系，实现产业链协同、生产智能、服务延伸，深入推进云计算、物联网、人工智能等新一代信息技术与装备制造业的集成创新和融合应用。

（三）推动绿色化转型

大力开发赋能低碳、优化业务布局的技术、产品和解决方案，把绿色低碳"关键变量"转化为高质量发展的"最大增量"。促进新能源利用，把新能源的潜力充分挖掘出来，把可再生能源的潜力挖掘出来。精准施策，加快落后产品、落后装备的淘汰步伐。

四　构建装备制造业产业生态

（一）加大政策供给

促进政策落地见效，包括对装备制造业企业的研发费用加计扣除、重大技术装备第一台（套）保险赔付等。适时出台新的增量政策，引导各类政策资源向产业链上下游集聚，推动政策与产业链发展齐头并进，强化龙头企业在推动产业链发展中的带动作用，提出产业链发展的政策性服务需求。

（二）提升金融服务能力

围绕企业创新活动，引导各类社会资金撬动产业基金。创新发展科技金融，建立科技研发基金与政府引导基金、天使投资引导基金等金融资本的联动机制，多渠道加大对产业链重大项目的支持力度。鼓励金融机构为产业链发展量身定制金融产品，支持装备制造业开展产业链技术改造。推动建立多层次、多元化、多方式的投融资体制，积极鼓励社会资本参与。

（三）优化发展环境

主动适应新经济变革，完善政策和营商环境，推动政府简政放权，深化适应新业态、新模式、新产业发展的商事制度改革。针对产业链发展过程中遇到的各类问题，加强对重点企业和重点项目的调度，定期协调解决。持续开展降成本、优环境各项活动，帮助企业减轻发展压力，努力营造公平、公正、透明的发展环境。

五 促进装备制造业企业融通发展

（一）培育骨干企业

重点培育具有国际竞争力的重点领域和标志性产业链龙头企业。优选一批效益高、发展前景好的高端成套装备制造业企业，给予相应的政策支持，帮助企业快速成长壮大，将其培育成具有全球竞争力的一流企业。积极推动优质高端装备制造业企业通过多种方式挂牌上市，引导重点企业加快资产证券化进程。借助资本市场全面推进注册制改革的契机，对于已上市企业，通过多种方式支持其再融资，对于经营状况较好、能够增强发展实力的上市公司，鼓励其依托主业优势并购重组。

（二）壮大中小企业

实施高新技术企业、科技型中小企业倍增行动计划，在智能装备、高端医疗装备、新一代信息技术装备等重点领域，培育一批专精特新"小巨人"企业。全面提升中小企业能级，增强协同配套能力。推动实施中小企业智能化改造专项行动，加强云计算、物联网、人工智能、网络安全等新一代信息技术在产品研发、生产组织、经营管理、安全保障等环节的集成应用。鼓励中小企业与大企业建立协同创新、合作共赢的关系，通过专业化分工、服务外包、订单生产等手段，提高企业集聚度。

六　促进装备制造业质量品牌提升

（一）提高产品质量

加大质量监控力度，推广先进的质量管理模式和管理体系，覆盖原料采购生产、销售全过程。开展智能化工厂、数字化车间技术改造，推行"机器换人"，推广工艺参数和质量在线监测系统，提高产品性能稳定性、质量一致性和安全性。建立产品质量可追溯体系，跟踪记录产品生产、流通和使用的全周期质量安全信息。加大产品质量监管力度，依法处置产品质量不达标企业。

（二）打造产品品牌

加强品牌建设。突出链主、龙头企业品牌效应，增强中小企业品牌管理意识，加大品牌宣传和推介力度，打造一批知名企业和知名品牌，积极开拓市场，融入国内国际双循环。加强品牌推广。加大促销力度，扩大品牌影响力，不定期举办产业论坛、推介会等活动。加强品牌保护。引导生产经营主体加大品牌保护力度，采取注册品牌、设计标识、授权使用等措施。

（三）完善标准体系

做好装备制造业标准体系的顶层设计，加强各层面标准体系的统筹协调，形成以国家标准为主体、行业标准为补充的相互衔接配套的标准体系。推动装备制造业领域计量、检测检验、认证认可、国家质量基础设施与标准体系配套，促进相关标准推广和应用。注重与国际接轨，鼓励和支持优势企业参与国际标准体系的制定，以标准带动中国装备"走出去"。

七　加强装备制造业人才培育

（一）引进培育高端人才

大力引进高层次人才、领军队伍和国内外装备制造业优秀人才。鼓励发挥科技孵化器、研发机构等在海外的作用，鼓励企业开展海外并购。建设实验室和人才培训中心，鼓励跨国企业与国内的科研单位合作。注重培养本土人才，以培养高素质、专业化的青年人才为中心，培养一批高水平、急需紧缺的专业技术人才和创新型人才，健全特级优秀人才认定标准，方便其申报高级职称，建立职称评审"直通车"机制。

（二）提升企业人才素质

培养企业家和企业高层管理人才的全球视野、战略思维和创新能力，着力提升现代经营管理水平和竞争力。鼓励科研人员兼职创新、在职或离岗创办企业，推动更多创新人才带专利、带项目、带团队创新创业，激发高校、科研院所、平台企业和留学归国人员的创新创业热情。

（三）培育新型技术工人

推动行业龙头企业与院校合作设立产业学院、技工学院、实训中心，建立健全高技能人才培养体系，加强职业教育和技能培训。培养涵盖各门类、技术过硬的技术人才队伍。建立多层次人才培养体系，加强重点学科中职、高职和应用型本科及专业研究生培养。完善技术技能测评体系，完善高技能人才政府津贴制度，为高技能人才拓展职业发展空间。为行业技术人才信息发布搭建平台，建立和完善各类人才数据库，构建装备制造业人才供需匹配机制。

八 提高装备制造业开放合作水平

（一）加大吸引利用外资力度

切实落实外资增量、稳定存量、提升质量的一揽子政策措施，以制造业为核心，联合相关部门，积极营造市场化、法治化、国际化一流营商环境。支持外资企业增加对华投资，使外资企业扩大引资渠道得到有效保障，使外资企业的国民待遇得到有效保障；引导外资投向先进制造、高新技术和节能环保领域，有效提高外资利用质量。

（二）扩大重点产品进出口

组织行业机构建立海外政策、法规、标准等信息共享服务平台，依托海外发展联盟、行业服务平台充分了解海外市场法规政策的动态变化。加强国际标准法规制定协调，推动与主要出口目的国检测认证标准的统一，让中国企业和产品更好"走出去"。举办国际性论坛展会，邀请全球顶尖企业和企业家带最新技术和产品来华展示和交流，为各国扩大对外出口提供重要平台和载体。

（三）深化产业链供应链国际合作

积极推进多双边合作，深化"一带一路"经贸合作，完善与相关国家、地区工业领域的对话机制，健全政策信息沟通渠道。鼓励国内企业通过参与一系列国际合作项目，提升产能和装备制造水平，主动融入全球产业链与供应链，共同维护全球产业链与供应链的稳定与畅通。

行业篇

B.4
通用设备制造业发展报告

智一歌　郭　威　宋爱民*

摘　要： 本报告梳理了2023年中国及国际通用设备制造业的市场概况和发展趋势，研究分析中国通用设备制造业的运行情况、产品技术、存在的问题，结合中国通用设备制造业发展前景预测和投资机会分析，从政策、行业、企业三个层面对中国通用设备制造业提出具有客观性、针对性的发展建议。分析表明，2023年中国通用设备制造业行业规模稳步扩大、盈利能力和偿债能力略有提升、主要产品技术水平显著提升。在全球经济趋稳和国际能源格局变动影响下，中国通用设备制造业应抓住国家重大发展机遇，打造绿色制造体系，推进信息化与智能化融合发展，进一步增强中国通用设备制造业企业的竞争力。

关键词： 通用设备　绿色制造　智能制造

* 智一歌，中级经济师，机械工业经济管理研究院发展战略研究所副所长，主要从事产业经济研究；郭威，工程师，机械工业经济管理研究院发展战略研究所研究助理，主要从事经济研究、行业研究；宋爱民，工程师，机械工业经济管理研究院综合办公室副主任，主要从事行业、企业信息化研究和建设及发展规划编制研究。

一　通用设备制造业的定义和分类

（一）定义

作为装备制造业中的重要子行业，通用设备制造业涵盖锅炉及原动设备制造，金属加工机械制造，物料搬运设备制造，泵、阀门、压缩机及类似机械制造，轴承、齿轮及传动部件制造等多个行业中类，广泛应用于环保、冶金、石化、矿山、造纸、印刷、食品、轻工、纺织、仪器仪表等行业，在国民经济中具有举足轻重的地位。

（二）分类

通用设备制造业共分为9个行业中类52个行业小类（见表1）。

表1　通用设备制造业行业分类

行业中类	行业小类
锅炉及原动设备制造（341）	锅炉及辅助设备制造（3411）
	内燃机及配件制造（3412）
	汽轮机及辅机制造（3413）
	水轮机及辅机制造（3414）
	风能原动设备制造（3415）
	其他原动设备制造（3419）
金属加工机械制造（342）	金属切削机床制造（3421）
	金属成形机床制造（3422）
	铸造机械制造（3423）
	金属切割及焊接设备制造（3424）
	机床功能部件及附件制造（3425）
	其他金属加工机械制造（3429）
物料搬运设备制造（343）	轻小型起重设备制造（3431）
	生产专用起重机制造（3432）
	生产专用车辆制造（3433）
	连续搬运设备制造（3434）

行业中类	行业小类
物料搬运设备制造(343)	电梯、自动扶梯及升降机制造(3435)
	客运索道制造(3436)
	机械式停车设备制造(3437)
	其他物料搬运设备制造(3439)
泵、阀门、压缩机及类似机械制造(344)	泵及真空设备制造(3441)
	气体压缩机械制造(3442)
	阀门和旋塞制造(3443)
	液压动力机械及元件制造(3444)
	液力动力机械元件制造(3445)
	气压动力机械及元件制造(3446)
轴承、齿轮和传动部件制造(345)	滚动轴承制造(3451)
	滑动轴承制造(3452)
	齿轮及齿轮减、变速箱制造(3453)
	其他传动部件制造(3459)
烘炉、风机、包装等设备制造(346)	烘炉、熔炉及电炉制造(3461)
	风机、风扇制造(3462)
	气体、液体分离及纯净设备制造(3463)
	制冷、空调设备制造(3464)
	风动和电动工具制造(3465)
	喷枪及类似器具制造(3466)
	包装专用设备制造(3467)
文化、办公用机械制造(347)	电影机械制造(3471)
	幻灯及投影设备制造(3472)
	照相机及器材制造(3473)
	复印和胶印设备制造(3474)
	计算器及货币专用设备制造(3475)
	其他文化、办公用机械制造(3479)
通用零部件制造(348)	金属密封件制造(3481)
	紧固件制造(3482)
	弹簧制造(3483)
	机械零部件加工(3484)
	其他通用零部件制造(3489)

行业中类	行业小类
其他通用设备制造业（349）	工业机器人制造（3491）
	特殊作业机器人制造（3492）
	增材制造装备制造（3493）
	其他未列明通用设备制造业（3499）

资料来源：《国民经济行业分类》（GB/T 4754—2017）。

二　国际通用设备制造业发展概况

（一）国际通用设备制造业市场发展概况

1. 市场状况

当前，随着经济回暖、全球制造业复苏和新兴市场崛起，国际通用设备市场需求稳定增长，市场格局面临重塑。

锅炉及原动设备制造。在锅炉制造领域，美国福斯特惠勒公司和法国阿尔斯通公司在同类型产品中占有较大的市场份额，其研制的循环流化床锅炉以其产品技术的稳定性和可靠性成为行业标杆。在燃气轮机制造领域，占据较大国际市场份额的有美国通用电气、德国西门子、法国阿尔斯通、日本三菱重工、英国罗尔斯·罗伊斯、美国普拉特·惠特尼等公司。美国通用电气、美国普拉特·惠特尼、英国罗尔斯·罗伊斯在轻型燃气轮机制造领域优势显著。美国通用电气研制的 H 级燃气轮机、日本三菱重工研制的 M701F5 和 M701J 重型燃气轮机、德国西门子研制的 SGT5-8000H 超级重燃气轮机，均为行业标杆。

金属加工机械制造。在机床制造领域，美、德、日三国占据了较大的国际市场份额，在机床研发、设计、制造应用方面居于主导地位。其中，美国机床制造技术具有显著的精密化、数字化、高速化特性，拥有马格、哈斯、格里森、哈挺、赫克等机床制造行业巨头。德国机床制造技术具有高精度、高稳定性特性，拥有西门子、吉特迈、通快、舒勒、埃马格、因代克斯等机床制造领军企业。日本机床制造在中档数控机床市场占有较大份额，同时拥有大隈、森精机、天田、马扎克等在高性能数控机床领域也取得显著突破的机床制造知名企业。

泵、阀门、压缩机及类似机械制造。在阀门制造领域，根据 GIA 数据，全球阀门市场规模将在 2025 年达到 886 亿美元。[①] 美国、欧洲国家、日本等发达国家占据高端工业阀门市场较大份额，美国 VTI 以生产"零泄漏"关断阀门享誉全球，产品技术主要应用于恶劣工况环境。法国德科专注于设计和制造用于化工、石油及核工业领域的高质量波纹管密封截止阀，具有极高的安全性、可靠性。美国、欧洲和中国是全球三大阀门制造主体，中国阀门在中低端市场占据优势，虽然中国工业阀门出口规模较大，但整体呈现"低出高进"现象。在压缩机制造领域，Technavio 数据显示，全球压缩机市场规模超过 400 亿美元，空气压缩机和制冷压缩机市场规模在压缩机总市场规模中的占比超过 80%。近年来，全球压缩机制造市场重心逐渐向中国转移，中国在产品、技术、材料等方面均有显著竞争优势。

2. 技术状况

广泛应用数字化解决方案。国际通用设备制造巨头纷纷推出产品技术数字化解决方案，推动核心技术和产品质量不断提升。美国通用电气应用高性能计算（HPC）及基于建模仿真的系统工程（MSBE），获得设计、交付和维修复杂机械系统的关键能力，开发用于旋转和往复式机器、气动/液压系统和机器人/自动化系统的预测工具、测试方法、成熟组件和系统技术，为机械制造提供安全、平稳和高效的环境。日本三菱重工为机床、锅炉等设备制造提供全生命周期量身定制的、更有效的"制造解决方案"，包括仪表（远程监控和运行监控）、门户网站、机械加工网络、电子服务（服务支持系统）和维护支持系统服务。德国西门子通过智能虚拟机床（机床设计）、智能机床加工

---

① 《2021 年全球阀门制造行业市场现状与发展趋势分析　市场成熟向好发展、行业变革正在进行》，"前瞻经济学人"百家号，2021 年 10 月 18 日，https://www.qianzhan.com/analyst/detail/220/211018-e595182e.html。

（加工工艺）、智能车间生产（生产过程）等系统服务，提高机床制造设计、加工、生产数字化水平，提升制造效率、质量和精度。

广泛应用绿色脱碳技术。在脱碳需求迅速增加的背景下，脱碳技术成为国际通用设备制造的技术热点，国际通用设备制造巨头不断取得技术突破。日本三菱重工研制氢氨燃烧燃气涡轮机、氢混烧发动机、CO_2 压缩机等，以及针对燃气发动机、生物质锅炉、垃圾焚烧炉等小规模 CO_2 排放源开发的小型 CO_2 回收装置，为实现通用设备脱碳技术创新做出贡献。德国西门子利用大数据、云计算、人工智能等新一代数字化技术打造智慧能碳管理平台，通过对企业能源和碳排放数据的收集、存储和分析，帮助企业提升价值链。

广泛应用新材料工艺。新材料工艺广泛应用对国际通用设备制造业发展起到了重要的促进作用，国际通用设备制造巨头助力新材料的创新研发，为新材料提供产业化转化平台，新材料助推设备制造稳定性、可靠性大幅提升。美国制定 2022 年《先进制造业国家战略报告》，规划利用高性能材料设计和加工、增材制造、关键材料等开发创新材料和加工技术，以更快、更有效、更精确和更坚固的方法提高企业成本效益和竞争力。英国是传统的新材料强国，亨利·罗伊斯研究所与剑桥大学物理研究所、制造业研究所共同制定绿色技术"路线图"，包括增加材料研究投资和制定法律确保采用新的绿色技术。日本在制造新型涡轮发动机涡轮叶片方面拥有先进的新材料生产技术，该技术主要应用于高性能单晶叶片制造，处于国际领先水平。

（二）国际通用设备制造业的发展趋势

1. 市场趋势

国际市场加速重构。当前，全球制造业格局发生深刻变化，2022 年北美、欧洲全球制造业份额为 38%，亚洲、大洋洲全球制造业份额为 55%，其中，中国全球制造业份额为 30.7%，已成为世界制造业强国，世界制造中心"由西向东"转移趋势明显。在国际大环境、新背景下，随着 RCEP、《欧盟—新西兰自由贸易协定》、"印太经济框架"（IPEF）等正式签订，预计未来新兴且具有发展潜力的亚太地区将成为全球制造业发展重心，亚太地区供应链重构将成为地区发展的重要驱动力。

数字化转型加速推进。《全球灯塔网络白皮书2023》显示，截至2023年1月，全球共有132家工厂入选"灯塔工厂"，入选工厂利用数字化技术、优化供应链、跨越行业壁垒等共同特性，在敏捷度、上市效率、定制化等关键指标上创造出巨大价值。鉴于此，加快数字化技术应用实现企业转型升级，将成为2024年及更长的时间内通用设备制造业的重要趋势。

规模化转型成为发展新动能。随着第四次工业革命的发展，制造业面临提升生产力、推进可持续发展、加码韧性三大战略重心，通过规模化转型实现价值链上下游升级成为促进制造业企业发展的重要趋势。如中国三一重工在43家工厂中同时部署人工智能、工业物联网和自动化用例。印度西普拉在近一半的生产网络（47家工厂中的22个）中，规模化部署30多个数字化、自动化和分析用例。美国可口可乐计划在两年内将关键用例扩展到17家工厂中。根据国际制造业领先企业发展态势判断，规模化转型也将成为通用设备制造业企业实现转型升级、增强综合竞争力的重要发展趋势。

2. 技术趋势

绿色化。绿色发展逐步成为全球新型工业化的普遍形态，在全球产业链供应链绿色低碳竞争中优势凸显，是衡量制造业发展成效和质量的关键指标。当前，全球气候异常、大规模自然灾害增加，绿色低碳发展已成为全球共识，对全球新型工业化和制造业企业发展产生深刻影响，不少发达国家或经济体高标准追踪、追溯和清算工业生产中的碳排放，从而推动发展中国家和新兴经济体不断优化调整绿色低碳可持续发展战略。未来加快实现绿色低碳转型升级，已成为通用设备制造业企业应对这一挑战和机遇的必然趋势。

智能化。智能化发展已成为全球工业发展重点，为通用设备制造业转型升级提供了良好契机。通用设备制造智能化趋势包括：研发通用设备制造全流程与虚拟设计、数据分析相结合，通用设备制造工厂数字孪生建模，先进控制、智能装备和柔性产线集成应用，精益管理方法结合数字化工具，智能一体化管控与自优化，智能全过程一体化集控与优化等，极大地提高通用设备制造效率、效益，发挥通用设备制造创新催化和要素协同效应。

高端化。当前，世界各国都将发展高端装备制造作业为国家发展战略核心，谋求在新一轮产业革命和全球价值链分工中占有一席之地，通用设备高端化也将成为重构产业链条、提高附加值、增强竞争实力的必然趋势。发达国家积极推进制造业高端化战略，新兴国家通过调整国家战略抢占未来高端通用设备制造业市场，如巴西工业强国计划、印度国家制造业政策等。发达国家再工业化计划和发展中国家低成本制造竞争战略，都在推动全球通用设备制造业向高端化加速转型升级。

三　中国通用设备制造业运行情况分析

（一）行业规模稳步扩大

1. 增加值增速由负转正

2023年，中国通用设备制造业工业增加值增速为2.0%，比2022年增长3.2个百分点，低于2023年全国工业增加值增速2.2个百分点。分月份看，1~5月增为正，随后大幅下降，年底恢复正增长（见表2）。

表2　2022~2023年中国通用设备制造业工业增加值增速

单位：%

月份	2022年		2023年	
	本月	累计	本月	累计
1~2		5.0		-1.3
3	-0.7	2.6	4.6	1.1
4	-15.8	-2.7	13.5	4.0
5	-6.8	-3.6	6.1	4.5
6	1.1	-2.7	-0.2	3.6
7	-0.4	-2.2	-1.4	2.8
8	0.8	-1.9	-0.8	2.4
9	2.3	-1.4	0.0	2.1

月份	2022 年		2023 年	
	本月	累计	本月	累计
10	2.0	-1.0	-0.1	1.8
11	-0.9	-1.0	0.8	1.7
12	-3.4	-1.2	4.6	2.0

资料来源：机经网。

2. 资产规模稳步扩大

2023 年，中国通用设备制造业资产规模达 62550.2 亿元，同比增长 7.3%，较 2022 年增速下降 1.2 个百分点。分月份看，通用设备制造业资产规模增速 1~4 月逐步提升，4 月达到峰值 7.9%，随后波动下降，9 月降至 7.0%，全年增速在 7.0%~7.9% 区间波动（见图 1）。

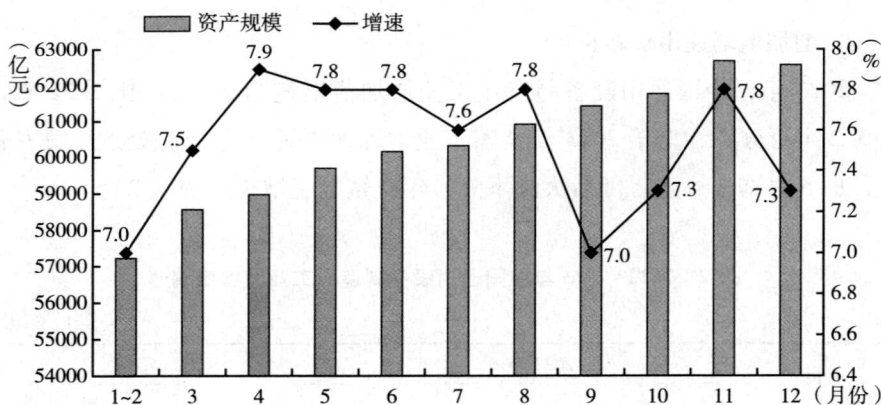

图 1　2023 年中国通用设备制造业资产规模及增速

资料来源：中经网产业数据库。

3. 营业收入同比增长

2023 年，中国通用设备制造业营业收入总计 47072.2 亿元，同比增长 2.8%，较 2022 年提升 5 个百分点。分月份看，1~2 月、6 月、7 月、9 月增速为负，其他月份均实现正增长，增速波动较大，整体呈波动上升趋势（见图 2）。

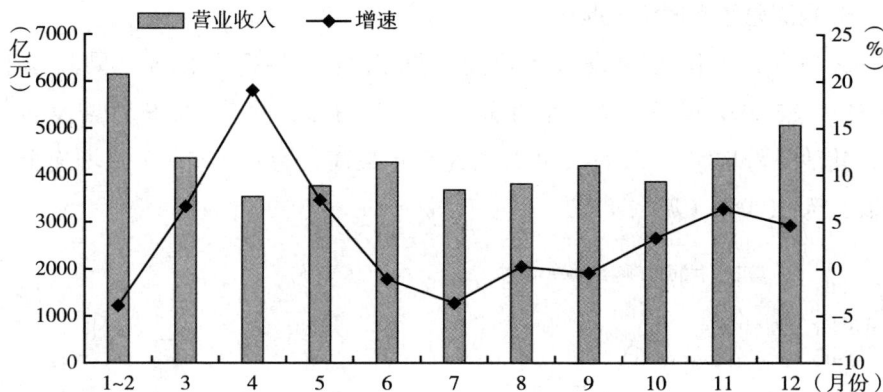

图2　2023年中国通用设备制造业营业收入及增速

资料来源：中经网。

4.营业成本增速加快

2023年，中国通用设备制造业营业成本累计为37903.6亿元，同比增长1.4%，较2022年提升3.9个百分点。分月份看，1~4月营业成本同比增速逐月提升，4月达到峰值15.7%，随后下降，7月降至-5.3%，8~12月波动上升，全年呈波动上升趋势（见图3）。

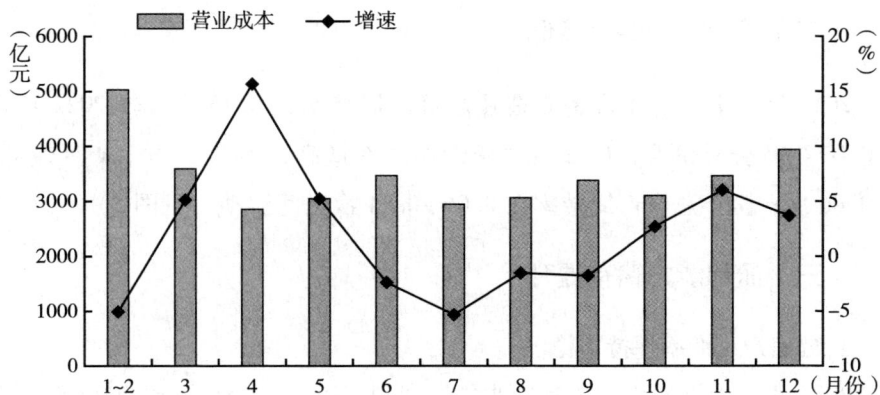

图3　2023年中国通用设备制造业营业成本及增速

资料来源：中经网。

5. 利润总额增速持续提升

2023年，中国通用设备制造业利润总额为3427.8亿元，同比增长10.3%，较2022年提升9.9个百分点。分月份看，除7月、9月增速为负外，其他月份均实现正增长，4月增速全年最高，为63.7%，7月增速全年最低，为-1.0%（见图4）。

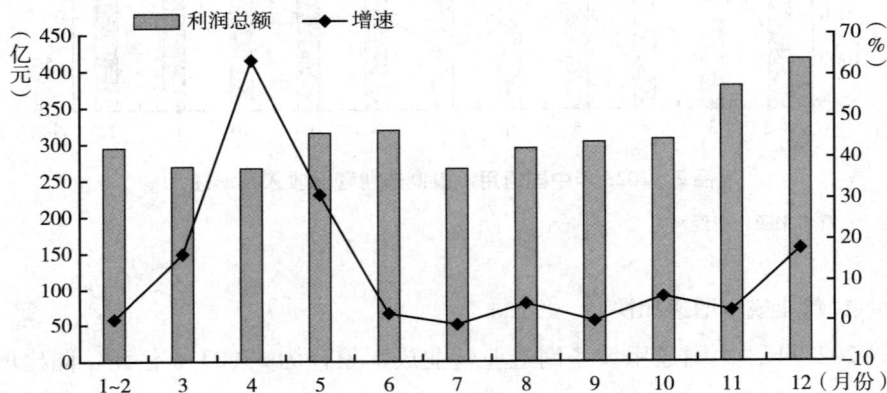

图4　2023年中国通用设备制造业利润总额及增速

资料来源：中经网。

（二）营运能力略有降低

2023年，中国通用设备制造业总资产周转率为0.75次，较2022年降低0.07次。分月份看，1~2月总资产周转率最高，为0.11次；4月最低，为0.06次；全年总资产周转率在0.06~0.11次区间波动（见图5）。

（三）盈利能力略有提升

1. 总资产利润率保持平稳

2023年，中国通用设备制造业总资产利润率为5.48%，比2022年下降0.11个百分点。分月份看，1~10月总资产利润率维持在0.5%左右，11~12月逐步上升至0.66%（见图6）。

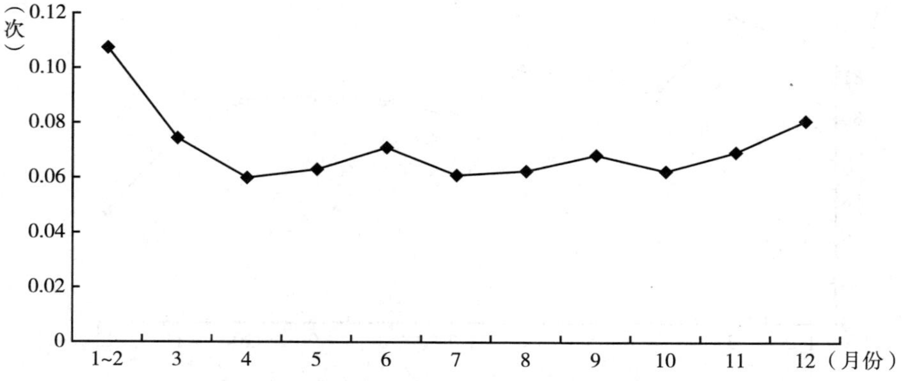

图 5　2023 年中国通用设备制造业总资产周转率

资料来源：中经网。

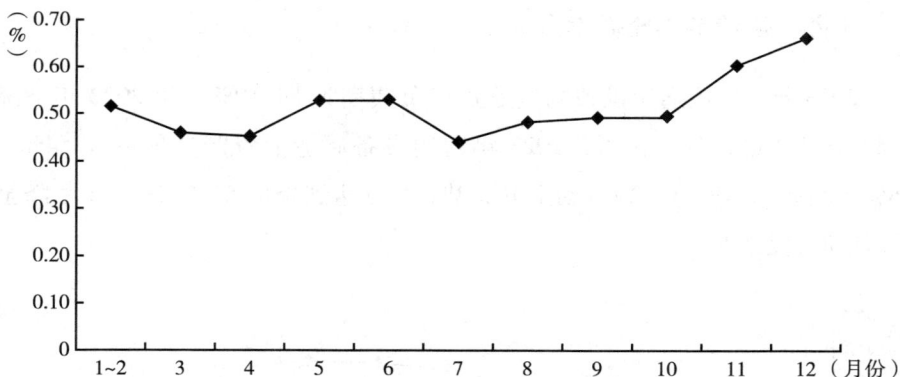

图 6　2023 年中国通用设备制造业总资产利润率

资料来源：中经网。

2.营业成本率略有下降

2023 年，中国通用设备制造业营业成本率为 80.52%，相比 2022 年下降 1.45 个百分点。分月份看，2023 年通用设备制造业营业成本率整体呈下降趋势，3 月营业成本率全年最高，为 82.45%，随后波动下降至 12 月的最低点，为 77.66%（见图 7）。

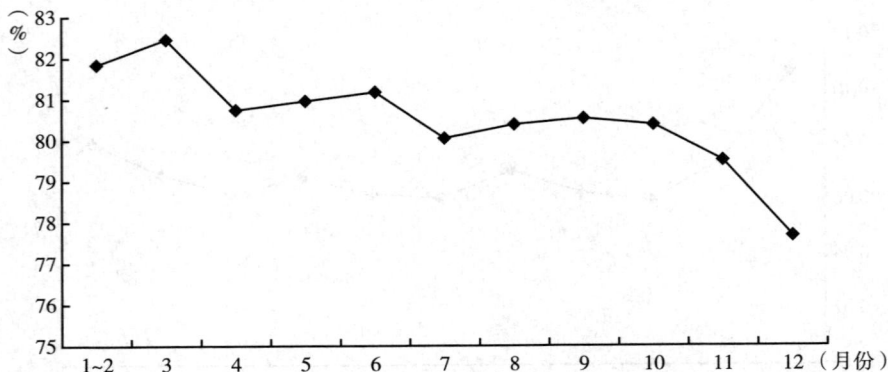

图7 2023年中国通用设备制造业营业成本率

资料来源：中经网。

（四）偿债能力略微提升

2023年，中国通用设备制造业资产负债率为54.19%，比2022年下降0.42个百分点。分月份看，2023年通用设备制造业资产负债率在54%~56%区间波动，整体呈现波动上升趋势，6月达到峰值55.23%，12月降至54.19%（见图8）。

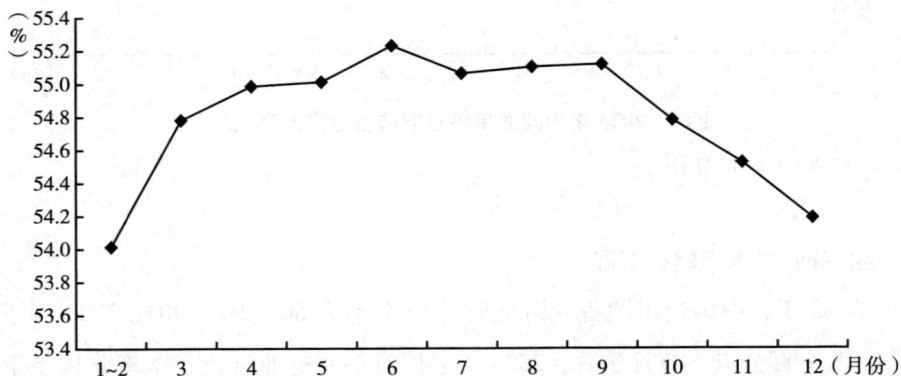

图8 2023年中国通用设备制造业资产负债率

资料来源：中经网。

四　中国通用设备制造业产品技术水平分析

（一）主要产品产量分析

2023 年，中国工业锅炉蒸发量同比增长 1.1%，为 225479.6 吨；发动机产量同比增长 7.5%，为 240665.1 万千瓦；金属切削机床产量同比增长 6.4%，为 61.3 万台；金属成形机床产量同比减少 14.2%，为 15.1 万台；电梯、自动扶梯及升降机产量同比增长 3.9%，为 155.7 万台；工业机器人产量同比减少 2.2%，为 429534.0 台；包装专用设备同比减少 20.0%，为 733525.0 台；复印和胶版印制设备同比减少 12.8%，为 222.8 万台（见表 3）。

表 3　2023 年中国通用设备制造业主要产品产量及同比增速

产品名称	计算单位	产量	同比增速（%）
工业锅炉	（蒸发量）吨	225479.6	1.1
发动机	万千瓦	240665.1	7.5
金属切削机床	万台	61.3	6.4
金属成形机床	万台	15.1	−14.2
电梯、自动扶梯及升降机	万台	155.7	3.9
工业机器人	台	429534.0	−2.2
包装专用设备	台	733525.0	−20.0
复印和胶版印制设备	万台	222.8	−12.8

资料来源：国家统计局。

（二）主要产品技术水平

2023 年，在国家产业政策的支持下，中国通用设备制造业各领域技术水平显著提高，成功研制出一大批国产首台（套）重大技术装备，填补了多项国内空白。

1. 国产化水平全面提升

2023 年，针对核电、石油石化、油气集输、天然气液化、煤炭加工等关键领域重大技术装备短板，中国全面提升重大技术装备国产化水平与示范应用，通用设备制造业的工程化、产业化水平和中高端产品比例显著提高。在风机、压缩机、泵、阀门、气体分离设备等重点产品领域，与国际先进水平相比，产品制造、产品设计核心关键技术差距明显缩小。

2. 智能化水平显著提升

2023年，中国通用设备制造业企业加强创新发展能力，促进智能化转型升级发展，在空分、泵、压缩机、风机和阀门等行业领域，一些领先企业结合自身生产工艺流程，大力发展智能制造，在智能制造应用上取得创新突破，智能化水平显著提升。例如，杭氧集团应用空分设备远程监控系统，在设备运行过程中实现全流程运维服务，大大提高企业效率。凯泉泵业应用数字化技术，实现供需管理、物料管理、工艺流程和客户管理等数据互联互通、高效运作。神通阀门利用身份查询"二维码"等数字化手段，智能监测原料、配件和产品动态。汉钟精机利用智慧仓储技术，实现物流送料、原料的智能化管理。中核科技研发的智慧水务阀门，在阀门运行状态的智能化监测方面进行了应用实践。

3. 国际化水平持续提升

2023年，依托"一带一路"倡议，中国通用设备制造业大力拓展国际市场，中高档产品出口占比明显提高。在大型空分设备、大型压缩机组、天然气集输设备等重点产品领域，中国通用设备制造业各项指标已经达到国际先进水平，逐渐确立了在国际市场上的品牌优势和地位，品牌、产品、技术国际化水平持续提升。

（三）重大技术突破

1. 锅炉及原动设备制造

2023年，中国内燃机及配件制造、汽轮机及辅机制造、水轮机及辅机制造技术领域实现多项重大突破。哈电通用燃气轮机有限公司研制的HA级重型燃机，能效等级已经达到最高标准，是重型燃机生产制造的一项重大突破。渤海装备石化装备公司联合研发的"高效纯氢燃气轮机燃烧室"，拥有自主知识产权，确立了中国在氢能燃气轮机领域的国际领先地位。中国航发研制的"太行110"重型燃机2019年由国家能源局立项，2023年经过产品技术鉴定，成为国内首批燃气轮机创新发展示范项目，具有重大战略意义。国机重装研制的J级重型燃气轮机和500MW级冲击式水轮机转轮中心体锻件，是体现中国国产化自主创新能力的重大成果。哈尔滨电机厂有限责任公司自主研制的"700米水头400兆瓦级高转速抽水蓄能机组"和哈尔滨锅炉厂有限责任公司自主研制的"600~1000MW超超临界二次再热锅炉研制及应用"，在同类型产品中实现重大技术突破。

2.泵、阀门、压缩机及类似机械制造

2023年，中国泵、阀门、压缩机及类似机械制造领域取得多项重大技术突破。沈鼓集团研制的新一代（6+1）空气透平压缩机组，各项技术指标达到国际同类产品先进水平，是中国重大装备国产化的又一重要突破。中国石油集团济柴动力有限公司自主研制的CCUS二氧化碳超临界注入压缩机组，解决了CCUS二氧化碳压缩机的"卡脖子"技术难题。中国科学院和中储国能公司联合研发的300MW级先进压缩空气储能系统膨胀机，攻克全三维设计、动态调节与控制等关键技术，降低20%~30%的单位成本，提高3%~5%的效率，是目前国内在先进压缩空气储能系统设备制造方面具有突出意义的重大技术。国家管网集团研制的"NPS24 Class900大口径强制密封球阀"，满足了天然气长距离输送需求，提升了国内阀门配套设备设计和制造能力，并为企业提供了良好的发展机遇和经济效益，是油气管道关键设备国产化进程的重大突破。

3.轴承、齿轮和传动部件及物料搬运设备制造

2023年，中国在轴承、齿轮和传动部件及物料搬运设备制造领域取得重大技术突破。中国铁建重工集团研制的8.61米盾构机主轴承，由中国自主研制，标志着中国已经攻克并掌握了盾构机主轴承的全流程关键核心技术，填补了盾构机国产超大直径主轴承空白，实现超大直径主轴承关键技术的重大突破。由中联重科、中交二航局联合研制的"W12000-450塔机"，突破了大尺度截面重载分体式结构设计与制造技术，研发出集平头主塔机、

动臂副塔机、施工升降机于一体的全新机型，解决了450吨超大起重量和400米超大起升高度两大技术难题。"W12000-450塔机"在高效协同、精准控制、安全智能控制等技术方面达到国际领先水平。

五　中国通用设备制造业存在的主要问题

（一）创新能力依然薄弱

中国通用设备制造业整体技术创新能力依然薄弱，不能充分满足高端先进技术发展需要。主要表现为：一是部分通用设备的高端产品技术缺乏自主创新研发能力，产品技术路线不具前瞻性，处于跟随性研发阶段；二是部分通用设备制造业企业缺乏关键核心技术，创新意识和持续发展能力不足；三是行业发明专利占比较小，缺乏带动行业发展的高质量发明专利，专利技术孵化能力不强。

（二）产能矛盾依然突出

中国通用设备制造业的产能矛盾依然较为突出，是制约当前行业发展的主要问题。主要表现为：一是部分企业市场布局不平衡，新建、扩建产能投入较大，企业同质化现象普遍，产品同质化现象较为突出；二是市场竞争激烈，一些企业以低价换市场，得不到合理的利润，行业内形成劣币驱逐良币的恶性竞争环境；三是部分企业缺乏研发高端产品的能力，中低端产品产能过剩问题严重，产品的结构性矛盾较为突出。

（三）营商环境仍需改善

中国通用设备制造业发展需要更加自由便利、服务更加完备的一流营商环境。主要表现为：一是部分企业成本压力较大，企业资金链紧张，人力成本较高，财务管理不善，加重了企业负担；二是部分企业融资难、融资贵、融资不畅问题仍然比较突出，极大地增加了企业融资成本和运营风险；三是部分企业处于产业链弱势地位，缺乏行业话语权，无法直接享受国家普惠降税政策红利。

（四）人才短缺制约发展

人才短缺是制约中国通用设备制造业发展的重要因素，现有人才难以满足行业持续高质量发展需求。近年来，受薪资待遇、体制机制、资源能力、转型要求等多重因素影响，制造业就业人数下降趋势显著，通用设备制造业创新人才、管理人才、高技能产业工人以及应用型人才匮乏，严重制约行业创新发展。

六 中国通用设备制造业发展前景分析

（一）中国通用设备制造业发展前景预测

1. 碳达峰碳中和带来战略新机遇

中国先后发布了碳中和领域的顶层设计、推动碳中和发展的政策文件，2024 年及更长的时间内，中国通用设备制造业企业将积极响应碳达峰碳中和战略，实施企业战略转型升级。一是推动企业绿色制造快速发展。为降低碳排放量，通用设备制造业企业可通过推广应用节能技术、低碳工艺、可再生能源等方式，实现绿色制造升级改造。二是促进企业数字化技术在更大范围、更高效率地广泛应用。为实现碳达峰碳中和目标，通用设备制造业企业将更广泛、更积极地应用数字化技术。三是帮助企业制定可持续、高质量的产品布局规划。为满足脱碳需求，通用设备制造业企业的发展战略将更多采用共享经济、循环经济等方式，采取回收原材料、优化产品结构、研发高性能产品、调整产品组合等措施，从而实现资源共享和循环利用。

2. 国际贸易关系重塑带来市场新机遇

2023 年，国际贸易关系重塑、市场环境深刻变化，为中国制造业包括通用设备制造业带来新的机遇和挑战。一是部分跨国公司包括部分高端装备供应商，开始重新布局和调整在华业务，为中国本土通用设备制造业企业带来新机遇。二是国内通用设备制造业企业与同行业国际巨头仍有差距，为填补市场空白，需灵活应对市场变化。优化产品线，成为未来国内通用设备制造业企业需要突破的方向。三是企业为增强国际市场竞争力，2024年及更长时间内的发展将集中在产品升级和市场营销变革方面。产品升级将提升企业核心竞争力，从而推动国产替代和自主研发。

3. 全球合作趋势带来发展新机遇

2024年及更长的时间内，中国通用设备制造业企业将继续拓展国际市场，积极参与全球竞争，在全球供应链重构过程中占有重要地位，树立全球品牌形象。一是全球化合作趋势推动企业提升自身组织能力。随着全球化业务合作深入开展，中国通用设备制造业企业需要在全球范围内科学延伸研、销、产、供价值布局，强化自身市场组织能力。二是全球化合作趋势推动企业重点适配国际化业务。中国通用设备制造业企业需要根据不同区域的价值定位规划市场分工，从而充分发挥全球总部价值。三是全球化合作趋势推动企业"走出去"。以此为契机，中国通用设备制造业企业将围绕国际能源、基础设施和重大工程建设、贸易往来等领域开展合作，借助国家新基建工程和"一带一路"倡议重大机遇，以多元化的形式拓展国际市场。

（二）中国通用设备制造业投资机会

1. 石油石化

2023年，中国国内原油加工量、原油表观消费量呈现快速增长态势，同比分别增长9.3%、8.5%。在国内炼油能力持续快速增长的同时，市场供大于求的问题也在加剧，国家把推进炼化一体化项目作为加快建设七大石化产业基地和四大世界级炼化基地的关键举措，推动中国石油和化工产能集中释放。通用设备制造业中的泵、风机、压缩机、阀门、分离机械、冷却设备等产品是石化装置中的关键设备，预计未来炼化一体化、中大型化、集成化、智能化、高端化国产装备研发应用将是通用设备制造业的重点投资方向。①

---

① 《傅向升：2023年石化行业成绩来之不易，2024年"以进促稳"》，中化新网，2024年2月1日，http://www.ccin.com.cn/detail/4a833c4afd5f7fd2e5c5298f06beb834/news。

2. 煤炭深加工

围绕加快推进煤炭深加工产业绿色低碳技术装备的推广应用，中国先后出台了煤炭深加工产业示范、创新发展、产业重点和思路措施等相关政策文件，对煤炭深加工产业做了系统规划布局。受绿色低碳政策驱动和市场需求的影响，煤炭深加工产业未来将在煤气化、煤制油、煤制天然气、低价煤分质利用、煤炭综合利用等关键技术设备领域加速实现产业化突破，带来通用设备制造业投资机会。超大型空分装置、大型气体压缩机、膨胀机、煤化工泵以及国产化开发应用的千万吨级工艺泵、耐腐蚀高温高压差调节阀等特种阀门，将是未来行业新的投资热点。

3. 液化天然气（LNG）

2023 年，中国 LNG 进口总量为 6994 万吨，较 2022 年增加 615 万吨，同比增长 9.64%。在双碳背景下，中国 LNG 进口需求明显增加，预计中国 LNG 需求将持续稳定增长。根据《"十四五"现代能源体系规划》，全国储气能力将跨越式增长，到 2025 年全国储气能力可达 550 亿~600 亿立方米。通用设备制造业中的压缩机、泵、阀门等重点产品，在油气集输管线领域应用广泛，预计未来在天然气、页岩气、煤层气，以及 LNG 液化及接收站领域，通用设备制造业企业将有较大的市场投资空间。

4. 电力、钢铁冶金、海洋工程装备

中国大力开展海上核电项目及铅铋堆等四代堆型研发项目，将为配套的泵、阀、通风设备等通用设备制造业企业带来新的机遇。轴流压缩机、能量回收透平、转炉（电炉）二次三次除尘风机泵、阀门、减速机、空分装置等通用设备产品技术加快发展，结合当前中国钢铁冶金装备制造大型化、集约化、绿色化、智能化市场需求趋势，为钢铁冶金装备制造行业带来新的重大投资机会。在国家政策的引导下，中国海工装备预计未来将呈现作业环境复杂化、装备规模大型化、浅海固定平台作业转向深海半浅平台作业等趋势，为通用设备制造业中风机、压缩机、泵、齿轮箱、阀门等产品技术带来一定的市场空间。

七　中国通用设备制造业发展建议

（一）政策层面

1. 优化产业全球战略布局

中国通用设备制造业应优化产业全球战略布局，把握全球价值链整合机遇，迎接新的机遇和挑战。一是政府支持鼓励企业在"一带一路"倡议、《区域全面经济伙伴关系协定》、"金砖+"等的推动下，布局全球市场，提升国际产业竞争力。二是借助国际产能合作机遇，积极与共建"一带一路"国家合作交流，促进中国通用设备产品、技术、服务和标准"走出去"步伐加快。三是政府发挥统筹引领作用，鼓励引导企业循序渐进深耕全球市场，优先布局成熟度高、匹配度高的核心市场，逐步向潜力市场拓展，有选择性地进入空间有限的其他市场，完成全球化布局。

2. 提升产业综合研发能力

一是完善通用设备制造业创新体系，提升整体创新能力，优化通用设备领域国家科研机构布局。二是发展通用设备制造业龙头企业牵头、高校与科研院所支撑的创新联合体，重点解决制约通用设备制造业发展的"卡脖子"问题。三是细化和落实国家科技计划等国家创新支持政策，提升企业关键核心技术攻关水平和共性技术供给能力，建立支持、鼓励企业承担国家重大科技项目和重点研发计划的通用设备技术创新联合基金。

3. 推进产业融合互促发展

实施通用设备关键核心技术攻关、重大技术装备攻关、产业基础再造工程，促进通用设备制造业融合发展。一是充分发挥新型举国体制优势，积极开展通用设备技术攻关、生产制造、应用推广工作，加快建设通用设备标准化体系。二是充分发挥通用设备制造业龙头企业的引领作用，带动产业链上下游企业成长，实现高效、协同、融合的发展格局。三是充分发挥国家统筹协调优势，加强对资金、技术、人才等关键要素的政策支持，激发通用设备制造业创新活力，促进其高质量发展。

（二）行业层面

1. 加快推动行业转型升级

中国机械工业联合会等协会发挥服务政府、参谋助手作用，积极参与、推动通用设备制造业加快转型升级。一是聚焦通用设备制造业细分市场，引导企业不断创新引领，加快迈向价值链中高端，夯实产业基础。二是鼓励企业充分利用新一代信息技术，立足客户需求，提供多维度、全方位服务，推动企业从单一设备制造商向制造服务商转变。三是支持企业利用自身优势，开发产品周边市场，强化供需对接，助力产业强链补链，形成依托通用设备产品技术创新的产业链。

2. 规范完善行业标准体系

中国机械工业联合会等协会以《深化标准化工作改革方案》为指导，进一步建立健全通用设备标准体系，保障行业创新发展和产业结构升级。一是研究通用设备行业标准化现状，明确通用设备国家标准及行业标准发展目标与重点，结合发展实际，提供预案、建议和咨询服务。二是调查研究发达国家标准化优秀经验，围绕通用设备制造业全球市场布局需求，推进中国通用设备行业标准国际化。三是促进通用设备上下游产业链各领域交流合作，联合探讨开展行业标准制定工作，以标准为纽带，促进通用设备产业链协调发展和技术提升。

3. 引导促进行业合作交流

中国机械工业联合会等协会应发挥"政产学研用"的"桥梁"和"纽带"作用，引导通用设备行业加强合作交流，促进高质量发展。一是围绕行业发展的热点问题，组织召开专题研讨会、技术交流研讨会，深度研讨和分析通用设备动态变化、机遇挑战，提出前瞻性、可行性建议措施。二是协助政府、企业、科研机构开展通用设备制造业产品技术创新成果评估鉴定和研究咨询工作，整合行业科研力量，促进行业科研团队技术交流协作。三是组织企业开展通用设备国际技术交流、考察学习活动，促进通用设备制造业国际交流合作活动更加紧密、有效。

（三）企业层面

1.整体布局企业智能制造

通用设备制造业深入实施智能制造赋能工程。加快数字技术赋能，整体布局、推动企业智能制造，是中国通用设备制造业企业高质量发展的必然选择。一是利用人工智能、云计算、5G、大数据、物联网技术，立足企业管理模式和市场需求，实现企业全流程、全要素的深度融合。二是加快企业生产设备数字化改造，推动新型部件、智能装备和智能软件更新迭代，培育一批智能化数字化转型升级标杆企业。三是推动"小企业+大平台"体系建设，依托龙头企业引领中小企业推进信息化、智能化发展，带动产业链上下游整体推进数字化转型。

2.统筹推进企业质量提升

中国通用设备制造业应全面落实《质量强国建设纲要》，强化企业质量管理，促使企业由优等质量向卓越质量攀升。一是为企业建立科学、便捷、高效的质量管理体系，深化实施质量管理能力评价、质量管理数字化应用、全过程质量绩效、产业链供应链质量联动、重点行业典型产品可靠性水平提升等工作。二是引导企业开展企业品牌赋值行动，通过开展质量诊断、咨询培训、供需对接、品牌宣传等活动，促进企业自身品牌质量价值的提升和自身能力的发展。三是加强国产知名品牌培育建设。产业联盟、行业协会、企业联合组织开展"中国制造"品牌培育、品牌发展论坛、品牌经验交流活动，加大品牌宣传推介力度，共创区域知名品牌。

3.全面优化企业发展环境

一是引导企业参与高新技术企业、专精特新中小企业等培育和评定工作，享受更多财政奖补优惠政策。二是支持企业获得制造业重点项目利率优惠，以及国家产融合作平台、工业企业技术改造升级导向计划、产业投资基金等政策优惠。三是鼓励企业以多种措施扩大复合型、专业化、高层次人才供给，培养经营管理领军人才、创新技术人才等，加强通用设备制造领域高层次人才引进，提高人才使用效率，立足企业自身需求和市场现状优化人才资源配置。

B.5
专用设备制造业发展报告

童童 栗蕾乔 牛丽娜*

摘 要： 本报告梳理了2023年国内外专用设备制造业的发展状况与趋势，研究分析了中国专用设备制造业的运行情况、产品技术、存在的问题、投资前景，并提出了发展建议。2023年中国专用设备制造业运行总体平稳，资产规模持续增长，营业收入增速放缓，各盈利指标有所下滑，偿债能力略有提升。在新阶段，中国专用设备制造业应抓住国产替代和设备出海的新机遇，提升产品质量，优化产业生态体系，加快绿色低碳转型和智能化发展，提升中国专用设备制造业竞争力。

关键词： 专用设备 绿色低碳 智能化

一 专用设备制造业的定义和分类

（一）定义

专用设备制造业是指服务于某一专门行业的设备制造业。

（二）分类

根据《国民经济行业分类》（GB/T 4754—2017），专用设备制造业分为9个行业中类56个行业小类（见表1）。

---

* 童童，博士，副研究员，机械工业经济管理研究院城乡规划研究所执行所长，主要从事当代社会学理论与经济管理研究；栗蕾乔，助理研究员，机械工业经济管理研究院城乡规划研究所研究助理，主要从事经济管理研究；牛丽娜，机械工业经济管理研究院综合办公室副主任。

表 1　专用设备制造业行业分类

行业中类	行业小类
采矿、冶金、建筑专用设备制造(351)	矿山机械制造(3511)
	石油钻采专用设备制造(3512)
	深海石油钻探设备制造(3513)
	建筑工程用机械制造(3514)
	建筑材料生产专用机械制造(3515)
	冶金专用设备制造(3516)
	隧道施工专用机械制造(3517)
化工、木材、非金属加工专用设备制造(352)	炼油、化工生产专用设备制造(3521)
	橡胶加工专用设备制造(3522)
	塑料加工专用设备制造(3523)
	木竹材加工机械制造(3524)
	模具制造(3525)
	其他非金属加工专用设备制造(3529)
食品、饮料、烟草及饲料生产专用设备制造(353)	食品、酒、饮料及茶生产专用设备制造(3531)
	农副食品加工专用设备制造(3532)
	烟草生产专用设备制造(3533)
	饲料生产专用设备制造(3534)
印刷、制药、日化及日用品生产专用设备制造(354)	制浆和造纸专用设备制造(3541)
	印刷专用设备制造(3542)
	日用化工专用设备制造(3543)
	制药专用设备制造(3544)
	照明器具生产专用设备制造(3545)
	玻璃、陶瓷和搪瓷制品生产专用设备制造(3546)
	其他日用品生产专用设备制造(3549)
纺织、服装和皮革加工专用设备制造(355)	纺织专用设备制造(3551)
	皮革、毛皮及其制品加工专用设备制造(3552)
	缝制机械制造(3553)
	洗涤机械制造(3554)
电子和电工机械专用设备制造(356)	电工机械专用设备制造(3561)
	半导体器件专用设备制造(3562)
	电子元器件与机电组件设备制造(3563)
	其他电子专用设备制造(3569)

行业中类	行业小类
农、林、牧、渔专用机械制造（357）	拖拉机制造（3571）
	机械化农业及园艺机具制造（3572）
	营林及木竹采伐机械制造（3573）
	畜牧机械制造（3574）
	渔业机械制造（3575）
	农林牧渔机械配件制造（3576）
	棉花加工机械制造（3577）
	其他农、林、牧、渔业机械制造（3579）
医疗仪器设备及器械制造（358）	医疗诊断、监护及治疗设备制造（3581）
	口腔科用设备及器具制造（3582）
	医疗实验室及医用消毒设备和器具制造（3583）
	医疗、外科及兽医用器械制造（3584）
	机械治疗及病房护理设备制造（3585）
	康复辅具制造（3586）
	眼镜制造（3587）
	其他医疗设备及器械制造（3589）
环保、邮政、社会公共服务及其他专用设备制造（359）	环境保护专用设备制造（3591）
	地质勘查专用设备制造（3592）
	邮政专用机械及器材制造（3593）
	商业、饮食、服务专用设备制造（3594）
	社会公共安全设备及器材制造（3595）
	交通安全、管制及类似专用设备制造（3596）
	水资源专用机械制造（3597）
	其他专用设备制造（3599）

资料来源：《国民经济行业分类》（GB/T 4754—2017）。

二　国际专用设备制造业发展概况

（一）国际专用设备制造业市场发展概况

1. 市场状况

采矿、冶金、建筑专用设备制造。目前采矿专用设备制造行业市场可划分为三个层级。一是跨国公司和外资企业，这些企业在国际高端市场拥有领先的技术；二是少数掌握一定核心技术，在国内中高端市场具有较强竞争力，并具有一定科研能力，赢得较好市场声誉和一定品牌知名度的国有企业和民营企业；三是已经成形的民营企业，在低端市场的竞争中游走。近年来，中国矿山机械制造发展势头迅猛，但与工业发达国家相比还有一定的差距。全球工程机械市场中，目前国内厂商全球市占率仍处于较低水平，国产工程机械近年来出口高增长，远期成长空间大。工程机械行业市场集中度较高，市场份额将继续向领军企业集中，随着竞争日益激烈，未来工程机械中小规模公司和弱势公司将逐渐被淘汰，领军企业市占率将不断提高。

炼油、化工生产专用设备制造。炼油、化工生产专用设备制造行业在发达国家起步较早，技术积累深厚，在全球范围内具有显著优势。目前全球石油和化工设备行业已形成美洲、欧洲、亚洲三足鼎立的格局，而炼油、化工生产专用设备制造行业在这三个地区的发展更为迅猛。企业代表为美国 ABB 鲁玛斯公司（ABB Lummus Global）、绍尔集团（Shaw Group），德国鲁奇集团（Lurgi Group），日本制钢所株式会社（JSW）。

烟草生产专用设备制造。全球烟草生产专用设备制造业发展至今，区域特点较为鲜明。当前，欧美是全球烟草主要消费市场，烟草消费量占全球市场的50%以上。欧美是全球烟草生产专用设备制造业较为发达的区域，生产的烟草生产专用设备技术优势明显。全球烟草生产专用设备出口国家Top5 中，欧美国家占据前四席。

纺织、服装和皮革加工专用设备制造。该行业是一个技术密集型、创新驱动型行业，受益于中国、印度、孟加拉国等国家纺织服装产业的快速发展和对纺织、服装和皮革加工专用设备制造的大量需求，亚太地区市场规模全球第一。欧洲是全球最大的纺织、服装和皮革加工专用设备制造出口地区，主要依靠德国、意大利、瑞士等国家的技术优势和品牌影响力。北美地区是全球纺织、服装和皮革加工专用设备制造行业的创新引领地区，主要以美国为代表，不断推出新技术、新产品、新模式，为行业发展提供新动力。

电子和电工机械专用设备制造。全球半导体设备竞争格局高度集中，国际半导体企业由全盛时期的数百家，通过并购重组整合等措施缩减至当前的数十家，细化领域的垄断程度越来越高。全球主要的半导体设备制造商集中在美国、荷兰、日本等国。中国半导体制造企业起步较晚，目前体量还有待提高，国产化率比较低。全球主要企业有荷兰的阿斯麦公司（ASML）、ASM国际公司，美国的应用材料公司（AMAT）、泰瑞达公司（Teradyne），日本的Tokyo Electron公司、迪恩士公司（Screen）、爱德万测试公司（Advantest）、迪斯科公司（Disco）等。

农、林、牧、渔专用机械制造。全球农、林、牧、渔专用机械制造业呈现鲜明的行业特征，现已形成中小企业细分市场竞争与国际巨头规模化竞争并存的局面。国际农、林、牧、渔专用机械生产巨头凭借强大的技术实力、丰富的市场经验及全球化的战略布局，成功建立全球销售网络与生产基地，主要企业有来自美国的约翰·迪尔、爱科，来自欧洲的凯斯纽荷兰、德国克拉斯、意大利赛迈道依兹，日本以久保田为首的农机生产巨头等。企业注重产品质量和技术创新，不断适应市场需求，在全球市场上享有盛誉与占有率，稳占农、林、牧、渔专用机械制造业的中高端市场。而中小企业则采取错位发展策略，企业通常专注于细分市场，深挖市场需求，打造特色产品。避免与国际巨头正面冲突，为市场提供多元化选择。两者之间形成互补的发展格局。

医疗仪器设备及器械制造。全球医疗器械服务的供应商主要分布在北美、欧洲和中国等地区，这三大生产地区合计占有80%以上的市场份额，其中北美地区为目前第一大生产地区，中国已成为除美国之外的世界第二大医疗器械市场。全球医疗仪器设备及器械制造业主要企业有美敦力、强生、GE医疗、雅培、西门子医疗、飞利浦等，目前生产规模最大的是美敦力。

环保、邮政、社会公共服务及其他专用设备制造。全球范围内消防设备企业前五名约占有21.0%的市场份额，包括开利（Carrier）、江森自控（Johnson Controls）、美力马（Minimax）、艾迪斯（IDEX Corporation）、美锐斯（Amerex）等。

2. 技术状况

采矿、冶金、建筑专用设备制造。美国卡特彼勒公司在多个领域处于国际领先地位，包括建筑工程机械、矿用设备等。日本小松集团（Komatsu）产品及技术较为全面，包含液压挖掘机、轮式装载机、履带式推土机、非公路矿用自卸卡车等。沃尔沃（Volvo）主要生产高效、低能耗的矿用设备，特别是矿用挖掘机和装载机，其产品在节能环保方面表现突出。利勃海尔（Liebherr）的优势产品为各种矿用起重设备和大型装载机。桑德维克（Sandvik AB）的优势产品为矿用钻机和破碎机等。中国徐工集团拥有 70~700 吨矿用挖掘机、60~100 吨三桥刚性矿车、30~60 吨铰接式自卸车等装备产品技术，是世界为数不多的大型露天矿机成套研发和制造企业。

电子和电工机械专用设备制造。在半导体设备领域，美国的主要优势在于等离子刻蚀设备、薄膜沉积设备和离子注入机等，日本的主要优势在于光刻机、单晶圆沉积设备、刻蚀设备以及涂胶机/显影机等，荷兰的主要优势则是光刻机。从企业主要半导体设备产品来看，荷兰阿斯麦公司凭借高端光刻机在全球仍处于领先地位，尤其是极紫外光刻 EUV 设备。美国应用材料在许多领域具有技术优势，如沉积、刻蚀、离子注入以及化学机械抛光等多个领域；而东京电子在沉积、刻蚀以及匀胶显影设备等领域颇具竞争力；泛林半导体的技术优势体现在刻蚀、沉积及清洗设备等方面；科磊的主要优势体现在检测、量测设备方面。中国企业在薄膜沉积设备、刻蚀设备、离子注入机、检测设备、清洗设备等领域正在奋力追赶，并取得了一定的成绩。

（二）国际专用设备制造业的发展趋势

1. 市场趋势

美、日、德在专用设备制造业领域具有较强的技术优势，美国几乎在所有种类的产品中均有一定的技术优势。日本在金属铸造用模具、橡胶或塑料等专用设备细分领域有突出的技术优势。德国在医疗器械与印刷设备等领域技术优势较为显著。中国专用设备制造业目前主要依靠产品价格优势，技术优势与发达国家相比并不明显。

全球农、林、牧、渔专用机械市场火热，需求旺盛，并将继续保持稳定增长态势，带动全球农、林、牧、渔专用机械制造业快速发展。以中国为代表的亚太地区农业机械化水平不断提升，中国、日本、巴西三国农业装备技术专利申请量稳居前三位。发达国家农业机械化起步早，发展历史悠久，当前主要通过提供政策补贴提升农业机械化水平，而中国农业机械化进程较慢，对农业机械需求较大，也促使全球农、林、牧、渔专用机械加速产品升级，对全球市场格局产生了重大影响。

环保、邮政、社会公共服务及其他专用设备市场需求旺盛。近年来，随着加拿大与美国建筑业快速增长，北美地区采矿业与制造业市场需求大幅增加，受建筑行业自动化趋势、家具智能趋势影响，采矿、冶金、建筑专用设备制造业市占率接连创历史新高。

2. 技术趋势

新材料技术紧密结合。随着新材料技术领域的不断创新发展，新材料技术未来在专用设备制造业中的应用越来越广泛，可以提高专用设备的性能质量，优化专用设备结构设计，改进专用设备功能特性，从而提升专用设备的稳定性和智能化水平。具体包括应用于采矿、冶金、建筑专用设备领域的轻量化、高强度、高耐久性的设备部件，应用于化工、印刷、制药等专用设备领域的具有较高耐热性和耐腐蚀性的先进陶瓷材料、高温合金等设备部件，应用于日化及日用品生产、电子和电工机械、医疗仪器设备及器械等专用设备领域的具有高精度和高速度特性的设备部件。

先进自动化技术广泛应用。麦肯锡的研究显示，全球自动化需求将持续增长，生产端对机器视觉检测、协作机器人、过程自动控制等先进自动化技术的应用，以及仿真测试、自动采购、智慧物流、客服机器人等新兴自动化技术在价值链上下游的积极部署，已成为企业"长盛不衰"的关键要素。在2023年"灯塔工厂"评选中，全球范围内共有21家新工厂入选，12家位于中国，强生（中国西安）的人工智能算法、工业物联网（IIoT）智能清洁技术和数字孪生技术应用于过程控制，西门子（中国成都）部署全方位数字化能源管理系统，宁德时代（中国溧阳）利用计算机视觉实现微米级质量检验，中信泰富特钢（中国江阴）部署了 40 多个第四次工业革命用例等，是先进自动化技术应用的典范。

三 中国专用设备制造业运行情况分析

（一）行业规模

1. 增加值增速保持平稳

2023 年，中国专用设备制造业工业增加值增速为 3.6%，与 2022 年持平。专用设备制造业全年工业增加值增速整体呈现波动下降趋势。分月份看，工业增加值增速从 3 月的 7.3% 波动回落至 8 月的 -0.5%，12 月回升至 3.6%（见表 2）。

表 2 2022~2023 年中国专用设备制造业增加值增速

单位：%

月份	2022 年		2023 年	
	本月	累计	本月	累计
1~2	—	8.8	—	3.9
3	7.6	8.2	7.3	5.5
4	-5.5	4.3	9.1	6.4
5	1.1	3.6	3.9	5.9
6	6.0	4.1	3.4	5.5
7	4.0	4.1	1.5	4.9
8	4.5	4.3	-0.5	4.2
9	4.9	4.4	1.6	3.9
10	3.0	4.2	2.7	3.8
11	2.3	4.0	1.9	3.6
12	-0.5	3.6	3.6	3.6

资料来源：机经网。

2. 资产规模持续增长

2023 年，中国专用设备制造业资产规模达 60062.6 亿元，同比增长 7.1%，增速较上年回落 3.9 个百分点。从全年来看，中国专用设备制造业资产规模增速呈回落态势，从 1~2 月的 12.5% 逐步回落至 12 月的 7.1%（见图 1）。

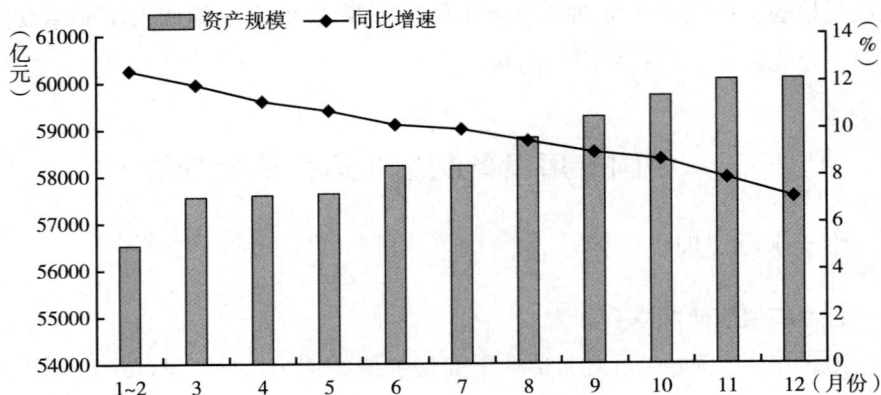

图 1　2023 年中国专用设备制造业资产规模及同比增速

资料来源：中经网。

3. 营业收入增速放缓

2023 年，中国专用设备制造业营业收入为 36745.1 亿元，同比增长 0.7%，增速较上年下降 1.1 个百分点。全年同比增速整体呈现 W 字形震荡走势。分月份看，1~2 月、7~8 月和 11 月均为负增长，其余月份均实现正增长，其中 4 月的增速最高（6.3%）（见图 2）。

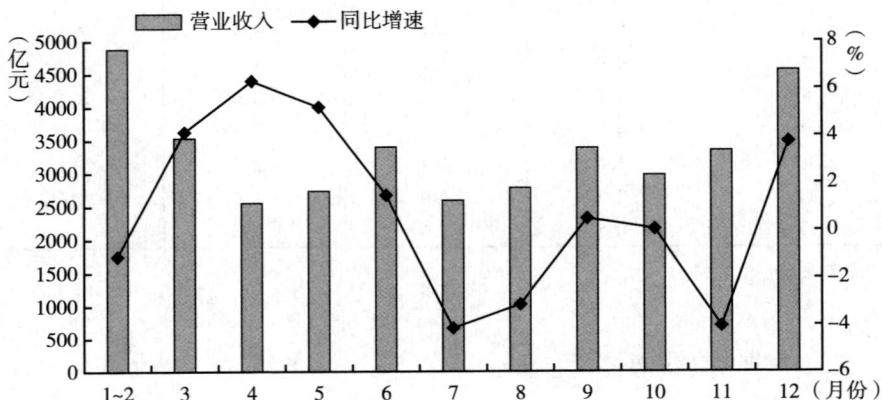

图 2　2023 年中国专用设备制造业营业收入及同比增速

资料来源：中经网。

4. 营业成本增速下滑

2023 年，中国专用设备制造业营业成本同比下降 0.2% 至 28458.4 亿元，增速较上年下降 1.7 个百分点。全年同比增速整体呈 W 字形震荡走势，4 月增速最高，为 5.2%，7 月最低，为 −6.1%。分月份看，除 3 月、4 月、5 月、12 月同比增速为正外，其余月份均呈现负增长（见图 3）。

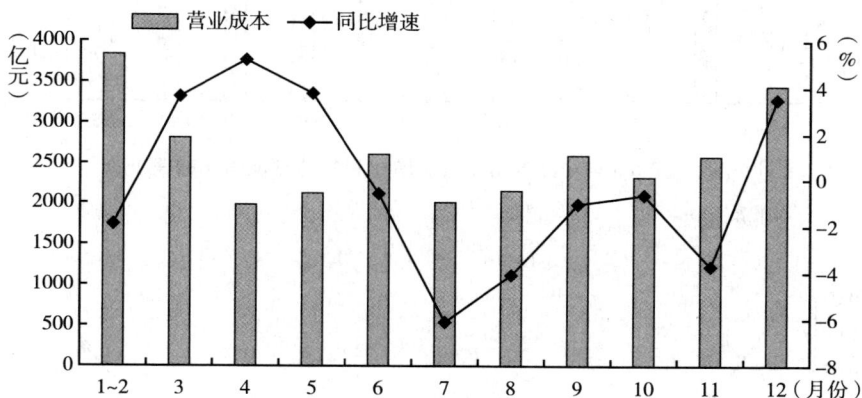

图 3　2023 年中国专用设备制造业营业成本及同比增速

资料来源：中经网。

5. 利润总额同比下降

2023 年，中国专用设备制造业利润总额同比下降 0.4% 至 2878 亿元，增速较上年下降 3.8 个百分点。全年同比增速波动区间较大，除 4 月、5 月、6 月、8 月、12 月增速为正外，其余月份均出现负增长，其中同比增速最高的为 5 月的 27.8%，最低的为 11 月的 −19.9%（见图 4）。

（二）营运能力略有降低

2023 年，中国专用设备制造业总资产周转率为 0.61 次，较 2022 年降低 0.07 次。中国专用设备制造业总资产周转率总体呈波动下降趋势。分月份看，总资产周转率最高为 1~2 月的 0.086 次，最低为 4 月的 0.044 次（见图 5）。

图4　2023年中国专用设备制造业利润总额及同比增速

资料来源：中经网。

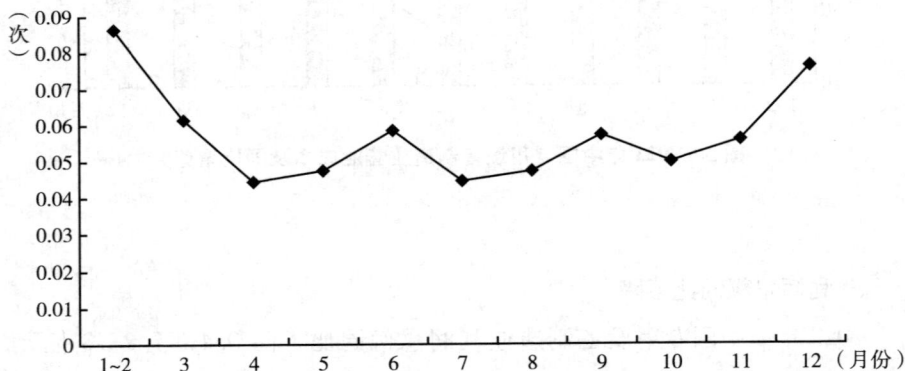

图5　2023年中国专用设备制造业总资产周转率

资料来源：中经网。

（三）盈利能力略有下降

1. 总资产利润率略有下降

2023年，中国专用设备制造业总资产利润率为4.79%，比上年回落0.69个百分点。总资产利润率在0.3%~0.7%区间波动。分月份看，从1~2月的0.5%波动下降到7月的0.3%，随后波动回升到12月的0.61%（见图6）。

图6　2023年中国专用设备制造业总资产利润率

资料来源：中经网。

2.营业成本率略有下降

2023年，中国专用设备制造业的营业成本率为77.45%，比上年回落了1.2个百分点。分月份看，2023年专用设备制造业营业成本率整体呈下降趋势，3月营业成本率全年最高，为79.56%，随后波动下降至12月的75.68%（见图7）。

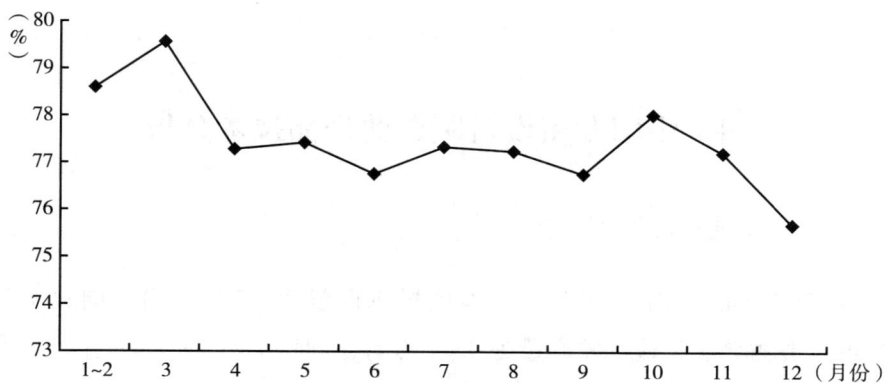

图7　2023年中国专用设备制造业营业成本率

资料来源：中经网。

（四）偿债能力略微提升

2023 年，中国专用设备制造业资产负债率较上年下降 0.32 个百分点，为 53.91%。2023 年专用设备制造业资产负债率整体呈现先上升后下降趋势。分月份看，资产负债率从 1~2 月的最低值 53.71%，上升至 6 月的最高值 54.77%，随后降至 12 月的 53.91%（见图 8）。

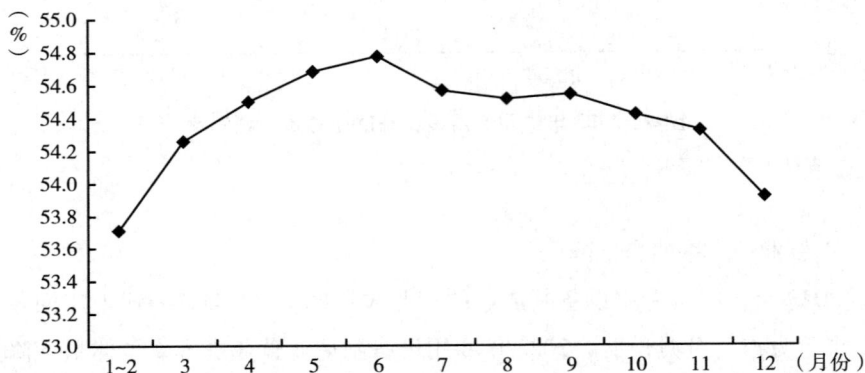

图 8　2023 年中国专用设备制造业资产负债率

资料来源：中经网。

四　中国专用设备制造业产品技术分析

（一）主要产品产量分析

在产品产量方面，2023 年中国挖掘机产量为 23.6 万台，同比下滑 23.5%；挖掘铲土运输机械产量为 43.7 万台，同比下滑 19.7%；生产的水泥专用设备总生产能力为 39.6 万吨，同比下滑 5.4%；饲料生产专用设备产量为 2.4 万台，同比下滑 21.2%；大型拖拉机产量为 10.7 万台，同比下滑 1.9%，中型拖拉机产量为 27.3 万台，同比下滑 9.1%，小型拖拉机产量为

16.9 万台，同比增长 13.4%；大气污染防治设备产量为 47.5 万台，同比增长 22.0%（见表 3）。

表 3　2023 年中国专用设备制造业主要产品产量及同比增速

产品名称	单位	产量	同比增速（%）
挖掘铲土运输机械	万台	43.7	−19.7
挖掘机	万台	23.6	−23.5
水泥专用设备	万吨(总生产能力)	39.6	−5.4
饲料生产专用设备	万台	2.4	−21.2
大型拖拉机	万台	10.7	−1.9
中型拖拉机	万台	27.3	−9.1
小型拖拉机	万台	16.9	13.4
大气污染防治设备	万台	47.5	22.0

资料来源：国家统计局。

（二）主要产品技术水平

2023 年，在国家一系列产业政策的推动下，专用设备制造业技术水平有了显著提高，一大批国产专用重大技术装备研制成功，并在采矿、冶金、建筑、化工、农业生产等关键领域得到应用，填补多项国内空白，为增强国家综合实力、提升国际市场竞争力提供支持和保障，为国民经济发展做出重要贡献。

1. 新动能运用加速部署

2023 年，专用设备机械动力电气化、氢能化转型提速。徐工集团、三一重工、中联重科等企业加快氢能源技术研发和产品创新布局，氢能挖掘机、氢能装载机、氢能矿用卡车等多种氢能工程机械产品实现交付使用。农林牧渔设备混合动力机械发展势头强劲，中国一拖出品东方红混合动力拖拉机（HB2204）商品化上市，中联农机首创首发新能源农机产品，中科原动力首款智能电动中大马力拖拉机如期发布。

2. 重大专用装备多点突破

2023 年，中国专用设备制造业科技创新在关键领域取得一系列新突破，石化装备、成套设备等一批重大技术装备投入使用。兰石重装自主研制的高压气态储氢装置达到世界先进水平；东方电气高国产化率 F 级燃机成功下线发运，F 级燃机实现国内批量生产；中国西电集团实现百万千瓦级核电机组用发电机断路器的国产化，解决了中国建设大型核电站"卡脖子"难题；中信重工自主研发的新型蒸汽汽轮机组成功交付，打破这一领域的进口依赖局面；"永宁号"为国产首台大直径大倾角斜井硬岩掘进机，由中国中铁装备自主研制，该装备实现首线贯通，标志着中国在盾构机斜井施工建设领域取得全新技术突破。

3. 高端化智能化发展提速

2023 年，中国专用设备制造业向数字化、智能化转型升级，新一代信息技术与机械行业深度融合，重大装备领域智能制造创新加速，行业高端化、数字化、智能化发展取得瞩目的成果。320 马力无级变速拖拉机实现量产，该机械由中国一拖集团出品，填补了市场的空缺；全球首台 10 米超大采高智能化高端采煤机投入使用，由西安煤机研制的该产品处于国际领先水平；明阳风渔一体化智能装备成功应用，融合打造清洁智能渔业新模式。

（三）重大技术突破

1. 采矿、冶金、建筑专用设备制造

2023 年，中国采矿、冶金、建筑专用设备制造领域技术攻关取得一系列重大突破。中国首台（套）最大、出口海外规格最大的国产溢流型球磨机由中信重工研制，该装备直径 8.2 米，长 12.7 米，是自主研制大型研磨设备的重大突破。中国煤炭科工集团接连推出两大国之重器，由中国煤炭科工集团上海研究所研制的超大采高智能化 MG1250/3430–WD 系列采煤机，具有世界最大功率，可满足年产 2000 万吨工作面开采需求，在中国实现自主可控的国家能源开发方面迈出关键步伐。"煤科威龙"智能化矿用岩巷全断面组合式盾构掘进装备为世界首创，可使掘进速度提升 3 倍以上。北方重

工研制的中国首台全断面钾矿机，标志着北方重工拥有自主研发生产固体钾矿机的能力，技术水平处于国际领先地位。世界首套铰接式百吨级综采成套搬家装备在山西霍州矿区成功应用，该装备由中国煤炭科工集团太原研究院研制，标志着煤矿超重型无轨辅运装备进入快速发展轨道。西煤机公司自主研制的世界首台 10 米超大采高智能化采煤机，在超大采高智能化采煤装备核心技术领域实现了重大突破，标志着中国装备制造业再创技术高峰。中冶京诚研发的山西晋钢 2 号烧结富氢喷吹项目，在稳定性、安全性和适用性方面全面提升，体现出中国在技术创新和工程转化方面的硬实力。中铁装备自主研发制造的"中铁 1237 号"为世界范围内首台绿色盾构机，掘进直径为9.16 米，设备长度为 135 米；同样由中铁装备自主研发制造的"淮盾号"为全球首台大倾角下坡掘进矿用 TBM，掘进直径为 5.53 米，设备长度为 82米，是中国高端装备制造业服务"一带一路"建设的新名片。中国首台无喂片机式双螺旋土压平衡盾构机"广星九号"由中国铁建重工、济南重工和中铁二十局联合研制。国产首台、全球最大规格剪切型 GN700 密炼机由中国中化益阳橡机研发，实现了液压系统中高压变量泵和闭环比例阀等部件的全面国产化。

2. 农、林、牧、渔专用机械制造

2023 年，中国农、林、牧、渔专用机械制造领域实现了一系列重大技术攻关。涵盖 10 项具有行业影响力的农业农村新装备"三新"成果发布，包括水稻种植技术与装备、智能施药系统、专用收获机、作业机器人、配肥智能装置、安全智能防控关键技术及装备、养殖设施与装备等，种类完备，技术领先。达到国际先进水平的产品技术层出不穷，世界首款混动电驱无级变速动力总成，由玉柴研发制造；多功能扶手及国内首款丘陵山地专业型拖拉机，由中国一拖研发；国内首台蚕豆联合收割机，由湖北双兴智能装备与农业农村部南京农业机械化研究所联合研发制造。

3. 电子和电工机械专用设备与环保、邮政、社会公共服务及其他专用设备制造

2023 年，中国电子和电工机械专用设备与环保、邮政、社会公共服务

及其他专用设备制造领域取得重大技术创新成果。华工科技成功研发的国内首台核心部件全部国产化的高端晶圆激光切割设备，在中国半导体激光装备领域取得多项首创成就。在环保、邮政、社会公共服务及其他专用设备制造领域，徐工登高平台消防车第五次刷新亚洲"最高"纪录。徐工 DG101 作为目前亚洲最高、适应中国市场的大型登高平台消防车产品，在救援能力、救援效率、操控性能、智能化、安全性五大方面实现领先，第五次刷新了亚洲登高平台消防车米数的最高纪录，技术安全性高、作业范围大、超越障碍救援能力强。

五 中国专用设备制造业存在的主要问题

（一）全球贸易挤压加剧导致需求下行

全球供应链修复形成贸易挤压、发达经济体复苏放缓、地缘政治冲突等多重因素，对国际贸易活动造成干扰，专用设备制造业外需市场的下行压力持续加大。部分发达经济体经济增长乏力、需求放缓，同时受产业转移影响，低端生产环节面临东南亚等发展中国家的竞争，对东盟等出口额同比下降。

（二）经贸科技问题政治化带来更多不确定性

国际贸易保护主义加剧，专用设备部分重点产品成为国际贸易争端新目标。美国将对中国的半导体相关出口管制扩大到日本、荷兰，欧盟对中国移动式升降作业平台发起反倾销调查，英国对中国挖掘机发起反倾销和反补贴调查，印度对中国轮式装载机征收五年反倾销税。

（三）专用设备制造业"大而不强"问题依然突出

中国高端装备制造市场巨大，但是在光刻机等高端设备领域，国内技术水平与国际领先水平还存在较大差距，核心技术领域尚存在缺失，导致国内高端装备制造市场被国外巨头占领的现象依然存在。根据芯谋研报 2023 年发布的数据，国内半导体设备公司总体营收增长超过 17.6%，市场规模已经达到 40 亿美元，但是半导体设备的国产化率仅达到 11.7%。

（四）缺少有国际影响力的领军企业和知名品牌

中国具有千亿元市值的制造业企业数量较少，众多细分行业企业打价格战情况严重，由此带来的是利润空间的缩小和竞争的白热化。一些行业领域虽然企业数量众多，但以中小企业为主，市场集中度低，缺少具有国际影响力的高端装备企业及高端品牌。目前，美日欧仍然占据品牌高地，韩国在优势产业方面具备一定的品牌影响力，而中国专用设备制造业还未形成由多行业领军企业牵头的竞争格局。

六 中国专用设备制造业发展前景分析

（一）中国专用设备制造业发展前景预测

1. AGI 浪潮推动算力升级，半导体设备行业景气度上行

Gartner 预测，2024 年全球半导体营收有望增长 16.8%，达到 6240 亿美元。[①] OpenAI 和英伟达引发通用人工智能产业竞赛，随着大模型的广泛应用，行业算力需求缺口加大。AI GPU 和存储器成为 AGI 时代半导体产业投资的重点，算力升级离不开 AI GPU 的支撑，由此带动高性能计算（HPC）及相关先进制程工艺制造，高性能存储与逻辑芯片等硬件需求激增。存储器领域，AI 升级将带动 DDR5、HBM 和 3D NAND 等高性能存储

---

① 《Gartner：预测 2024 年全球半导体收入将增长 16.8%》，科创板日报网站，2023 年 12 月 5 日，https：//www.chinastarmarket.cn/detail/1535067。

需求增长。存储器件芯片结构从二维向三维转变，使得等离子体刻蚀和薄膜沉积成为最关键的工艺步骤，刻蚀和薄膜沉积 ALD 设备市场需求增加。AI GPU 领域，美国加大了英伟达高性能 AI GPU 出口管制，原先特供中国的 A800 被纳入管制清单，同时国产 AI 芯片海外代工受限，国产 AI 训练的昇腾 910B 芯片预订量激增，带动上游设备厂商对先进刻蚀、沉积、锗硅（SiGe）外延、高温氧化、高温退火、质量检测等设备需求的增长，国产替代迫在眉睫。

2. 海外消费提振，工程机械行业迎来出海机遇期

近年来，随着国内智能化和电动化升级，国内工程机械产品实力不断提升，受益于国内成本价格优势，出口海外市场成为国内工程机械企业的核心增长动力。徐工集团、三一重工、中联重科的全球市占率分别由 2019 年的 4.8%、4.6%、2.3% 提升至 2022 年的 7.9%、7.0%、4.5%。从出口占比看，三一重工、徐工集团、中联重科海外收入占比快速提升，带动整体收入增长。从出口增速上看，受益于国外市场需求提振，2023 年中国工程机械对欧洲、非洲、南美、亚洲等地区出口增速呈现强劲增长势头，前 11 个月对上述地区出口增速分别达到 26.7%、14.8%、9.2% 和 8.2%。海外市场利润率高、市场空间大，国内地产、基建工程低迷是国内工程机械出海的主要因素。从利润率看，三一重工、徐工集团、中联重科海外市场毛利率均高于国内市场。以三一重工为例，2022 年和 2023 年年报显示，其国外和国内市场毛利率分别为 26.36%、21.92% 和 30.78%、23.04%。国内工程机械企业在海外市场的占有率将随着国内企业产品力和品牌力的提升而进一步提高。

3. 存量市场调整，矿山机械行业迎来挑战

随着能源结构转型，新能源在人们生活中占据越来越重要地位，以煤炭为代表的传统能源需求减弱，对矿山机械的需求有逐渐放缓的趋势。此外，随着环保约束日益严格，中国矿产开发已经度过了高速发展的黄金期，许多矿区不再需要大量的矿山机械，现有矿机的装备更新和后市场服务成为今后矿山机械市场的发展动力。在"智慧矿山"建设的过程中，智能化程度将不断提高，同时国家高度重视生态环保，智能、生态、节能、电动成为矿山机械发展的新方向。此外，随着矿山机械市场转向存量市场，为客户提供后市场相关的维修保养、配件更换、技术改造、生产线代运营都有望成为矿山机械企业收入增长的突破点。

（二）中国专用设备制造业投资机会

1. AI芯片产品制造设备迎来国产替代

在全球掀起AI产业化浪潮的进程中，支撑AI发展的芯片和硬件产品成为半导体产业投资的热点。中国虽然已初步建立相对完整的半导体产业链，但在高端芯片领域，特别是AI GPU、高性能存储芯片和高端逻辑芯片方面仍然落后，半导体设备是其瓶颈之一。随着国内半导体和通用AI企业的崛起，对先进制程工艺制造、高性能存储与逻辑芯片等硬件的需求将激增。国内半导体设备的自主研发和国产化替代进程加速。高端HBM存储芯片生产所需的硅通孔（TSV）刻蚀设备和TSV制造后的HBM 3D封装工序所需的热压键合（TCB）设备、混合键合设备，以及相关的质量检测、涂胶显影等先进封装设备未来国产替代空间较大。

2. 环卫新能源革新呈现巨大的市场前景

随着中国城市化的推进和环保政策的强化，电动环卫设备市场呈现巨大的增长潜力。电动环卫设备，如电动扫地车、电动垃圾车等，具有零排放、低噪声、低维护成本等优点，正逐渐替代传统的燃油环卫设备。政策引领带动中国电动环卫设备渗透率提升。《工信和信息化部等八部门关于组织开展公共领域车辆全面电动化先行区试点工作的通知》提出力争至2025年新增及更新车辆中新能源汽车比例达到80%。此外，随着电池技术的不断进步，电动环卫设备的续航里程不断增加，性能也在不断提升，制造成本进一步下降，市场竞争力进一步加强。

3. 工程机械电动化、智能化和网联化升级

中国已经建立完备的新能源车产业链，为工程机械的"新三化"升级提供坚实的产业基础，工程机械的"新三化"未来将复制中国新能源汽车

的成功模式，迎来爆发式增长。工程机械电动化的主要优势在于减少排放、降低噪声和提高能源利用效率。随着电池技术的进步和充电基础设施的完善，电动工程机械的续航里程显著增加，性能显著提升。工程机械智能化是指通过引入传感器、智能芯片和人工智能算法等技术，提升工程机械的感知能力、智能决策能力和自动化作业能力，从而实现更精确的操控、更高效的作业和更安全的运行。通过智能化升级，工程机械的维护和管理能更加便捷和高效，能对机械设备的运行进行实时监测和分析，进行预防性维护，从而降低故障率和维修成本。工程机械的网联化是指通过互联网、物联网等技术手段，实现设备之间的互联互通和信息共享，达到远程监控和智能化调度的目的，提升多设备协作能力、管理效率和作业质量。未来，随着技术的不断进步和应用范围的扩大，"新三化"变革将进一步推动工程机械行业的发展和创新。

七　中国专用设备制造业发展建议

（一）政策层面

1. 提高综合质量水平

中国专用设备制造业处于新的发展阶段，质量是促进行业发展的关键要素。中国专用设备制造行业应按照《质量强国建设纲要》文件精神要求，立足实际，分类施策，着力提升产品、工程、服务等综合质量水平，健全优化质量治理体系。一是建立专用设备制造质量创新体系。充分促进政产学研用融合，筹划一批产业链供应链质量攻关项目，瞄准一批重大标志性质量产品和技术，推进采矿、冶金、化工、纺织、医疗仪器等装备全过程智能化、网络化、信息化转型，推动专用设备技术研发、标准开发和产业应用落地。二是实施专用设备制造领域的提质改造工程。聚焦专用设备重点领域和质量短板，提高基础质量、竞争水平和产业集群质量引领能力，打造一批质量强国行业标杆。三是增强质量保障能力。加强统筹协调和质量监督工作，部门协同，上下联动，将质量强国任务与行业发展有效衔接、同步推进，确保各项任务落地见效。

2. 加快绿色低碳转型

中国专用设备制造业处于绿色低碳转型关键时期，绿色发展成为推进专用设备制造业持续高质量发展的坚实基础。一是加快专用设备制造业向高端、智能、绿色等方向融合发展，重点做好建筑、农林牧渔、纺织等传统专用设备制造业转型，构建清洁高效、绿色低碳的专用设备供应体系。二是加快推进专用设备制造业产品技术绿色低碳改造升级。制订、更新专用设备制造业绿色低碳导向目录，支持企业、园区、重点行业围绕关键共性技术全面实施绿色低碳技术改造升级，发挥链主企业和行业协会带动作用，分步骤组织实施技术改造。三是加快提升保障专用设备制造业绿色低碳发展的能力。以市场需求为导向，构建专用设备制造业绿色低碳技术创新体系，完善财税、金融、投资、价格等绿色发展政策体系，健全优化专用设备制造业绿色低碳标准体系和培育体系。

3. 健全安全生产体系

打造科学、稳定的安全生产体系是构建新发展格局的重中之重，也是专用设备制造业健康有序发展的支撑和保障。一是推动建立专用设备安全生产科技创新制度。聚焦危险化学品、煤矿、非煤矿山、建筑施工、农业农村等"十四五"安全生产科技创新优先领域，强化优先领域科技创新技术装备的推广应用。二是在专用设备制造领域实施科技创新能力建设项目。推进国家专用设备制造安全生产创新中心建设，建成危化品、矿山、石油钻采等重大事故防控技术支撑基地和科技创新成果推广平台，建设省级安全生产技术中心实验室、区域性安全生产综合技术中心实验室等。三是完善专用设备制造安全生产人才培养制度。加强安全生产和专业技术领军人才培养，建立融合技术创新、装备研发和应用研究的科技人才激励机制，培养一批覆盖高端专业设备制造生产管理、检验检测、认证认可等安全生产需求的专业人才。

（二）行业层面

1. 巩固拓展市场空间

中国专业设备制造业只有落实国家扩大内需战略，不断增加市场发展需求，才能持续增长。一是挖掘国内外市场潜力。聚焦国内农机装备、高端医疗装备、智能检测装备等专用设备创新产品推广应用，实施专用设备创新产品推广应用行动计划。引导制造专用设备的优质企业"走出去"，促进产品质量、服务质量和国际竞争力的提升。二是有效吸引、扩大专用设备投资。瞄准智能制造与农机装备、高端医疗装备等"十四五"重大工程项目建设领域，扩大仪器仪表、制药装备等重大产品技术市场需求。发挥政府投资基金的作用，如国家制造业转型升级基金等，引导社会资金在要素保障支持方面加大投入力度。三是加快搭建高质量专用设备制造供需对接平台。支持行业组织举办专用设备制造国际品牌会展，促进技术交流、国际合作、产业链上下游对接，激发市场需求，促进供需对接。

2. 全面推进智能制造

中国正处于制造业高质量发展的攻坚期，加快智能化转型升级，带动关键技术突破和模式创新，是专用设备制造业高质量稳定发展的保障。一是对推广智能制造新模式的专用设备制造业企业给予支持鼓励。把握专用设备制造业特点，开展模型驱动研发、数字虚拟中试等，推进企业技术改造提升计划，实施技术改造提升工程。二是加快专用设备制造领域智能系统解决方案攻关。依托专用设备制造业领军企业，聚焦典型场景、关键工艺等共性需求，打造一批标准化、易推广、自主化的智能制造系统解决方案。三是加快中小企业专用设备制造数字化转型。发挥领军企业带头作用，助力中小企业实现精益管理、在线检测、智能仓储、质量追溯等典型场景的推广应用。

3. 优化产业生态体系

着力推进中国专用设备制造业畅通产业链供应链、推进数字化发展、协调产业集群发展，是保障中国专用设备制造业高质量发展和优化产业生态体系的关键举措。一是优化畅通专用设备制造业产业链供应链。依托高性能医疗器械、农机装备等国家制造业创新中心建设，布局产业基础再造和重大技术装备攻关项目，增强技术研发与制造工艺、整机企业与基础零部件企业相互融合的协同制造能力，推动产品产业化。二是促进专用设备制造业的融合发展。推动生物技术在食品生产、医疗、化工等领域的融合应用，支持医疗、纺织等领域创新应用新型功能性纤维，促进行业间生产研发环节的互联互通以及产品技术在企业间的交叉应用。三是加快优化专用设备制造业区域布局。发挥区域资源禀赋、地方产业优势，结合专用设备制造业发展目标和产业链配套需求，培育一批黏合度高、带动力强的专用设备制造业集群。

（三）企业层面

1. 搭建梯度培育体系

搭建科学、完备的专用设备制造业企业梯度培育体系，培育一批优势企业，是中国专用设备制造业稳定发展的关键。一是在重大成套装备、钻采装备、农机装备等战略性新兴产业领域加大力度重点培育专精特新"小巨人"企业、单项冠军企业和领航企业。二是确立"链主"企业。支持相关机构组织开展专用设备制造业"链主"企业培育遴选工作，遴选在专用设备制造业各产业链中具有优势地位的"链主"企业，依托国家专项资金、国家产融合作平台等政策资源支持企业做强做优做大。

2. 提升综合竞争能力

把握行业趋势和市场格局，提升自身竞争能力，是专业设备制造业企业高速成长的关键因素。一是提升企业差异化竞争优势。针对专业设备制造业各行业的特性，编制产品技术路线图，找准国内企业在细分领域的优劣势，取得企业竞争优势。二是提升企业规模化竞争优势。通过融资、上市、扩大规模、兼并重组、拓展国际市场、专业聚焦等多种手段降低产品单位成本以在企业竞争中取得优势。三是提升企业效益竞争优势。通过提高企业员工素质，优化企业生产流程、提高企业边际效益，全面提升企业生产效率，取得生产效益竞争优势。

3. 强化服务保障

一是协同联动相关部门、机构参与战略谋划。在国家政策的指导下，企业应加强参与重大政策执行、重大任务落地、重大问题研究的战略谋划，增强企业支撑国家战略的能力。二是要提高优质高素质人才的培养和供给能力。对接国家制造业人才发展计划，建立完善的企业技能人才能力素质模型，培养一批高质量、高素质的专业技能人才。三是增强企业资金保障能力。优先发展高端智能绿色集成产品技术，争取制造业技改资金支持。承接国家产融合作平台、产业投资基金、工业企业技术改造升级导向计划等政策优势，增强金融服务保障。

B.6
电气机械和器材制造业发展报告

李鹏 许辉 王兆虎*

摘　要： 本报告梳理了电气机械和器材制造业国内国际发展概况和趋势，通过年度分析和月度分析，研究了 2023 年中国电气机械和器材制造业产业规模变化、运行情况变化、产业结构变化，分析了中国电气机械和器材制造业主要产品技术水平和重大技术突破，探讨了中国电气机械和器材制造业发展当前存在的主要问题，研判未来发展趋势。研究结果表明，当前，伴随中国经济的平稳回升，工业及商业电力需求逐步释放，全社会发电量快速增长，中国电气机械和器材制造业逐步复苏，发展增速稳步提高。2023 年，电气机械和器材制造业继续保持增长。全年发电机组产量增长 28.5%，太阳能电池产量增长 54%。输变电产品中，低压开关板、电力变压器等产品产量保持增长。当前，人工智能、大数据、物联网等前沿信息技术与电力工业技术深度融合，智能电网建设、输配电智能化改造更新极大地推动了电力装备的智能化发展。伴随数字化与智能电网建设、新型电力系统建设，国民经济对安全、可靠、智能化的电力设备需求将稳步增加。

关键词： 电气机械和器材制造业　电力装备　智能化　核电　新能源

电气机械和器材制造业是装备制造业重要的支柱子行业，涉及能源的开发、生产、输送、转换和使用以及各种特殊用途的电气设备等。

---

* 李鹏，副研究员，机械工业经济管理研究院工业工程所所长；许辉，高级工程师，东方电气集团东方重型机器有限公司董事兼总经理；王兆虎，高级经济师，哈电集团哈尔滨锅炉厂有限公司常务副总经理。

根据《国民经济行业分类》（GB/T 4754—2017）中对应的行业代码、类别、名称，按照机械工业信息中心统计系统中的分类，电气机械和器材制造业包括27个行业小类（见表1）。

表1　电气机械和器材制造业分类

中类代码	类别名称	小类代码	类别名称
307	陶瓷制品制造	3073	特种陶瓷制品制造
309	石墨及其他非金属矿物制品制造	3091	石墨及碳素制品制造
341	锅炉及原动设备制造	3411	锅炉及辅助设备制造
		3413	汽轮机及辅机制造
		3414	水轮机及辅机制造
		3415	风能原动设备制造
		3419	其他原动设备制造
342	金属加工机械制造	3424	金属切割及焊接设备制造
346	烘炉、风机、包装等设备制造	3461	烘炉、熔炉及电炉制造
		3465	风动和电动工具制造
356	电子和电工机械专用设备制造	3561	电工机械专用设备制造
381	电机制造	3811	发电机及发电机组制造
		3812	电动机制造
		3813	微特电机及组件制造
		3819	其他电机制造
382	输配电及控制设备制造	3821	变压器、整流器和电感器制造
		3822	电容器及其配套设备制造
		3823	配电开关控制设备制造
		3824	电力电子元器件制造
		3825	光伏设备及元器件制造
		3829	其他输配电及控制设备制造
383	电线、电缆、光缆及电工器材制造	3831	电线、电缆制造
		3832	光纤制造
		3833	光缆制造
		3834	绝缘制品制造
		3839	其他电工器材制造
384	电池制造	3849	其他电池制造

资料来源：国家统计局。

一 国际电气机械和器材制造业发展概况

（一）国际电气机械和器材制造业市场发展概况

2023 年，全球经济弱势波动特征没有改变，下行风险仍然存在。地缘政治冲突、贸易摩擦的不确定性对全球经济复苏的影响依旧。长期看，全球经济的止降趋稳仍依赖贸易环境稳定恢复后各国的内生恢复力度。当前，在电力装备制造行业，绿色投资全面增长成为重要亮点。随着全球气候变化问题日益严重，各国政府和企业纷纷加大对清洁能源的投入力度，以减少温室气体排放，推动可持续发展。成本、气候和能源安全目标以及工业战略共同推动了清洁能源技术投资的强劲增长。

1. 清洁能源技术投资增长但区域分布不均衡

近年来，受经济复苏、能源危机以及化石能源市场剧烈波动等影响，全球能源投资和相关技术部署得到一定提振，各国纷纷寻求更清洁的能源替代煤炭作为发电燃料。清洁能源投资虽然增长强劲，但区域分布极不平衡。近年来，超过 90% 的清洁能源投资增长来自中国和其他发达经济体，其增长额超过了其他地区的投资总额。印度的太阳能投资、巴西和中东部分地区的可再生能源投资也有所增长，但这些国家和地区对太阳能投资增长的贡献很小。清洁能源投资最大的短板在新兴经济体和发展中国家。

2. 关键动力电池矿产领域成为投资热点

电动汽车和电池是动力电池矿产需求增长的主要驱动力。根据 IEA《关键矿产市场评估 2023》报告，2017~2022 年，能源行业的发展推动全球锂需求增长 2 倍，钴和镍的需求分别增长 70%、40%。关键矿产中的清洁能源技术应用占比也在上升。清洁能源技术关键矿产需求将迅速增加，低排放发电和电网也是重要驱动因素。

3. 全球可控核聚变研发加速

美国和日本近年来在核聚变研究领域发展较快。美国可控核聚变的发展路线主要是激光惯性约束核聚变。2023 年，美国劳伦斯利弗莫尔国家实验室成功重现"核聚变点火"突破，第二次在可控核聚变实验中实现"净能量增益"。由日本和欧盟共同合作建造运行的超导托卡马克装置——JT-60SA 成功点火，成为实用型核聚变能源漫长发展进程中的一个里程碑。在全球各国核聚变研究互相竞争、共同发展的背景下，全球核聚变产业链的重点企业有望迎来新的发展机遇。

（二）国际电气机械和器材制造业技术发展概况

2023 年，随着全球应对气候变化和能源转型进程的不断推进，能源产业成为大国博弈的重要领域，新能源技术发展与清洁能源技术发展卓有成效。欧美大力发展太阳能、风能等清洁能源技术；美日相继更新国家氢能战略，释放出氢能产业化加速信号；先进的小型模块化反应堆（SMR）、第四代核能系统以及热核聚变实验堆，已经成为全球先进核能技术研发焦点；新产品、新技术已成为全球碳减排技术的竞争焦点；不断扩张的能源行业推动了全球对关键矿物的需求，欧美正通过一系列新政策实现矿产供应的多样化，包括欧盟的《关键原材料法案》、美国的《通胀削减法案》等。

1. 光伏风电技术发展

在强有力的政策支持、具有吸引力的价格以及模块化特性的推动下，光伏系统继续快速渗透到全球能源系统中。欧美等发达经济体出台一系列政策措施和规划，加速实现光伏供应链本地化；不断完善促进风电产业发展的政策措施，加快风电技术水平提升和产业转型升级；建立可再生能源中心，推进海洋能开发利用技术的研究、应用和示范工作；通过专项基金或研发税减免提供支持，为清洁能源中小企业提供必要的创新条件。

在美国，美国能源部宣布在《两党基础设施法案》框架下投入 3000 万美元用于发展风电技术，降低陆上风电和海上风电项目成本，使美国海上风电装机规模到 2030 年达到 30 吉瓦。在浮动式海上风电部署方面，美国能源部利用美国《通胀削减法案》的资金启动了新的西海岸海上风电传输研究，这是一项为期 20 个月的分析，旨在研究该国如何扩大传输以利用西海岸社区浮动式海上风电的电力。美国能源部将根据其研究结果制定到 2050 年的发展规划，以解决目前限制美国西海岸海上风电发展的输电限制。美国能源部、内政部、商务部和交通部联合启动了浮动式海上风电行动计划（Floating Offshore Wind Shot），推动美国浮动式海上风电设计、开发和制造。美国 2/3 的海上风能资源位于需要浮动平台的深水区，挖掘这一巨大潜力可为数百万美国家庭和企业带来清洁能源。

在欧洲，欧盟委员会于 2023 年 10 月发布了风力发电一致行动计划，规定了欧盟委员会、成员国和行业将对风电产业共同采取的立即行动，包括加强金融支持、加快项目审批速度、审查外国补贴、改进拍卖设计、为采购中的非价格标准引入新的立法等 15 项。欧盟还宣布投入 20.8 亿欧元支持法国发展海上风电技术，到 2028 年在法国南部沿海建成该国首个浮动式海上风电场，该风电场装机容量预计达到 230~270 兆瓦，风力发电产能将达到 1 太瓦时/年，每年将减少 43 万吨二氧化碳排放量。除欧盟外，德国和丹麦在波罗的海投资 90 亿美元新建一个海上风力发电中心。德国、丹麦、瑞典、波兰、芬兰、爱沙尼亚、拉脱维亚、立陶宛八国签署《马林堡宣言》（Marienborg Declarations），加强海上风电合作，计划在 2030 年将波罗的海地区海上风电装机容量从 2022 年的 2.8 吉瓦提高至 19.6 吉瓦。欧洲曾是全球风电领域的领军者，具有较强的竞争力，但近年来随着中国风电行业的强劲发展，欧洲风电产业进程放缓。从装机量来看，2022 年欧盟新增风电装机容量 16.3 吉瓦，同比增长 47%，创历史最高纪录，但远低于欧盟 2030 年可再生能源新增发电装机容量达到 37 吉瓦的目标。

在亚洲，当前中国风电不仅具备大兆瓦级风电整机自主研发能力，而且形成了完整的风电装备产业制造链，企业的整体实力与竞争力大幅提升，在大容量机组研发、长叶片、高塔架应用等方面处于国际领先水平，新技术应用不断涌现，以激光雷达为代表的新型传感技术、以大数据分析为基础的智能技术，使得风电的整体管理变得更加高效。在风机大型化、中远海趋势明确的背景下，目前中国风电企业都在加速布局 20 兆瓦甚至 22 兆瓦的风机。

2. 海洋能源技术发展

海洋能源一般来说包括海上的风能、太阳能、潮汐能、波浪能等，海上能源的转型离不开海上储能和大自然包容型的设计。美国能源部宣布通过"供能蓝色经济倡议"，拟投入约 1000 万美元，资助用于海水淡化的波浪能技术研究，并为潜在洋流能测试设施的可行性研究提供支持。英国计划投入1750 万英镑支持三个"海洋能源超级影响中心"。

3. 绿氢制取获得重大突破

太阳能热化学氢（STCH）利用阳光热能直接分解水产生氢气，完全依靠可再生太阳能驱动氢气生产，得到的是没有二氧化碳排放的绿氢。2023年，美国麻省理工学院设计出了更高效的 STCH 系统，可利用40%的太阳热量，直接分解水并产生氢气，为长途卡车、轮船和飞机提供动力，同时在此过程中不排放温室气体。针对海水制氢难题，德国 AquaPrimus 项目将风电场风机制造的氢气汇总后输送到海底，存储在专用的高压储罐中，通过海底管道输送至陆地终端；日本拟利用"海上风电+新建海上平台+电解设备"集中制氢模式，将风电场电能汇总至半潜制氢平台，生产的氢气压缩储存在半潜平台储气罐系统，通过穿梭油轮进行外输。

4. 推进小型模块化反应堆的研制与应用

2023 年，美、英、法、德、日、韩等 9 国组成的国际核监管机构协会发表联合声明，推动小型模块化反应堆技术的通用设计评估和许可方面的国际合作，确保小堆技术在各国的部署符合安全、可靠、防扩散要求。美国多家核能公司与加拿大、韩国、波兰、罗马尼亚等国的企业签署协议，推进小堆技术开发和部署。英国或将在 2024 年中期批准小型模块化反应堆。此外，加拿大启动了"小型模块化反应堆支持计划"，加速小堆技术发展。

5. 核聚变技术商业化进程加速

与其他能源相比，核聚变具有原料丰富、释放能量大、放射危害小、安全性高等优势。海水中含有大量的核聚变燃料，如果能有效利用，其能量释放足以满足人类数百亿年的能源需求。同时，核聚变的自限性使得其安全性得到极大的提升，基于链式反应的裂变型事故或核熔毁不可能发生。2023

年，全球最新、规模最大的核聚变反应堆——JT-60SA 成功点火，是人类使用核聚变能源发展进程中的一大里程碑。

（三）主要发达国家电气机械和器材制造业发展举措

2023 年，美国、欧盟国家、日韩等主要发达国家针对电气机械和器材制造业发展，提出了一系列新的战略举措。

1. 关键矿产资源管控战略

快速发展的新能源产业行业推动了全球对关键矿产的需求，以美国为代表的国家和地区纷纷出台或调整关键矿产战略，展开全球布局以应对供应链风险。美国正努力建立多元化的供应链，以加强矿产和原材料储备。2022 年 12 月，美国能源部高级研究计划署启动能源负排放资源回收采矿创新计划，宣布为 12 个州的 16 个项目提供 3900 万美元的资金，重点提升铜、镍、锂、钴、稀土元素和其他关键元素的国内生产。2023 年 7 月，美国能源部发布《2023 年关键材料评估报告》，对清洁能源的矿产情况展望至 2035 年，新增了对 6 种材料的分析。2023 年 8 月，美国能源部宣布在"投资美国"议程下通过《两党基础设施法案》拨款 3000 万美元，用于降低利用国内煤炭资源生产稀土以及其他关键矿产和材料的成本，旨在满足美国对关键矿产不断增长的需求，同时减少对非本土供应的依赖。为应对迫在眉睫的矿产资源短缺问题，美国还鼓励科研机构、高校同企业开展联合攻关，以关键矿产中极为重要的锂为例，美国能源部化石能源办公室、地热技术办公室等正与劳伦斯·伯克利国家实验室及伯克希尔·哈撒韦能源集团等企业合作，研究从美国加利福尼亚地热系统地下卤水中提取锂的工艺，其中美国能源部负责提供部分研究资金，劳伦斯·伯克利国家实验室提供材料科学、化学和高级分析等技术支持，私营企业则提供矿产勘探、开采和加工工艺。

2023 年 3 月，欧盟委员会正式发布《关键原材料法案》，旨在确保欧盟获得安全和可持续的关键原材料供应，这些原材料主要包括稀土、锂、钴、镍以及硅等。按照该法案，到 2030 年，欧盟计划每年在欧盟内部生产至少 10% 的关键原材料，加工至少 40% 的关键原材料，回收 15% 的关键原材料。

在任何加工阶段，来自单一第三方国家的战略原材料年消费量不应超过欧盟的65%。按照供应风险和经济重要性，欧盟委员会已对34种原材料进行了分类。欧盟决定加快推动能源转型，这意味着欧洲对关键矿产的需求会剧增，对关键矿产供应链安全的重视程度也会进一步提升。为了减轻美国《通胀削减法案》对欧洲绿色竞争力带来的不利影响，2023年2月欧盟委员会提出了《欧盟绿色协议工业计划》，将拨出2500亿欧元用于补贴和提供税收优惠，以提高欧盟净零工业的竞争力，提升关键矿产的本土开采和加工能力。

2. 光伏供应链本地化战略

美国开始加快光伏制造业的发展。2023年美国新增光伏装机同比增长50%以上，再创历史新高。美国能源部通过《两党基础设施法案》投入4500万美元资助太阳能晶硅制造和两用光伏孵化器示范项目，用于持续降低太阳能成本，同时开发下一代太阳能技术和促进美国太阳能制造业发展，推动太阳能发电安全、稳健和可靠地并入国家能源网络。美国能源部还发布《推进聚光太阳能热发电定日镜技术的路线图》，对聚光太阳能的重要部件定日镜的研究和部署进行了规划，目标是降低聚光太阳能发电系统成本，到2030年使其发电成本降到每千瓦时0.05美元。为促进美国国内太阳能制造业发展，美国能源部宣布一系列研发项目，激励太阳能硬件和软件技术创新。此外，美国公用事业规模的光伏系统开发商在政府2024年6月取消新关税禁令之前安装了更多的光伏系统。

欧洲发展光伏产业加速能源转型。在德国政府2023年8月的招标中，采购的光伏系统装机容量达到创纪录的1.7吉瓦。为实现工业关键原材料的本土化生产，并反制美国的《通胀削减法案》，欧洲开始加强产业支持计划以确保光伏产业回流。欧盟2022年5月发布REPowerEU计划，提出到2025年使太阳能光伏发电装机量翻一番，到2030年达到600吉瓦的发电能力，投资高达1950亿欧元。欧盟委员会在2022年底成立了欧洲太阳能光伏产业联盟，支持欧洲到2025年在整个太阳能光伏价值链上达到30吉瓦本土制造能力的目标。此外，欧盟还计划到2030年将光伏和电池等关键绿色工业的本土产能占比提高到40%。同时要看到，欧洲光伏市场依然存在挑战，如在欧洲生产太阳能电池板的成本是目前现货价格的两倍多，一些地区的电网容量瓶颈在增加。在西班牙，2023年上半年运营的光伏项目在批发市场实际获得的价格下降幅度超过了欧洲其他市场。从中短期看，受本土制造规模、生产成本和生态链等限制，欧洲难以在短时间内大规模实现光伏供应链本土化。

3. 鼓励碳转移、碳封存业务发展

全球正在寻求更灵活的碳捕集和封存方式，将碳转移到海上封存设施或海底成为新方向，"海洋储碳"示范项目在全球涌现。欧洲以北海为中心实施多个海上碳封存项目，海外市场"海洋储碳"风潮主要集中在欧洲北海地区，其中最受关注的挪威北极光项目（Northern Lights）和丹麦绿沙项目有望分别于2024年和2025年投产。①

4. 支持中小企业清洁能源技术研发

为了鼓励中小企业进行清洁能源创新和研发，美国、英国等国家出台了一系列创新优惠政策，包括专项基金、研发税减免等财政支持政策。例如，美国能源部宣布拨款7200万美元支持小型企业研发，为296个清洁能源和气候相关项目提供资金，旨在推进创新气候解决方案。这些项目涉及可再生能源、核能、网络安全、先进材料和制造、微电子和人工智能等领域。同时，能源领域的中小企业可以享受研发费用的税收抵免。

5. 加快氢能战略布局

2023年以来，全球主要经济体加快氢能战略布局，推动氢能产业发展。2023年6月，美国发布首份《国家清洁氢能战略和路线图》。8月，美国能源部宣布投入3400万美元，支持19个清洁氢能前沿技术研发项目。10月，美国政府宣布将利用《两党基础设施法案》提供的70亿美元资金，在全美建立7个地区性清洁氢气中心，目标是每年生产300多万吨清洁氢气，达到2030年美国清洁氢气产量目标的近1/3，这些中心的公共和私人投资总额达到近500亿美元。

美国在《国家清洁氢能战略和路线图》中将"降低清洁氢能成本"作

---

① 王林：《海洋储碳　势头渐进》，《中国能源报》2023年9月18日，第10版。

为三大关键优先战略之一，同时强调要促进整个氢能供应链发展，解决关键材料和供应链的脆弱性问题。加上对中游基础设施的投资，不仅可以降低清洁氢能的生产成本，还可以降低交付成本。除了上述计划，美国《通胀削减法案》为能源安全和气候变化倡议拨款约3690亿美元，为制氢提供每千克最高3美元的税收抵免，或将使美国清洁氢能成本与价格达到全球最低水平。

2023年2月，欧盟重新定义了可再生氢的构成，要求生产氢气的电解槽必须与新的可再生电力生产相连，以确保可再生氢的生产能够激励可再生能源并网。除了欧盟，德国政府于2023年7月通过新版的《国家氢能战略》，法国政府重申了到2030年电解槽装机容量达到6.5吉瓦的目标，到2035年电解槽装机容量将增至10吉瓦，以生产低碳氢气。德国计划在2024年开设全球首个氢交易所。

除了欧洲，日本也在研究向氢生产者支付氢价与现有能源价格差额的援助手段。

6. 关注核能技术发展

近年来，核能在全球进入新一轮加速发展期，以先进核能技术、可控核聚变等为代表的新技术新方向受到前所未有的广泛关注。美国政府根据《通胀削减法案》向美国能源部爱达荷国家实验室投入1.5亿美元，升级其核能基础设施，加强核能研发。英国《绿色工业革命十点计划》宣布设立最高3.85亿英镑的"先进核基金"，用于投资下一代核技术，其中最高2.15亿英镑用于开发国内小型模块化反应堆技术设计，最高1.7亿英镑用于在21世纪30年代初期完成先进模块化反应堆（AMR）示范研发。为了推动新核能项目的交付，政府对原设立的英国核燃料有限公司（BNFL）进行了重组，设置了大不列颠核能机构（GBN），其依据英国到2050年的核能长期发展计划，负责小型模块化反应堆的竞优工作，为政府核能项目的最终投资决策提供支持。

二　中国电气机械和器材制造业政策导向分析

当前及今后一个时期，能源绿色低碳转型和能源安全成为国际社会关注的焦点，电力装备作为支撑能源转型和保障能源安全的重要物质和技术基础，行业稳增长面临多方面的有利条件。从供给侧来看，电力装备高端化、智能化、绿色化发展不断加快。从需求侧来看，国内装备需求旺盛，国际市场不断开拓，电力装备行业稳增长形势良好。但是，稳定电力装备行业增长也存在一定的问题。从短期来看，一是电力装备行业经济运行受交货周期影响，年度内营收增速存在波动。二是受国际政治、经济等大环境不稳定影响，国际市场存在不确定性。三是部分领域产能过剩，导致行业存在低价竞争，不利于行业健康稳定发展。从长期来看，存在部分电力装备关键零部件仍依赖进口，装备供给质量有待进一步提升，产业链上下游协同创新有待加强、大中小企业融通发展有待加强等问题。

（一）《电力装备行业稳增长工作方案（2023—2024年）》印发

2023年，工业和信息化部印发《电力装备行业稳增长工作方案（2023—2024年）》（以下简称《工作方案》）。《工作方案》指出，发挥电力装备行业带动作用，稳定电力装备行业增长，从强化重大工程引领、加快装备推广应用、继续开拓国际市场、提升产业链竞争力四方面提出若干举措。力争2023~2024年电力装备行业主营业务收入年均增速达9%以上，工业增加值年均增速达9%左右。在强化重大工程引领方面，《工作方案》指出，依托国家风电、光伏、水电、核电等能源领域重大工程建设，鼓励建设运营单位加大对攻关突破电力装备的采购力度。引导装备制造业企业提高供给质量，保障好大型风电光伏基地项目、核电项目、风光一体化示范基地等一批国家重大工程项目建设。[①]

《工作方案》提出，加快装备推广应用，强化政策引导，组织实施能源领域首台（套）评价和评定政策，引导地方政策支持方向和社会资源流向。加快产业化应用，尽快优化完善首台（套）重大技术装备保险补偿政策，

---

① 《工业和信息化部关于印发电力装备行业稳增长工作方案（2023—2024年）的通知》，工业和信息化部网站，2023年9月4日，https://www.miit.gov.cn/zwgk/zcwj/wjfb/tz/art/2023/art_8662c743aeb24c67aa58be8e18b1f189.html。

提高政策支持精准性，聚焦电力装备等重点领域，重点支持攻关突破的创新产品加快推广。

《工作方案》强调，要继续开拓国际市场，推动电力装备"走出去"，着力打造标杆项目，形成海外工程品牌。深化国际交流合作，加强技术标准、检验检测、认证等方面的国际互认，强化与国际组织的交流和经验分享。

在提升产业链竞争力方面，《工作方案》指出，推动电力装备锻长板、补短板，利用相关机制推动核电装备关键零部件攻关，统筹推进特高压换流变压器有载分接开关等项目研发。推动电力装备智能化升级，加快与新一代信息技术融合，推动"5G+工业互联网"典型场景在电力装备领域应用。同时，实施"一链一策一批"中小微企业融资促进行动，加快培育专精特新"小巨人"企业、制造业单项冠军企业和中小企业特色产业集群，推动大中小企业融通发展。

为推动相关措施落地见效，《工作方案》要求强化财税金融支持，推动制造业企业所得税抵扣，研发费用加计扣除，节能节水、资源综合利用等税收优惠政策落实。鼓励相关金融机构根据电力装备实际，创新金融产品，为符合条件的电力装备企业提供贷款、担保等金融服务。发挥国家产融合作平台作用，加强相关企业数据对接共享，挖掘数据增信价值，引导金融机构为电力装备提供精准有效的支持。

（二）国家能源局明确新型电力系统建设时间表

2023年6月2日，国家能源局组织发布《新型电力系统发展蓝皮书》，正式明确新型电力系统建设时间表。新型电力系统构建战略锚定"双碳"目标，制定新型电力系统"三步走"发展路径。新型电力系统呈现电源清洁化、电网灵活化、能源消费电气化趋势。电源方面，非化石能源发电将逐步转变为装机主体和电量主体，核、水、风、光、储等多种清洁能源协同互补发展。电网方面，充分发挥电网资源优化配置平台作用，进一步扩大以西电东送为代表的跨省跨区通道规模，推动柔性交直流等新型输电技术广泛应用，推动分布式智能电网快速发展，促进新能源就地就近开发利用。能源消费终端方面，电能替代在工业、交通、建筑等领域得到较为充分的发展，电能逐步成为终端能源消费的主体，助力终端能源消费的低碳化转型。[①]

（三）《工业和信息化部等六部门关于推动能源电子产业发展的指导意见》发布

2023 年 1 月，工业和信息化部、教育部、科技部、中国人民银行、中国银保监会、国家能源局等六部门联合发布《工业和信息化部等六部门关于推动能源电子产业发展的指导意见》（以下简称《指导意见》）。能源电子产业是电子信息技术和新能源需求融合创新产生并快速发展的新兴产业，是生产能源、服务能源、应用能源的电子信息技术及产品的总称，主要包括太阳能光伏、新型储能电池、重点终端应用、关键信息技术及产品等领域。《指导意见》提出了主要发展目标，2025 年，产业技术创新取得突破，产业基础高级化、产业链现代化水平明显提高，产业生态体系基本建立；到 2030 年，能源电子产业综合实力持续提升，形成与国内外新能源需求相适应的产业规模。能源电子产业成为推动实现碳达峰碳中和的关键力量。

在政策保障方面，《指导意见》提出，综合运用信贷、债券、基金、保险等多种金融工具，鼓励银行规范开展金融产品和服务创新；在审慎评估的基础上，引导社会资本等设立能源电子领域多元化市场化产业投资基金，探索社会资本投资新模式；推动完善光伏发电等价格形成机制，研究制定储能成本补偿机制等。[②]

---

① 《新型电力系统发展蓝皮书》，http：//www. nea. gov. cn/download/xxdlxtfzlpsgk. pdf。

② 《工业和信息化部等六部门关于推动能源电子产业发展的指导意见》，工业和信息化部网站，2023 年 1 月 17 日，https：//www. miit. gov. cn/zwgk/zcwj/wjfb/yj/art/2023/art_ 5fe76c58 f263450ebc92c903427a6d12. html。

（四）《工业和信息化部办公厅 住房和城乡建设部办公厅 交通运输部办公厅 农业农村部办公厅 国家能源局综合司关于开展第四批智能光伏试点示范活动的通知》印发

2023 年 11 月，《工业和信息化部办公厅 住房和城乡建设部办公厅 交通运输部办公厅 农业农村部办公厅 国家能源局综合司关于开展第四批智能光伏试点示范活动的通知》印发，组织开展第四批智能光伏试点示范活动。将支持培育一批智能光伏示范企业，包括能够提供先进、成熟的智能光伏产品、服务、系统平台或整体解决方案的企业；支持建设一批智能光伏示范项目，包括应用智能光伏产品，融合运用 5G 通信、大数据、互联网、人工智能等新一代信息技术，为用户提供智能光伏服务的项目。优先考虑方向包括光储融合、建筑光伏、交通运输应用、农业农村应用、光伏绿色化、关键信息技术、先进光伏产品、新型设施和实证检测等。

三 中国电气机械和器材制造业运行情况分析

2023 年，中国全社会用电总量为 92241 亿千瓦时，同比增长 6.7%，发电量为 92888 亿千瓦时，同比增长 6.7%。截至 2023 年末，全国累计发电装机容量约为 29.2 亿千瓦，同比增长 13.9%。其中，太阳能发电装机容量约为 6.1 亿千瓦，同比增长 55.2%；风电装机容量约为 4.4 亿千瓦，同比增长 20.7%。2023 年，全国 6000 千瓦及以上电厂发电设备累计平均利用时间为 3592 小时，比上年同期减少 101 小时。主要发电企业完成投资 9675 亿元，同比增长 30.1%，电网工程完成投资 5275 亿元，同比增长 5.4%。发电设备企业聚焦提质增效、提高能源利用效率，积极拓展新兴产业，转型发展有序推进。

（一）行业资产规模分析

2023 年，中国电气机械和器材制造业规模以上企业资产规模为

123229.9 亿元，同比增长 14.1%。从月度数据来看，2023 年中国电气机械和器材制造业规模以上企业资产规模持续保持同比增长，同比增速最慢的是 12 月，为 14.1%，最快的是 2 月，为 20.5%（见图 1）。

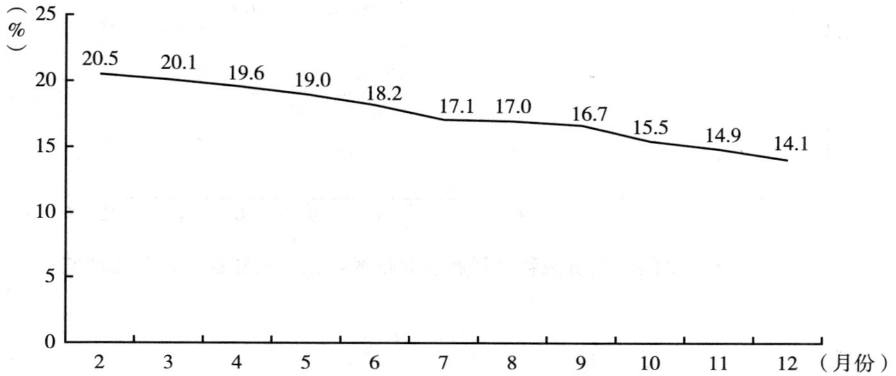

图 1　2023 年中国电气机械和器材制造业规模以上企业资产规模同比增速

说明：无 1 月数据，下同。

资料来源：机械工业经济管理研究院整理。如无特殊说明，以下数据均为机械工业经济管理研究院整理。

（二）主营业务分析

1. 企业营收分析

2023 年，中国电气机械和器材制造业规模以上企业完成营业收入 1110059.9 亿元，同比增长 9.6%，增速波动明显，最高值为 4 月的 15.6%。各月同比增速均为正值（见图 2）。

2. 主营业务成本分析

2023 年，中国电气机械和器材制造业规模以上企业累计主营业务成本为 93780.6 亿元，同比增长 8.5%。按月份来看，2023 年各月主营业务成本同比增速整体呈下降趋势（见图 3）。

3. 利润总额分析

2023 年，中国电气机械和器材制造业规模以上企业累计利润总额为

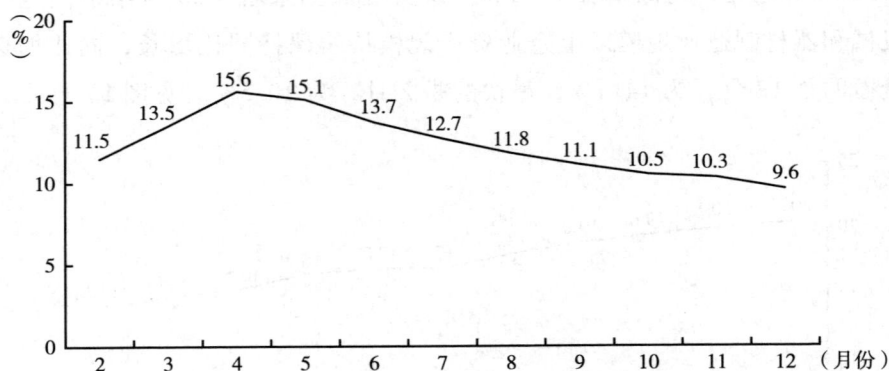

图2 2023年中国电气机械和器材制造业规模以上企业营业收入同比增速

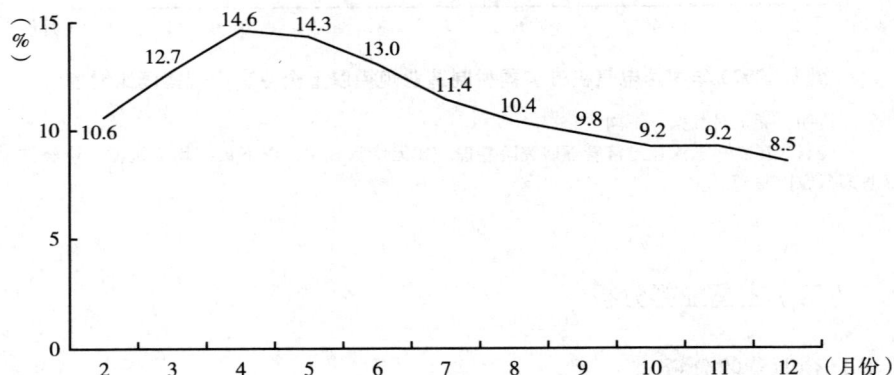

图3 2023年中国电气机械和器材制造业规模以上企业主营业务成本同比增速

6334.5亿元，同比增长15.7%。按月份来看，2023年各月利润总额同比增速整体波动较大，2月利润总额同比增速最高（41.5%）（见图4）。

（三）运营能力分析

2023年，中国电气机械和器材制造业总资产周转率为0.89次，与上年度持平。按月份来看，总资产周转率普遍位于0.07~0.09次，除1~2月受节日效应影响以外，各月份总资产周转率相对均衡（见图5）。

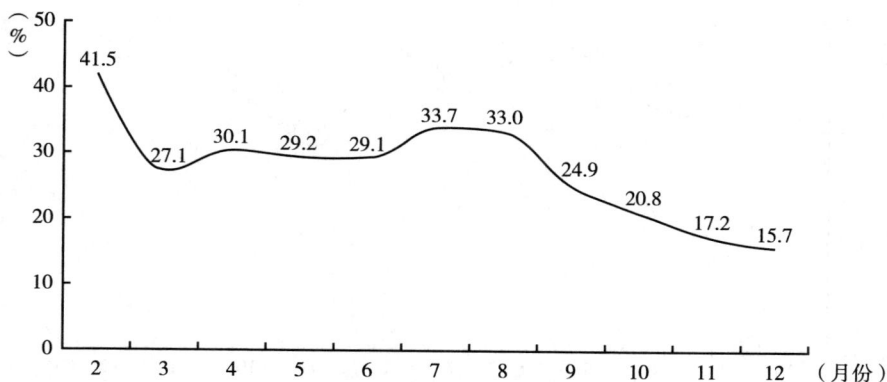

图 4　2023 年中国电气机械和器材制造业规模以上企业利润总额同比增速

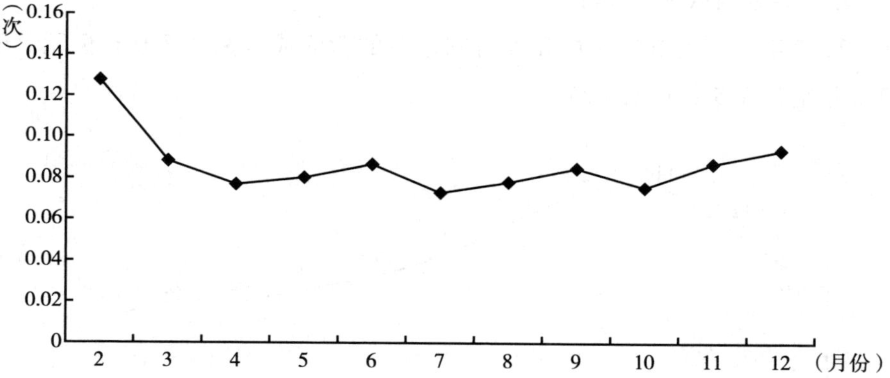

图 5　2023 年中国电气机械和器材制造业总资产周转率

（四）盈利能力分析

1. 总资产利润率分析

2023 年，中国电气机械和器材制造业的总资产利润率为 5.14%，比 2022 年增加 0.55 个百分点。全年各月总资产利润率呈波动趋势，8 月的总资产利润率最高（0.56%）（见图 6）。

图6 2023年中国电气机械和器材制造业总资产利润率

2. 主营业务成本率分析

2023年，中国电气机械和器材制造业的营业成本为93780.6亿元，较2022年增长8.5%（见图7）。

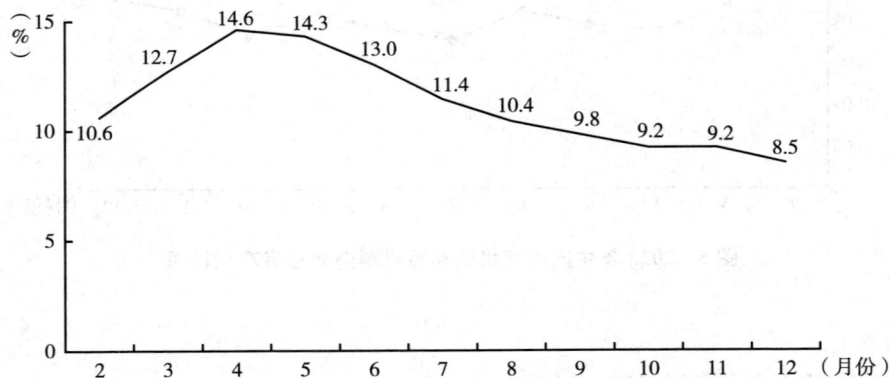

图7 2023年中国电气机械和器材制造业累计营业成本同比增速

（五）资产负债水平分析

2023年末，中国电气机械和器材制造业规模以上企业的资产负债率为

60.1%，同 2022 年持平。按月份来看，2023 年多数月份的资产负债率高于 2022 年同期，年末略有降低（见图8）。

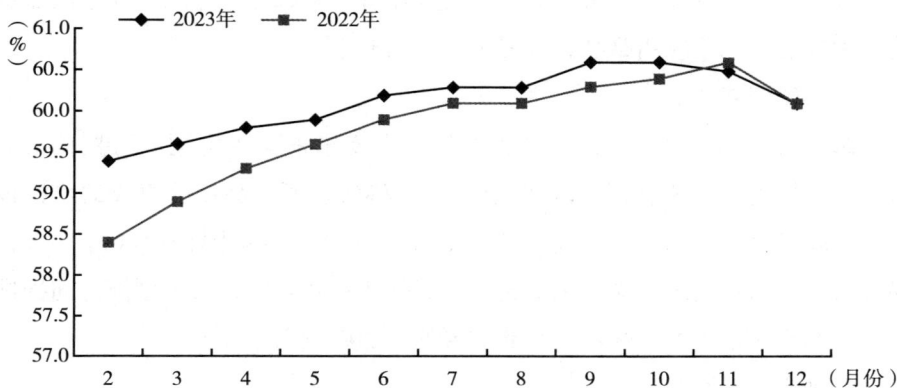

图 8　2022~2023 年中国电气机械和器材制造业规模以上企业资产负债率

四　中国电气机械和器材制造业技术水平分析

（一）主要产品技术水平

自中国成为全球制造业大国以来，中国的电气机械和器材制造业在技术研发上的资金投入稳步增加，相关技术及应用快速发展，并在诸多领域取得技术上的突破，为完善产业链、打造供应链夯实了基础，尤其是在各类发电设备和特高压输变电设备领域处于国际领先水平。

1. 特高压输变电设备

在特高压输变电设备领域中，随着一大批重点项目的实施和落地，中国电气机械和器材制造业企业全面掌握超、特高压输电技术，尤其是国家电网南昌—长沙 1000 千伏特高压交流工程（简称"南昌—长沙工程"）投运，标志着中国特高压输变电设备技术处于世界领跑地位，且设备国产化能力逐步提升。

2. 氢能设备

当前，中国制定了符合自身国情的国家能源发展战略，发挥体制优势促进关键核心技术攻关，尽快建立健全行业监管体系和标准体系，通过试点示范探索氢能多元化应用路径，取得了丰硕的成果。

3. 核聚变装备

2023 年 12 月 29 日，以"核力启航 聚变未来"为主题的可控核聚变未来产业推进会在蓉召开。由 25 家央企、科研院所、高校等组成的可控核聚变创新联合体正式宣布成立。会上，中国聚变能源有限公司（筹）举行揭牌仪式，第一批未来能源关键技术攻关任务正式发布，对于创新协同推进聚变能源产业迈出实质性步伐具有重要的里程碑意义。

4. 抽水蓄能设施

2022 年 12 月 29 日，世界最大、海拔最高的混合式抽水蓄能项目——雅砻江两河口混合式抽水蓄能电站正式开工建设。这也是党的二十大"加快规划建设新型能源体系"重大战略部署的重要举措，项目对中国水、风、光、蓄能源一体化综合开发具有示范引领作用。

（二）重大技术突破

1. 中广核"华龙一号"首堆首次并网发电

2023 年 1 月 10 日，中国西部地区首台"华龙一号"核电机组——中广核广西防城港核电 3 号机组首次并网成功，标志着该机组具备发电能力，向着商业运行目标又迈出了关键一步。作为中国西部地区和民族地区的首座核电站，防城港核电一期工程两台机组已于 2016 年投入商业运营，已累计上网清洁能源电量超 1000 亿千瓦时。二期工程 3 号、4 号机组采用中国自主三代核电技术"华龙一号"，正在有序推进建设。3 号机组后续将按计划执行一系列试验，进一步验证机组具备商业运行条件的各种性能。

"华龙一号"是中国具有自主知识产权的三代核电技术，也是目前世界上最先进的核电技术之一。"华龙一号"采用 177 组堆芯燃料组件、双层安全壳、能动与非能动相结合等多项设计特征，满足世界最高安全要求和最新技术标准。截至 2023 年 1 月，中广核旗下共有 7 台 "华龙一号" 在建核电机组，已形成批量化建设态势。防城港核电项目规划建设 6 台百万千瓦级核电机组，6 台机组全面建成后，预计每年可提供清洁电能 480 亿千瓦时，与同等规模的燃煤电站相比，每年可减少标煤消耗 1439 万吨，减少二氧化碳排放量约 3974 万吨，对践行国家 "双碳" 战略、构建新型能源体系，优化广西能源结构、助力广西经济平稳较快发展具有重要意义。

2. 宁德时代发布首款磷酸铁锂超充电池

2023 年 8 月 16 日，宁德时代隆重推出了全球首款磷酸铁锂 4C 超级快充电池，命名为 "神行超充电池"。该电池通过一系列创新技术手段，包括正极提速、石墨原料创新、超高导电解液配方以及多梯度分层极片设计，实现了令人瞩目的性能突破。新电池的出色之处在于，仅需充电 10 分钟即可为车辆提供长达 400 公里的行驶续航里程。此外，为解决磷酸铁锂电池低温快充困境，宁德时代引入了电芯温控技术，使电芯能够在低温环境下快速升温，即使在 $-10℃$ 的低温下，电池仍能在 30 分钟内充至 80%。神行超充电池在续航里程方面也实现了显著提升。通过创新的一体成组技术，取消了传统的横纵梁和端板，加强了电芯和箱体的连接，从而实现了超过 700 公里的续航里程，再次刷新电池续航能力纪录。

安全性方面，神行超充电池对电解液基因进行改良，减少了固液界面的产热反应。另外，配备了高安全涂层隔膜，提升了电池的耐热性。在电池管理方面，通过智能算法对电芯内部温度进行实时监测和控制，既保证了超充性能，又确保了电池的安全性。

3. 三代核电主泵供电可靠性实现重大突破

10 月 7 日，海阳核电 2 号机组在完成主泵变频器 "四用一备" 可靠性提升工程试验后达到满功率运行状态，标志着海阳核电 2 号机组成为国内 AP1000 首台具备主泵变频器备用切换能力的机组，三代核电主泵供电可靠性取得重大突破。主泵变频器是三代非能动压水堆核电厂 AP1000 的关键单点失效电气设备，为主泵提供频率电压变换和限制主泵启动电流等功能，是主泵供电的唯一电源。每台机组配备四台主泵和四台主泵变频器，如果任意一台主泵变频器非预期失效，将会在极短的时间内触发反应堆低流量停堆信号，导致电厂非计划停堆。本次主泵变频器"四用一备"改造工程，通过增加主泵备用电源的方式来保障主泵运行，即在原有四台进口主泵变频器的基础上，新增一台长期处于热备用状态的国产变频器。该变频器由山东核电联合国内设计院和制造厂家设计研发，具有中国自主知识产权，消除了国外变频器功率单元设计隐患，实现了控制器在线维护及回切功能，各项指标完全满足现场安全运行需求。经过模拟瞬时故障试验，当四台在用主泵变频器中的任意一台因故障退出运行时，备用变频器自动投入运行，切换过程中一回路流量、主泵的转速、电压、电流等均正常，四次切换试验均一次成功。试验中切换时间均不超过 0.6 秒，低于仿真分析中主泵停运后 1.1 秒停堆的故障时间。经专项组对主泵变频器"四用一备"改造工程的全面试验验证，试验结果均符合设计要求。此试验的成功，标志着主泵变频器"四用一备"改造工程的设计理念正式从工程蓝图走向实际应用。主泵变频器"四用一备"可靠性提升技术在三代核电机组成功投入使用，为后续 CAP1000 主泵供电可靠性提升提供了模板，对保障中国能源安全、提升三代核电技术国际竞争力具有重要意义。

4. 田湾核电站工艺应用取得新突破

2023 年 10 月，在国家核安全局华北监督站与业主单位的共同见证下，田湾核电站 7 号机组反应堆厂房硼水储存系统水箱难度最高的 4G 仰焊首批双钨极热丝 TIG 焊焊缝无损检验一次验收合格率为 100%，标志着国内首创、国际先进的中核华兴双钨极热丝 TIG 焊自动工艺在田湾核电 VVER 堆型中成功应用，这也是该工艺首次在 VVER 堆型应用。

针对核电站水池不锈钢覆面焊接施工，中核华兴自主设计、研发了核工程双钨极+热丝高效 TIG 自动焊设备，属国内首套。两年来，中核华兴以程小华创新工作室为依托，组织专家开展技术攻关，相继突破了双电源协同控制算法开发、双电弧工艺耦合、自动行走小车轻量化等技术难题。双钨极+热丝高效 TIG 自动焊技术集合双钨极电弧控制技术和 TIG 热丝系统，全面提高了 TIG 焊的熔覆效率，焊接效率较手工 TIG 焊提高 4 倍以上。

在田湾核电建设现场，研发团队针对不同的焊接场景进行了 18 项工艺评定，根据 VVER 堆型不锈钢衬里施工特点进行了大量模拟试验，为该项工艺成功应用奠定了实施基础。首批 4G 位置焊接 6 台设备同时进行，2 小时完成焊缝 36m，全部 100%合格，实现了高质量、高效率焊接。截至 2023 年第四季度，中核华兴在霞浦、三澳、田湾、陆丰等核电项目已投入多台（套）双钨极+热丝高效 TIG 焊设备，现场不锈钢水池覆面安装及车间不锈钢模块化预制中进行规模化应用超过 6000m，实现在建核电项目不锈钢水池主焊缝自动焊占比超过 60%，无损检验一次合格率为 98.73%。

5. 国内单机容量最大的冲击式水电机组成功发电

2023 年 6 月 7 日，东方电气自主研制的国内单机容量最大的冲击式水电机组完成国产化改造，在川投集团金窝水电站成功并网发电，标志着东方电气具有全产业链完全自主知识产权的国产化首台 150 兆瓦级大型冲击式转轮成功实现工程应用，开启了中国水力发电产业高质量发展的新篇章。

转轮是水电机组最核心的部件，被誉为水电机组的"心脏"。国产化首台 150 兆瓦级大型冲击式转轮应用于川投集团金窝水电站冲击式水电机组。该转轮重约 20 吨，最大直径约 4 米，于 5 月 16 日在东方电气集团成功下线。依托 150 兆瓦级大型冲击式转轮国产化项目，东方电气冲击式转轮水力开发、造型设计、软件开发、模型装置研制等实现了完全自主化，填补了多项国内技术空白，转轮结构设计、材料应用、加工工艺等关键核心制造技术取得了突破性进展，实现了中国高水头大容量冲击式水电机组关键核心技术"从无到有"的历史性突破。

6. 十台核电新机组获批

2023 年的最后一个工作日，位于广东、浙江的 4 台核电新机组在国务院常务会议上获得核准。2023 年核电审批至此收官，共计 10 台新机组获得核准。2023 年核准数量与 2022 年持平，均创十余年来之最。在确保安全的前提下，中国核电审批稳步推进。上述项目分属于两大核电集团，均采用中国具有自主知识产权的"华龙一号"三代核电技术。这是继 7 月 31 日国务院常务会议核准山东石岛湾、福建宁德、辽宁徐大堡等核电项目共

6 台机组之后，年内核电审批二度开闸。按照单台"华龙一号"机组约 200 亿元的总投资计算，2023 年核准的 10 台机组意味着高达 2000 亿元的投资规模。

五　中国电气机械和器材制造业存在的主要问题

（一）诸多关键零部件依赖进口，亟须强化供应链建设

虽然近年来中国电气机械和器材制造业高压输变电、核电、风电、光伏等子行业核心技术取得重大进步，但不同行业之间技术发展很不均衡，目前具有全球竞争力的企业主要是发电设备行业及输变电设备行业企业，如东方电气集团、哈电集团及上海电气集团等，但是其他子行业技术发展落后，产业集中度低，没有像发电设备行业、输变电设备行业那样形成产业龙头企业，缺少高端引领。

出现上述问题的原因主要是企业为了实现技术的快速突破，通过技术引进进行改造升级以及再创造，存在基础技术差距，部分高端零部件原材料只能依赖西方进口。在国际环境日益严峻的今天，亟须强化关键零部件供应链建设，完善供应链。

（二）研发占比较低，缺少具有核心技术、竞争力的产品

对比发达国家同行业企业，中国电气机械和器材制造业企业研发投入占销售收入比重远远落后，相较于国际大型企业，核心技术研发人才不够，高端技术人才不足，没有形成自己的可持续创新的团队，自主创新能力以及技术转化能力有待提高。

（三）缺少行业领军企业

除了传统的东方电气集团、哈电集团和上海电气集团外，中国电气机械和器材制造业各子行业普遍存在企业规模小、区域分散和行业集中度低的问题，典型的如电线电缆行业、中小型变压器行业、中低压电器行业，由于行

业进入门槛低，民营经济快速上马，企业众多，甚至有大量企业仅仅依靠贴牌来参与市场竞争，难以发展壮大。

六　中国电气机械和器材制造业发展前景分析

（一）中国电气机械和器材制造业发展前景预测

1. 未来全国电力供需总体平衡，风电及太阳能装机快速增长

近年来，全国电力供需总体平衡。未来预期火电投资增速稳定增长，风电及太阳能装机在政策扶持下仍呈快速增长趋势。未来中国用电需求将持续提升，但或将保持低速增长。行业内企业凭借较好的融资及经营获现能力整体保持可控的财务风险，但各类电源企业财务状况延续分化态势，其中火电企业受益于煤炭价格下行盈利大幅修复，容量电价机制有望稳定未来行业预期，风电及太阳能发电企业投资将呈持续优化态势。

2. 中国电力供需紧张或将有所缓解

2023 年，虽然上半年来水偏枯、极端天气频发等问题仍存在，但随着火电投资加速、容量电价机制出台、清洁能源及储能快速发展，电力供应及调节能力将持续提升，预计未来一段时间中国电力供需紧张或将有所缓解。但水电供给具有不确定性、新能源出力波动、电煤价格、电力供需区域错位、输电线路和储能及调峰电源建设滞后等因素仍在一定程度上制约着电力供给对需求增长的覆盖。

（二）中国电气机械和器材制造业投资机会

2023 年，可再生能源装机超过火电，能源转型推动市场化改革提速。截至 2023 年第三季度，全国可再生能源装机 13.84 亿千瓦，同比增长 20%，占总装机的 49.6%，并超过火电装机。能源转型加速，要求适应新型电力系统的市场机制创新。电价方面，煤电容量电价落地；电量方面，现货基本规则落地并明确各省份现货市场建设进度。未来投资机会预期在以下两个方面。

1. 火电装备稳定，新型电力装备快速发展

未来，火电盈利稳定性将持续提升，核电作为清洁的基荷能源，兼具稳定性和成长性；而新型电力系统建设日趋完善，其强大的系统调节能力，将打开新能源装机的长期增长空间。

2. 能源转型下主力电源长期量、价成长空间大

当前，在能源转型大背景下，新能源将成为主力电源，预计 2025 年、2030 年新能源累计装机将分别超过 14 亿千瓦、20 亿千瓦。随着绿色环境价值市场体系完善，绿电、绿证交易大幅提升，且绿色环境价值将直接对标碳市场价格。新能源通过环境市场回收绿电溢价，提升盈利水平。

七　中国电气机械和器材制造业发展建议

（一）对政府的建议

1. 加强顶层设计

要加强顶层设计，进一步明确特高压输变电技术的发展有利于优化中国电网和电源布局，实现中国能源资源的高效配置，协调新能源和储能业务有序发展。同时要完善政策机制，健全标准体系，引导行业开展深化特高压输变电、新能源开发等相关技术研究。

2. 加大统筹协调力度

充分发挥国家重大技术装备办公室作用，依托国家重大技术装备工作协调机制和专家委员会，加强部门协同、央地联动。发挥行业协会作用，助力创新发展、推广应用等方面的政策落实。

3. 强化财税金融支持

推动制造业企业所得税抵扣等税收优惠政策落实。鼓励相关金融机构为电气机械和器材制造业企业提供金融服务。发挥国家产融合作平台作用，引导金融机构为电气机械和器材制造业企业提供精准有效的支持。

4. 营造良好的发展环境

鼓励国有企业提供电力装备首台（套）应用场景、试用环境并先试先

用。推动各地加快建设全国统一大市场。研究出台首台（套）招投标相关规定。加强品牌宣传和供需对接。

（二）对行业发展的建议

1.聚焦新能源装备，培育优势产业集群

当前，"优化增长"成为能源生产最主要的方向。未来相关电力装备领域尤其是新能源装备领域仍有较大的增长空间。电气机械和器材制造业一方面应加快引领企业实现重大装备技术的转型升级，另一方面在燃煤发电机组、中小型电机、工业电热、电焊机、配电变压器等装备领域引导企业加快生产环节的节能改造，优化工艺，提高技术水平，同时积极推进与地方政府的合作，依据资源优势构建产业集群。

2.深入剖析供需矛盾，重点突破

当前，电气机械和器材制造业发展的主要矛盾是基础理论和相关材料底层研究不足；行业对核心共性技术和核心工艺技术研究不够、储备不多，行业创新能力不强；同时，生产要素成本快速上升导致企业效益不高，行业整体竞争力有待提高。

3.促进技术共享，提升行业技术水平

经过多年的发展，中国电气机械和器材制造业在很多细分领域做到了世界规模第一，但细究起来，部分产品在技术水平、质量稳定性等方面与国际先进水平相比仍有较大差距，体现了行业质量检测、技术评价等质量管理能力相对滞后。当前，中国电气机械和器材制造业亟须完成由低成本竞争优势向质量效益竞争优势转变这一过程。这个过程需要坚持以质量为中心，避免重复建设和低水准扩张。

（三）对企业发展的建议

1.增加技术研发投入，打造零部件系统强供应链

研发投入占比低一直是中国装备制造业与西方发达工业化国家的重要差距，有限研发资金的低效率使用更是全行业企业面临的难点问题。电气机械

和器材制造业集技术、资金竞争于一体，研发资金的管理与使用是企业管理的重点，需要加以重点研究和突破，尤其是从使用效能、绩效管理、成果实施评价等多维度予以改善和提升，实现产品的"专精特新"。

2. 加强人才培养

人才队伍建设是企业实现管理目标的基础，是实现企业发展的根本动力。企业的竞争，根本还是人才的竞争。电气机械和器材制造业企业的特点之一就是对员工的知识结构和专业深度要求高，行业通用性不足，为此，电气机械和器材制造业企业要重视员工专业理论的培养，技术人员与技能员工培训应该是企业人才培养的重点。未来要以专业深度作为技术人员的培训重点、以设计规范的操作流程作为技能员工培训的首要内容，提升各级员工的专业技术水平和专业技能。

B.7
仪器仪表制造业发展报告

袁星煜 黄嘉桐 安晨 周兴宇[*]

摘　要： 本报告总结了 2023 年国际仪器仪表制造业的发展状况及趋势，对中国仪器仪表制造业及其子行业的市场规模、发展水平、运营状况等进行分析，立足行业的长远发展，从可持续化生产和基础技术研究角度提出有关政策建议。相关统计表明，2023 年中国仪器仪表制造业发展相较于 2022 年增速放缓。数智化、国产化成为众多子行业产品的发展趋势，行业的市场渠道和服务范围持续拓展，但在可持续发展和绿色生产方面仍有提升空间。中国仪器仪表制造业在未来应着眼于行业标准体系建设，加大行业监管力度，以此推动相关产业有序发展，提升行业国际影响力。

关键词： 仪器仪表　数智化　国产化　可持续发展

仪器仪表制造业是现代多重学科支撑的高新技术产业，是中国装备制造业的重要子行业之一。中国仪器仪表制造业产品范围主要涉及工业自动控制系统装置、电工仪器仪表、实验分析仪器等通用类仪器仪表，以及环境监测专用仪器仪表、电子测量仪器等专用类仪器仪表。

按照国家统计局发布的《国民经济行业分类》（GB/T 4754—2017），仪

---

* 袁星煜，机械工业经济管理研究院院长助理，兼科研基础部主任、数字经济研究所所长、工业企业评价与认证重点实验室主任，副研究员，主要从事国有企业改革、信用评价、行业和企业数字化转型等研究；黄嘉桐，机械工业经济管理研究院科研基础部研究助理，主要从事金融分析、定量分析、经济政策等研究；安晨，机械工业经济管理研究院科研基础部研究助理，主要从事公共政策、经济管理、工业行业等研究；周兴宇，机械工业经济管理研究院科研基础部研究助理，主要从事人力资源管理、企业治理、行业政策等研究。

器仪表制造业共分为通用仪器仪表制造、专用仪器仪表制造、钟表与计时仪表制造、光学仪器制造、衡器制造、其他仪器仪表制造等 6 个行业中类 20 个行业小类（见表 1）。

表 1　仪器仪表制造业分类

行业中类	行业小类
通用仪器仪表制造(401)	工业自动控制系统装置制造(4011) 电工仪器仪表制造(4012) 绘图、计算及测量仪器制造(4013) 实验分析仪器制造(4014) 试验机制造(4015) 供应用仪器仪表制造(4016) 其他通用仪器制造(4019)
专用仪器仪表制造(402)	环境监测专用仪器仪表制造(4021) 运输设备及生产用计数仪表制造(4022) 导航、测绘、气象及海洋专用仪器制造(4023) 农林牧渔专用仪器仪表制造(4024) 地质勘探和地震专用仪器制造(4025) 教学专用仪器制造(4026) 核子及核辐射测量仪器制造(4027) 电子测量仪器制造(4028) 其他专用仪器制造(4029)
钟表与计时仪表制造(403)	钟表与计时仪器制造(4030)
光学仪器制造(404)	光学仪器制造(4040)
衡器制造(405)	衡器制造(4050)
其他仪器仪表制造(409)	其他仪器仪表制造业(4090)

资料来源：《国民经济行业分类》（GB/T 4754—2017）。

一　国际仪器仪表制造业发展概况

（一）国际仪器仪表制造业发展状况

1. 市场状况

仪器仪表作为工业生产的加速器、科学探索的领航者、国防建设的战斗力以及社会生活的裁判员，在促进科学技术进步和经济社会发展的过程中扮演着至关重要的角色。目前，全球仪器仪表制造业先进企业主要分布于美国、日本、瑞士和欧盟等发达国家和地区，国际仪器仪表市场已形成以美国为领头羊的"一超多强"产业竞争格局。据仪器信息网发布的《2022 全球仪器公司市值 TOP20 排行榜》，全球市值排前 20 名的仪器公司中，美国企业有 11 家，占比高达 55%；日本企业有 4 家，占比 20%；德国和瑞士企业各有 2 家，各占比 10%；英国企业有 1 家，占比 5%。2022 年，来自美国的仪器领军企业赛默飞以 2111.5 亿美元和涨超 15% 的市值成绩依然稳居行业市值榜首，它的一众竞争对手如丹纳赫、安捷伦和因美纳等市值都出现不同幅度的跌幅。[①]

2. 技术状况

（1）数智化

近年来，世界各国纷纷提出借助网络和数据等信息化手段加快工业转型，以美、英为首的老牌工业强国推出了"工业互联网"、《英国工业 2050 战略》等符合自身工业转型发展的战略，中国也明确指出了中国制造业朝数智化转型的发展方向。数智化引领工业加快转型已成为大势所趋。国际上的仪器仪表行业巨头借助云计算、大数据、人工智能等数智技术和虚拟系统来优化生产过程，提升生产水平。通过在生产过程中嵌入数智化技术增强仪器仪表的功能特性，提升生产效率和资源的利用率，使产品更加贴合不同行业领域用户对仪器仪表的实际使用需求，最大限度地实现资源合理配置。随着数智技术的迅猛发展，其与仪器仪表供应链的有机结合将会成为新时代仪器仪表制造业发展的重点领域。

（2）微型化

随着微电子机械技术的持续进步，国际上的微型智能仪器技术已趋于成熟，价格也逐步降低，在各个领域的应用场景越来越广泛。微型智能仪器是

---

① 《重磅！2022 年全球仪器公司市值 TOP20 排行榜》，仪器信息网，2022 年 5 月 18 日，https：//www.instrument.com.cn/news/20220518/616730.shtml。

应用了微电子技术、微机械技术和信息技术，体积小巧、功能全面的智能设备。它们具备信号采集、线性化处理、数字信号处理、控制信号输出和放大、与其他仪器互联以及人机交互等多项功能。这些仪器在工业自动化、航天、军事、医疗、生物科技等众多领域发挥了重要作用。

例如，在医疗领域，传统上监测病人多个生理参数并对部分参数进行控制，常常需要向病人体内植入多根导管，这样做增加了感染风险。微型智能仪器的出现改变了这一状况，它们能够同时对多个参数进行测量，而且因为体积小，易于植入，大幅减少了病人遭受感染的可能性。在科研领域，仪器仪表的微型化所带来的便携性在实验过程中为科研人员带来了更多灵活性与自由度，能有效解决传统仪器难以运输和在极端环境中的部署问题。

（二）国际仪器仪表制造业的发展趋势

1. 市场趋势

在当今全球经济紧密结合的时代背景下，世界各地区仪器仪表行业迎来良好的发展机遇。近年来美国陆续出台的《基础设施投资和就业法案》（IIJA）、《芯片与科学法案》（CHIPS）以及2022年《通胀削减法案》（IRA）等极大地推动了美国制造业的快速增长。这些立法侧重于重建基础设施、推进清洁能源倡议，强化美国半导体产业，通过提供资金支持和税收优惠刺激了包括半导体、清洁能源组件、电动汽车及电池在内的多个领域的私营部门投资。这样的政策环境不仅增强了制造业的活力，也促进了精准和创新生产过程对先进仪器仪表和控制系统的需求的增长。

制造业长期以来都是欧洲经济的核心，特别是在机械和制药等关键工业制造领域，欧洲位居全球前列。制造业对欧盟GDP的贡献率为17.3%，而其对外出口的制成品则占了总出口量的83%。同时，欧盟制造业还推动了全球20%的研究与开发投资，贡献了1/3的优质科学研究成果。[1] 欧洲地区

---

[1] "Made in Europe: The Manufacturing Partnership under Horizon Europe," https://sciencebusiness.net/news/made-europe-manufacturing-partnership-under-horizon-europe.

制造业在未来发展过程中主要面对的挑战包括来自美国和亚洲地区制造业绿色和数字化转型的激烈竞争。地区之间的制造业竞争所带来的多重压力为仪器仪表制造业提供了发展机遇，推动了欧洲企业拓展更高效、更智能以及可持续发展的仪器仪表生产线。

由于工业活动的迅速增加、生产成本和压力的上升，尤其是中国、印度等国的政策支持，亚太地区预期将成为仪器仪表市场增长的主要引擎。亚太地区终端用户行业，包括石化加工、食品生产、生物制药等领域的新兴市场在全球产业链中地位的提升，对生产过程中的精确控制和监测提出了更高的要求，激发了对高性能、高精度仪器仪表的需求。

2. 技术趋势

（1）3D 打印技术推动仪器仪表行业降本增效

3D 打印技术同智能机器人和人工智能被视为推动数字化制造向绿色高端转型的核心技术之一。随着 3D 打印机和打印技术的持续优化与进步，该技术应用于仪器仪表制造业领域可有效加快零部件模块的制作速度，缩短研发周期，帮助企业降低仪器仪表模具制造成本、生产时间成本、人工管理成本。此外，在制造仪器仪表的过程中，3D 打印还可以有效解决因为零配件产量小难以找到加工工厂的问题，在短期内实现个性化定制，满足产品频繁更新迭代的需求。

（2）纳米技术在仪器仪表制造业的应用及创新趋势

国际上，纳米技术已开始逐渐被应用和推广于仪器仪表制造业。其中，一个重要趋势是开发和应用纳米技术来制造特征检测、机器人传感、医疗成像增强等方面的创新传感器和设备。研究前沿包括眼传感器的特征检测和纳米管用于医学回声成像增强的多参数评估表征。纳米技术增强仪器和测量工具是国际仪器仪表制造业当前研究和发展的重点之一，例如，采用纳米级钛酸钡作为核心原料生产片式多层陶瓷电容器（MLCC）电子组件。

二 中国仪器仪表制造业运行情况分析

（一）行业规模分析

1. 工业增加值增速放缓

2023年，中国仪器仪表制造业工业增加值同比增长3.3%，增速较2022年下降1.3个百分点。从月度数据来看，仪器仪表制造业工业增加值增速年内波动较大，4月工业增加值增速为13.8%，达到峰值；7月增速最低，为-3.6%（见表2）。

表2 2022~2023年中国仪器仪表制造业工业增加值增速

单位：%

月份	2022年		2023年	
	当期	累计	当期	累计
1~2	—	10.6	—	3.3
3	4.4	8.0	11.3	6.5
4	-8.8	3.2	13.8	8.3
5	4.1	3.4	5.5	7.7
6	6.5	4.1	1.7	6.5
7	7.2	4.5	-3.6	4.9
8	7.0	4.8	-2.2	3.9
9	9.5	5.5	-1.1	3.3
10	8.8	5.9	0.2	2.9
11	1.2	5.4	3.2	3.0
12	-1.2	4.6	5.9	3.3

资料来源：中经网产业数据库（产品产量、行业绩效）。如无特殊说明，本报告数据均来自中经网产业数据库。

2. 资产规模大幅增长

2023年，中国仪器仪表制造业资产规模达到15513.8亿元，同比增长8.7%，较2022年下降4.4个百分点。分月份来看，资产规模同比增速呈下降趋势，3月增速最高，为13.9%，12月增速最低，为8.7%。2023年11

月当月资产规模最大，为265.5亿元；12月当月资产规模最小，为45.1亿元（见图1）。

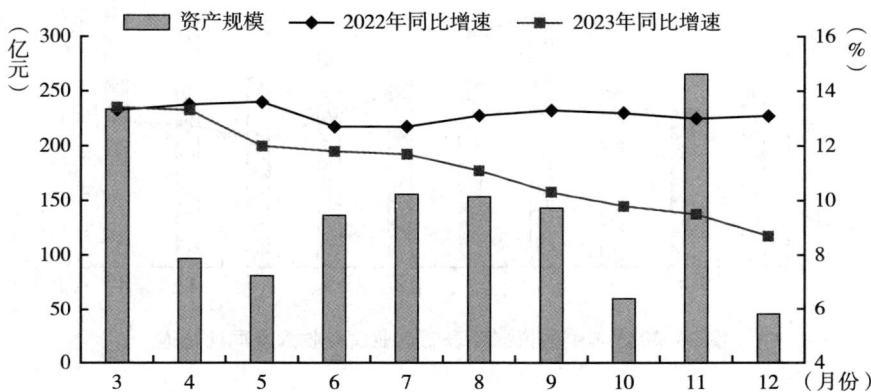

图1 2023年中国仪器仪表制造业资产规模及同比增速

注：国家统计局未公布2023年1~2月数据，故本节未做统计分析。

3. 营业收入小幅增长

2023年，中国仪器仪表制造业营业收入同比增长4%，达到10112.2亿元，增速较2022年下降0.2个百分点。从月度数据来看，各月营业收入增速波动较大，5月同比增速全年最高，为7.8%，之后增速回落，10月降为3.5%（见图2）。

4. 营业成本略有增长

2023年，中国仪器仪表制造业营业成本为7466.9亿元，同比增长2.9%，营业收入与营业成本同比增速变化趋势较为一致，3~5月营业成本同比增速呈上升趋势，5~12月整体呈下降趋势。分月份看，12月营业成本最高，为949.2亿元，4月营业成本额最低，为496.8亿元（见图3）。

5. 利润总额实现增长

2023年，中国仪器仪表制造业利润总额同比上涨2.3%，达到1049.9亿元，利润总额增速低于营业收入增速。分月份看，3~5月同比增速逐渐

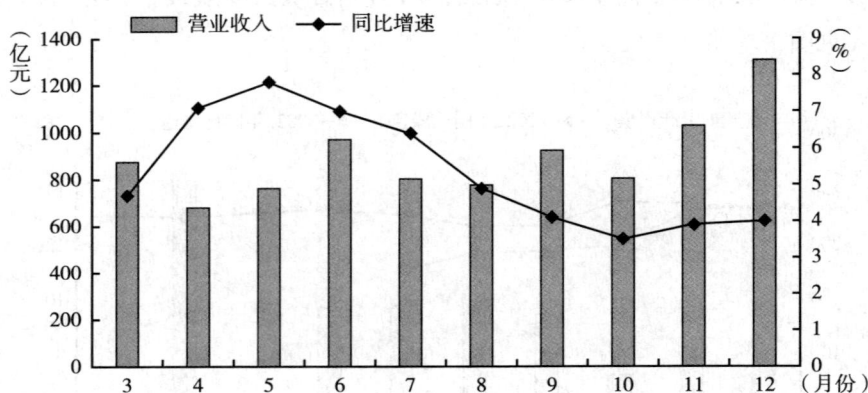

图2　2023年中国仪器仪表制造业营业收入及同比增速

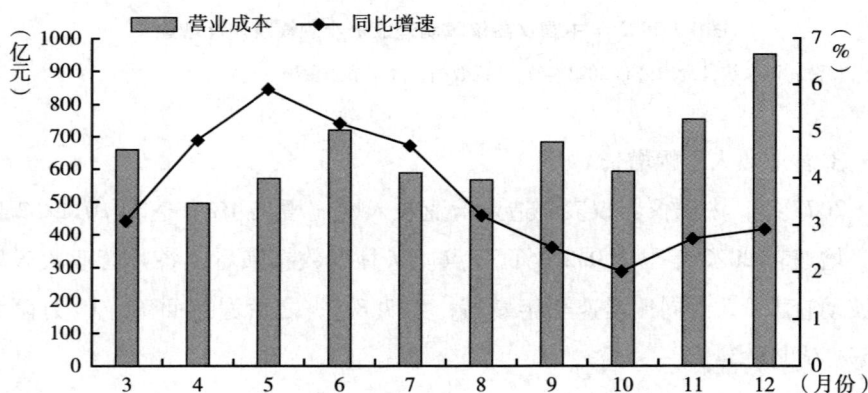

图3　2023年中国仪器仪表制造业营业成本及同比增速

加快，5月达到最大同比增速，为14.5%，之后呈波动下降趋势，12月为2.3%（见图4），增速较2022年下降2个百分点。

（二）营运能力分析

2023年，中国仪器仪表制造业总资产周转率为0.65次，较2022年下降0.04次。全年总资产周转率和2022年相比变化趋势相同，指标表现略低

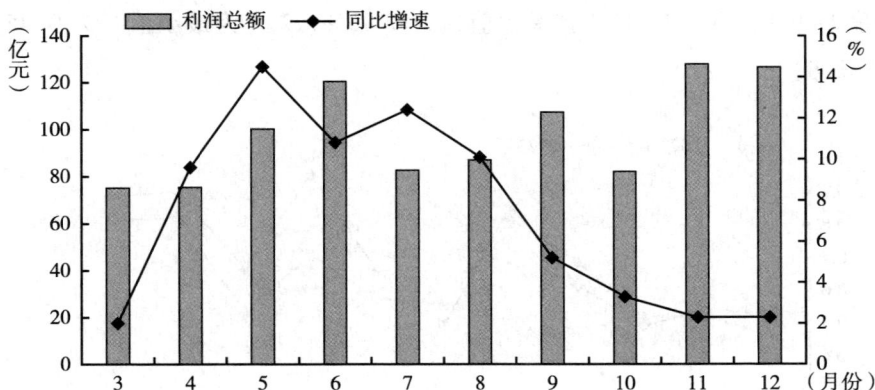

图 4　2023 年中国仪器仪表制造业利润总额及同比增速

于上年同期。分月份来看，总资产周转率从 5 月开始波动回升，在 12 月达到峰值，为 0.084 次（见图 5）。

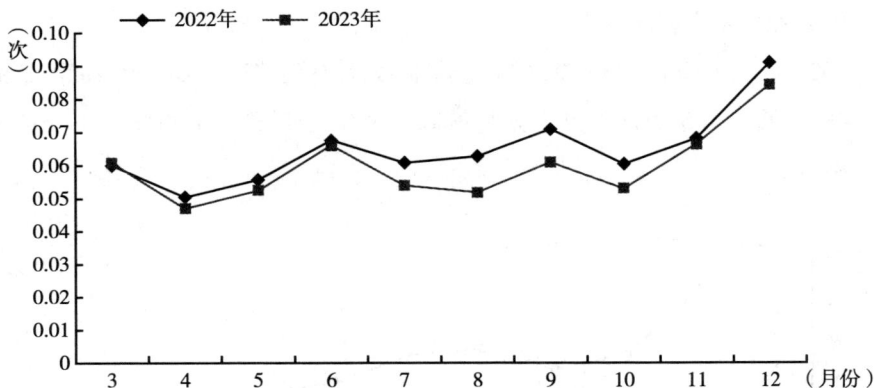

图 5　2022~2023 年中国仪器仪表制造业总资产周转率

（三）盈利能力分析

1. 总资产利润率小幅下降

2023 年，中国仪器仪表制造业总资产利润率为 6.8%，较 2022 年下降 0.4 个百分点。分月份来看，总资产利润率变化趋势与 2022 年相似，变化

143

幅度略小于上年，11 月达到最大值，为 0.83%，2 月为最小值，为 0.45%（见图 6）。

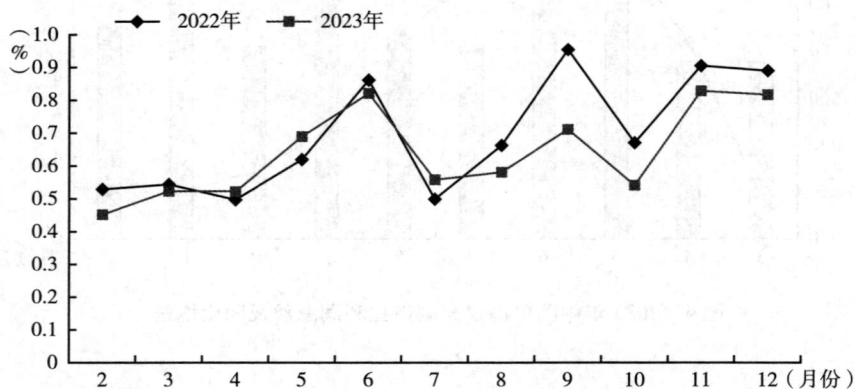

图 6　2022~2023 年中国仪器仪表制造业总资产利润率

2. 营业成本率有所下降

2023 年，中国仪器仪表制造业营业成本率为 73.84%，比 2022 年的 75.34%降低了 1.5 个百分点。分月份看，全年营业成本率总体呈下降趋势（见图 7）。

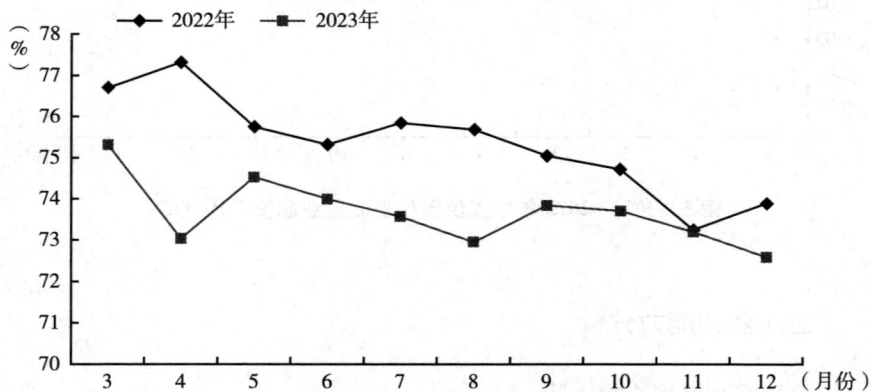

图 7　2022~2023 年中国仪器仪表制造业营业成本率

（四）偿债能力分析

2023 年，中国仪器仪表制造业资产负债率由 2022 年的 57.62%下降到 55.38%，偿债能力有所提高。分月份来看，2023 年资产负债率总体呈现波动下降的趋势，6 月达到峰值 66.12%，随后开始波动下降（见图 8）。

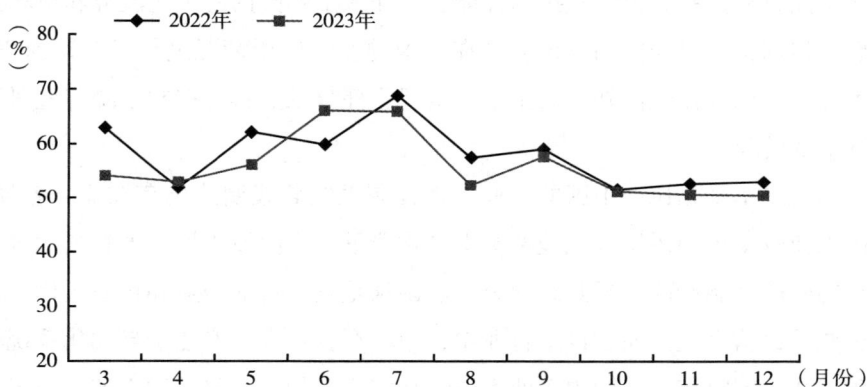

图 8 2022~2023 年中国仪器仪表制造业资产负债率

三 中国仪器仪表制造业产品技术分析

（一）主要产品技术水平

1. 工业自动控制系统装置制造

在先进制造业和国家重大装备制造业的发展战略中，工业自动控制系统装置的制造被视为核心要素之一。随着经济全球化进程加快和科技革命迅猛发展，全球经济一体化趋势日益增强，各国政府对工业自动控制提出了更高的要求，工业自动控制领域不断向更高水平迈进。观察当前中国工业控制和自动化控制市场的发展规模，无论是国内的传统工业技术改革、工厂的自动化生产，还是企业的信息化管理，都需要大量的工业自动控制系统装置，对自动化控制技术与设备的要求也越来越高，国内的潜在市场庞大。尽管如此，中国在工业自动控制领域的技术进步仍然相对缓慢，国内相关产品的供应商直接面临与美国、日本、德国等国企业的竞争。

在中国，大多数从事工业自动控制系统装置制造的企业是中小型企业。经过多年代理或分销国外厂商的工业自动控制系统装置，企业逐渐掌握了国外的工业自动控制系统装置技术性能，在深入了解国内的工艺流程和市场需求后，根据工业自动控制系统装置在中国的实际应用情况进行了二次研发，技术性能达到或接近国外厂商水平，实现了部分工业自动控制系统装置对国外制造的替代。

与先进水平相比，中国的工业自动控制系统装置制造仍存在显著差异。中国工业自动控制系统领域技术水平分化严重，现阶段规模较大且技术水平较高的软硬件制造商主要是跨国公司、国家重点支持的企业和科研机构，以及少数的民营企业。而在这个行业中，中小型企业大多专注于自动化系统的基础工作，同时有一些国内企业专注于特定产品的技术研发和生产。由于工业自动控制系统装置本身技术含量低、价格相对便宜，因此国内企业对其需求有限，这就造成了外国资本在市场上占据了主导地位，大多数国内企业在行业中低端市场中竞争。

从未来发展的角度看，工业自动控制系统装置在提高效率、节约能源、减少消耗、降低人力成本和推动产业升级方面都展现出了显著的优势，被视为未来发展的新趋势，具有广阔的发展前景。

2. 环境监测仪器仪表制造

环境监测不仅是环境管理的基础，也是其重要的技术支撑。随着中国环境保护事业的不断进步，环境监测相关的仪器仪表生产技术也有了显著的提升，生产体系初具规模。从行业内上市公司的业务布局来看，大多数公司已经进行了产业链延伸，从最初的单一仪器仪表制造商，逐渐转型为一个集环境监测类仪器仪表制造和运维服务于一体的综合性产品和服务提供商。同时，政府部门发布的相关政策文件为环境监测类仪器仪表的进一步研发提供了坚实的政策支撑，智能化协同技术需求的增加促使环境监测类仪器仪表市场需求迅速增长。行业成功地吸引了大量的小型技术公司进驻市场，从而促进了环境监测新技术的广泛应用和发展。在这一过程中，一些企业逐渐实现由传统监测设备制造商向智能装备服务商的转变，并借助信息化手段提高自身核心竞争力。此外，行业内大型企业还通过合并重组的方式，不断吸引行业内细分领域的小型企业，从而进一步扩大和完善其业务版图，环境监测仪器仪表行业涌现出了一批具有强大实力的领军企业。

随着微处理器和人工智能等先进技术在行业中的广泛应用，环境监测仪器仪表的体积逐渐缩小、智能化程度不断提升，其应用功能也得到了进一步的丰富。同时大气污染问题日趋严重，对环境监测提出更多新要求，环境监测类设备也朝着多功能化方向发展。激光光谱技术的完善也在逐步推动大气立体监测技术的应用。以光学探测和光谱数据解析为核心的立体监测技术因高灵敏度、高分辨率、高选择性、多组分和实时性等优点，为大气环境的多维度、高精度监测提供了更多的技术储备。

随着环境监测类设备智能化的发展，其所需的技术标准也在逐步提高。在切实的市场需求以及国家发展规划的推动下，环境监测仪器仪表制造展现出巨大的发展潜力。

（二）重大技术突破

1. 国内首台紧凑型加速器质谱仪

原子能院核物理研究所成功研制出国内首台紧凑型加速器质谱仪（AMS），这是中国加速器质谱技术取得的又一重大成果。该研究团队成功地突破了高压输入、气体输入、高压绝缘和间隙加速等关键技术，最终研制出了国内首台紧凑型串列加速器。该串列加速器的长度只有1米，其尺寸仅为传统串列加速器长度的1/3；其总占地面积大约为30平方米。该仪器能够高效且高灵敏度地分析碳-14、铝-26、铀-236等十多种核素，相关技术已达到国际领先水平。通过对实验数据和计算结果进行深入分析发现，该系列离子源具有良好的稳定性及可靠性，可以满足未来超高分辨质谱检测要求，仪器的成功研发为加速器质谱的高灵敏度分析提供了坚实的基础。

2. VGA 热成像模组

艾睿光电于 2023 年推出了全球首个具有 8 微米像元 VGA 分辨率的红外热成像模块。该 8 微米的小像元设备的尺寸只有 14mm×14mm×20.5mm，其分辨率达到 640×512 像素。其设计突破了现有红外热成像仪的极限尺寸和功耗限制。8 微米的小像元产品满足了尺寸、重量、功率、性能、价格方面的应用要求。随着小像元技术的成熟发展，红外热成像技术将在人工智能、物联网、自动驾驶以及安防等多个领域得到更为广泛的应用和推广。

3. 天然气气质分析装备

2023 年 10 月，由国家管网集团独立设计和研发的天然气气质分析装备正式对外发布。该装置是确保长距离天然气管道能够安全且高效运行的核心设备，只需用 30 微升的天然气样本，在 5 分钟内就能迅速检测出 14 种不同的组分，实现了对天然气的热值、水含量和硫含量等关键参数的在线精确测量。这套装备成功地破解了微型进样器、传感器芯片和多维激光探头等核心技术难题，其性能指标都已经达到了国际领先的标准，成功地填补了这类产品在国产化方面的空白，标志着中国天然气检测领域关键技术取得了重大突破。

4. 工业零件高精度测量

2023 年，中国科学院沈阳自动化研究所在仪器仪表零件测量领域提出了一套专门用于测量表面反射率波动较大的零件关键参数的工业光学低相干测量方法。该方法使用非接触的光电探测方式获取被测物体表面反射率分布信息并通过计算分析得到被测物内部的结构和尺寸参数。科学研究团队构建了一个工业级的低相干模型，并从理论角度证实了该模型在测量表面反射率波动较大的零部件关键参数方面具有可行性，成功地实现了对镜面、类镜面、漫反射面等多种不同反射特性的仪器和仪表零部件关键参数的高精度测量。

四　中国仪器仪表制造业存在的主要问题

（一）产品同质化严重

中国仪器仪表制造业中，产品同质化问题尤为突出，这不仅影响了企业的竞争力，还制约了整个行业的创新发展。一些仪器仪表的生产技术相对成熟和普及，导致进入该领域的门槛较低。因此，许多企业可以轻松复制和生产相似的产品，特色和差异化竞争能力缺失加剧了同质化现象。在仪器仪表高端产品长期被国外垄断的情况下，中国仪器仪表中低端产品的同质化现象尤为突出。产品同质化导致许多企业采用价格战策略来争夺市场份额，这不仅压缩了企业的利润空间，也不利于行业的健康可持续发展。国内仪器仪表制造业企业在技术创新和研发方面的投入不足，缺乏核心竞争力和自主知识产权，难以实现技术进步、形成产品功能优势。

（二）国际市场竞争力不强

尽管中国仪器仪表制造业规模近年来实现稳健增长，在全球排第三位，[①] 但其在国际市场上的竞争能力依然不强。尤其是欧美国家、日本和韩国这些仪器仪表制造强国在仪器仪表制造领域拥有长期的技术积累和品牌影响力，而中国企业在品牌认知、技术创新和服务体系等方面暂时与国外企业之间存在差距。尽管中国市场总体上对仪器仪表的需求持续增长，但在高端产品和技术服务方面，国内企业往往难以满足市场的精细化和专业化需求。相较于国际水平，中国的企业在品牌建设、技术发展和服务质量方面还有较大的进步空间。同时，国内仪器仪表产品在计量性能、技术规格和测量精确度方面与世界先进水平相比还有差距；在智能化水平上，国内产品也略低于国外产品。国际上的高端产品能够更有效地处理原始数

---

① 《我国仪器仪表产业规模居全球第三，高端仪器产业发展进入新时期》，京报网，2023 年 5 月 30 日，https://news.bjd.com.cn/2023/05/31/10448890.shtml。

据，更好地排除外部干扰，从而在环境适应性、测量的准确性和真实性上表现更为出色。

（三）"政用产学研"协同发展不够紧密

打造"政用产学研"链条是提升仪器仪表制造业技术水平和竞争力的关键。中国仪器仪表制造业的上中下游与用户之间在这一高水平开放式创新合作系统工程中的对接与耦合方面还存在一些问题。中国仪器仪表制造领域的企业、高校、科研机构面临合作机制不够完善、企业参与热情不高、科研成果转化效率不高、用户实际反馈得不到重视等问题。目前，国内关于仪器仪表研发的项目大多由科研机构和高校承担。科研机构主要集中于产品的开发工作，而高校则侧重于学生的教育和培养以及学术论文的发表，这导致企业主要扮演仪器仪表使用者的角色。因此，产学研用之间的协同合作项目相对较少，限制了新产品从研发到产业化再到规模化应用的进程。缺乏有效的产业链整合和协作机制，使得仪器仪表制造业的发展面临挑战，尤其是在加速产品创新和提升国际竞争力方面。此外，"政用产学研"平台的融合度较低也制约了仪器仪表制造业技术创新和人才培养的质量与效率，技术创新和产品更新速度受限的重要原因之一是缺乏人才。尽管近年来国内大力发展高等教育，人才总量有所增加，但在仪器仪表制造业领域，高端技术人才和创新型人才仍然不足。以上这些问题导致行业发展相对缓慢。基于此，中国政府部门在 2023 年颁布了一系列行业相关配套政策（见表 3），为中国仪器仪表制造业的"政用产学研"未来的发展提供了强有力的支撑。

表 3　2023 年中国部分仪器仪表制造业相关政策文件

发布时间	颁布单位	文件名称	政策内容
2023 年 1 月	商务部、科技部	《关于进一步鼓励外商投资设立研发中心的若干措施》	鼓励开展基础研究。支持外资研发中心依法使用大型科研仪器、国家重大科技计划项目的科技报告和相关数据

续表

发布时间	颁布单位	文件名称	政策内容
2023 年 5 月	科技部等 12 部门	《深入贯彻落实习近平总书记重要批示精神　加快推动北京国际科技创新中心建设的工作方案》	打造高端仪器设备产业集群,强化智能仪器仪表设计制造和计量测试技术研究,研制高端工业用仪器仪表
2023 年 6 月	工业和信息化部等 5 部门	《制造业可靠性提升实施意见》	加强智能检测技术与装备应用,推动在线检测、计量等领域仪器仪表升级,促进制造装备与检验测试设备互联互通,提高检验检测效率和精准性
2023 年 9 月	国家市场监管总局	《市场监管总局关于计量促进仪器仪表产业高质量发展的指导意见》	把握数字化转型和国际单位制变革的重要机遇,充分发挥新型举国体制优势,以仪器仪表产业需求为导向,突破关键计量测试技术瓶颈,推动先进计量科技创新成果向仪器仪表产业转化应用,不断提升仪器仪表产业自主创新能力,培育形成仪器仪表产业核心竞争力,助力我国仪器仪表产业迈向世界先进行列

资料来源：机械工业经济管理研究院整理。

（四）环保和可持续发展压力加大

随着全球对环境保护和可持续发展目标的日益重视，行业需求转向环保和资源高效利用的产品和解决方案。采用可持续的运营和生产模式，不仅能够减少对环境的负面影响，还能创造差异化的竞争优势，从而实现正向收益。[①] 中国仪器仪表制造业未来在追求快速发展的同时面临越来越严格的环保要求和可持续发展的重大压力。在将来的生产活动中，企业可能需要采用更加环保的技术和措施，以降低对环境的不良影响，包括减少能耗、降低废弃物产生以及减少有害物质的使用。这对于许多中国企业来说

[①] 《制造业的可持续发展，正在为企业实现正效收益》，普华永道网站，https：//www.pwccn.com/zh/services/issues－based/esg/sustainable－development－of－manufacturing－industry－feb2022.html。

是一个挑战，尤其是技术和资金实力较弱的小微企业。因为它们可能需要投入大量资金进行技术改造和更新，以在保证产品质量的同时满足更严格的环保标准。

此外，仪器仪表制造业还面临实现生产过程和产品全生命周期可持续性的压力。这意味着企业不仅要在生产过程中考虑环境影响，还需要关注产品使用和废弃阶段的环境影响。如何提高产品的能效、延长产品寿命以及确保产品在废弃后可以被回收和再利用，都是当前仪器仪表制造业亟须解决的问题。

五 中国仪器仪表制造业发展前景分析

（一）中国仪器仪表制造业发展前景预测

1. 国产替代带来新发展

仪器仪表制造是政策重点关注和支持的领域，国产化替代成为大势所趋。长期以来，中国在核电、能源、石化等重点领域的仪器仪表产品依赖进口。随着中美贸易局势和世界经济格局的转变，中国以国家重点产业的安全自主为契机，力争强化重点应用领域精密测试仪器的基本保障能力与支撑能力。随着国务院、工业和信息化部、科技部以及地方政府一系列法规政策的发布，国内先进量值溯源体系将得到有效建设和完善，政策优势也会激励高端仪器装备和传感器产业创新发展，推进重点产品核心技术自主化进程，为"专精特新"企业创造更多的市场机会。

2. 创新服务模式迎接市场新挑战

随着市场需求的多样化以及客户对服务要求的提高，仪器仪表制造业企业将进一步拓展市场渠道和服务范围，以适应市场的变化。例如，在电子测量仪器领域，企业会通过建立线上线下相结合的销售网络，提供更便捷的购买和租赁服务；在工业自动化控制系统领域，企业通过提供更全面的系统集成和优化服务，帮助客户提升生产效率和质量。

3. 新质生产力引领仪器仪表制造业向高端转型

近年来，中国大力倡导因地制宜发展新质生产力，积极引导新兴行业、模式及动能发展，通过最新科学技术对传统行业进行改革与升级，努力推动行业朝更高技术水平、智能化和环保方向进步。在此背景下，仪器仪表制造业正迈向高端转型阶段。中国下游应用领域对仪器仪表的性能要求不断提高，IoT 物联网、AI 等新技术的出现使得通用仪器仪表行业的发展面临更高的技术壁垒。与此同时，智能传感器市场规模逐年扩大，渗透速度也在逐年提升。2022 年中国智能传感器市场规模达到 1190 亿美元，到 2024 年将增至 1643.1 亿美元。① 国内数字化和智能化技术实力突出、垂直行业应用经验丰富的优质厂商将获得更多发展机遇和竞争优势。竞争优势不仅体现在产品本身，也体现在完成数智化转型的生产和服务过程中，如建设数字化流水线和供应链管理系统，可以帮助制造商更好地实现降本增效。通过提供数字化服务，如在线技术支持、在线订购等，制造商可以提供更好的用户体验。此外，中国仪器仪表制造业正顺应节能减排的时代发展趋势，这将有效提高其社会影响力。未来，中国仪器仪表制造业将开发出更多用于环保和可持续发展的新设备和解决方案，如用于监测和控制空气质量、水质等环境指标的设备。政府与企业将共同努力，加大对新能源的研发和应用力度，推动绿色、低碳、可持续发展。

（二）中国仪器仪表制造业投资机会

1. 光电子技术和微电子技术

光电子器件作为光纤网络的关键组成，近年来呈现智能化、网络化、光学化的趋势。网络通信数据的快速增长，迫使光纤网络从骨干网向城域网和接入网转变，市场对新光电子器件的需求也在逐年增加。未来，重点需求将集中在降低单位带宽运输成本上，而不仅是提高传输速率。出于高精度测量

---

① 《2024 年中国智能制造产业链图谱研究分析（附产业链全景图）》，中商情报网，2024 年 2 月 27 日，https：//www.askci.com/news/chanye/20240227/1027312709000085281354260.shtml。

和高敏感度控制的考量，市场将更倾向于小型化、智能化、集成化的光电仪器仪表，其应用领域包括工业自动化控制、医疗无创检测、军事侦察导航等。

最新的芯片式仪器仪表表明，微小型化已经逐渐成为仪器仪表的主要发展方向。在应用技术方面，应重点关注微小型测量单元的嵌入式技术，推动便携式、手持式及个性化仪器仪表的更新迭代。微电子技术的发展使得仪器仪表在保持高性能的同时，不断缩小器件尺寸，提高集成度，在功能上还具备感知、控制、人机交互等能力，为人们的生活和工作带来更多便利。

2. 智能健康监测仪器

随着人口老龄化问题日趋严重，中国消费者对自身健康监测和饮食管理的相关需求也在逐年增长。作为一类便捷的健康管理工具，智能健康监测仪器能够提供个性化的健康数据监测、预警和远程医疗服务。这类监测仪器可协助使用者了解特定方面的健康状况，如血糖血氧水平、心脏状况等，具体的测量仪器包括血糖监测仪、心电监护仪等，帮助老年人或病患及时了解自身健康状况，并通过智能算法提供个性化的健康建议，制定科学的膳食搭配。智能健康监测仪器有望在更多场景实现应用，成为应对老龄化社会健康管理挑战的重要工具。

六　中国仪器仪表制造业发展建议

（一）政策环境

1. 打造绿色制造可持续发展体系

政府应出台支持仪器仪表制造业绿色制造与可持续发展的政策，加大对半导体、新能源及与新能源相关的新材料、精细化工等领域的财政支持力度，加快制定仪器仪表制造业可持续发展的相关标准和行业规范，对积极响应政府相关政策和行业倡导的企业提供税收优惠、发放补贴，以推动先进技术和工艺的研发，促进仪器仪表制造业企业实现清洁生产。

2. 加强基础共性计量技术研究

加强仪器仪表测量原理和测量技术方面的研究，针对第三方研究机构和企业启用资金激励计划。投资建设重点实验室，推动计量数据采集汇交、挖掘利用、建模分析、质量评估等共性技术的研发和应用，探索相关前沿技术如量子芯片、强化学习、大数据、机器学习与计量技术的融合发展，发掘计量数据基础共性技术适宜的应用场景。

3. 加快构建产学研创新联合体

鼓励第三方检测机构及企业建设国家级产业计量测试中心、质检中心、质量标准实验室、技术标准创新基地，与科研机构联合打造仪器仪表的综合服务体系，对特殊领域、行业和地区采取针对性措施推动服务体系创新。通过政策倾斜和资金引导来支持科技创新的基建，如在大学、科研机构、企业等地设立基地，这有助于促进科研与产业融合，推动仪器仪表制造业的科技创新。

4. 推动产业资源互通共享

政府应大力推动仪器仪表相关产业的资源共享，鼓励第三方检测机构及相关企业在生产经验、前沿技术、设备成果、测试平台等方面进行交流共享，建立公共服务平台，收集仪器仪表制造业企业在生产、研发、运维期间产生的计量数据。同时，支持高校、科研机构紧密对接产业需求，加快建设一批技术转移中心，推动各类科研平台、大型科学仪器、科技报告、科研数据对企业开放。

（二）行业层面

1. 规范完善行业标准体系

建立一个全面、系统的标准体系，涵盖产品设计、制造、测试和认证等各个环节。关注国际发展动向，及时总结归纳国外可供借鉴的先进经验，推进构建与国际接轨的标准体系。鼓励行业组织、企业和科研机构积极参与标准的制定和修订工作，形成多方合作、共同推动标准发展的良好局面。此外，还需加强标准的宣传和培训工作，增强从业人员的标准意识和执行能力，促进标准的有效实施，为行业的健康发展提供坚实的基础。

2. 加大行业监管力度

加强仪器仪表制造业监管是确保产品质量和市场秩序的重要举措。应建立全面的监管法规体系，特别是在事中和事后监管方面，强调对重点仪器仪表实施实时监控和新型监管措施，进一步深化落实"互联网+监管"模式，切实提高行业监管效率，加大监督执法力度，加快建设检查机制体系，对违法乱纪行为进行严格管控，维护市场竞争的公平公正。行业协会可主导建立仪器仪表可靠性研究机构，专注于验证国产仪器的参数，引导并监督行业发展，为国产设备的推广和应用提供必要的数据支持。

3. 推动行业高质量发展

充分发挥智库作用，整合仪器仪表制造业的研究专家及设计专家等人才，组建行业组织，深入探究前沿技术与行业融合的可能方向以及先进仪器仪表的发展趋势，提供具有前瞻性和可行性的指导意见，为行业质量标准体系的建设提供参考。组织人才、技术等方面的专业培训，为企业发展提供人才储备和技术支撑，增强企业持续发展动力和竞争优势。

（三）企业层面

1. 加大企业创新力度

随着国际经济局势的变化和不确定性的增加，仪器仪表制造业正面临国际贸易摩擦、汇率波动、供应链中断等风险与挑战。行业毛利率普遍下降的情况难以明显改善，根本原因在于创新力度不够，缺乏差异化优势和"护城河"。企业应在关键技术创新上加大投入力度，减少对单一市场或产品的依赖，促进市场布局和产品结构多元化。

企业应坚定不移地走智能制造、数字化转型道路，关注IT、AI技术对制造业造成的冲击，根据自身情况，加大对柔性生产线、自动化物流、工艺技术和高效工艺设备的投入力度，建设黑灯车间以提高企业日常运营效率，借此提高企业的核心竞争力。

2. 加强企业人才队伍建设

仪器仪表制造业企业应加强人才队伍建设，增强人才队伍的创造力。一是明确人才需求，了解仪器仪表市场趋势和技术发展方向，针对新能源、新技术等特定领域制订招聘计划。二是加强人才培养，根据国内的政策指导意见，着眼于可持续发展技术与数智化技术，建立完善的人才培养体系。三是重视团队文化建设，鼓励合作、创新和共享，营造尽责尽才的工作氛围。通过建设积极向上的团队文化，提高团队协作效率，营造良好的企业工作氛围。四是加大人才引进力度，重点引进高端仪器仪表、传感器、工业软件和工业控制系统等方向的高技术人才，立足企业的长远发展做好人才储备工作。

企业篇

B.8
2023年中国制造业上市公司价值创造年度分析报告

周永亮　吕汉阳　张菁如[*]

摘　要：　2023年，中国制造业上市公司在A股市场中占据着核心地位。从资本价值角度来看，与2022年相比，2023年制造业上市公司的平均资产收益率、平均PE（市盈率）、净资产收益率均高于A股市场的平均水平。在产业价值创造方面，中国制造业发展的重点正加速从传统端向科技端转移，装备制造业已成为制造业增长的主要动力。在创新价值创造方面，制造业上市企业持续增加研发费用投入，科技实力显著增强，重大科技成果不断涌现。在社会价值创造方面，2020～2022年，制造业上市公司在就业人数、政府补助、利息费用等方面均取得显著增长。在出口价值创造方面，中国复工复产速度远快于其他主要经济体，部分产品出口额大幅提升。中国制造业

* 周永亮，博士，机械工业经济管理研究院强国战略研究所所长，主要从事战略管理、上市公司价值创造等方面的研究；吕汉阳，研究员，国务院国资委研究中心创新发展处处长；张菁如，博士，机械工业经济管理研究院产业经济研究所助理研究员，主要从事产业经济、科技政策等研究。

出口额增速逆势提升。制造业上市公司为维护社会稳定做出了应有的贡献。

关键词： 制造业　上市公司　价值创造

一　逆势复苏：中国 A 股和制造业上市公司资本市场表现

（一）中国制造业上市公司概况

1. 制造业与 A 股上市公司比较

从数量的维度来审视，制造业企业在 A 股上市公司中无疑占据了核心与主导地位。截至 2022 年 12 月 31 日，A 股上市公司共计 4733 个（剔除 ST、ST*、北交所及 B 股），根据中国证监会发布的《上市公司行业分类指引》统计，制造业上市公司的数量已经攀升至 3141 家，占上市公司总数的 66.36%。

截至 2023 年 6 月 30 日，A 股上市公司共计 4874 个（剔除 ST、ST*、北交所及 B 股），在 2023 年的前六个月中，上市公司数量新增了 141 家。根据中国证监会发布的《上市公司行业分类指引》统计，归属制造业领域的上市公司数量高达 3248 家，占上市公司数量的 66.64%。2023 年 1~6 月增加了 107 家，占新增上市公司总数的 75.89%。

2022 年，中国制造业上市公司总资产、净资产、营业总收入均有所上升，制造业企业在 A 股市场的主体地位进一步提升。2021 年、2022 年，制造业上市公司总资产分别为 32.44 万亿元、36.84 万亿元，2022 年同比增长 13.56%；2021 年、2022 年，制造业上市公司净资产分别为 15.79 万亿元、18.18 万亿元，2022 年同比增长 15.14%；2021 年、2022 年，制造业上市公司的营业总收入分别达到了 23.92 万亿元和 26.33 万亿元，2022 年同比增长 10.08%（见表 1、表 2）。值得关注的是，制造业上市公司的总资产、净资产及营业总收入已经连续三年实现了稳步增长，充分展现了制造业企业稳健的经营态势和巨大的发展潜力。受国际总体经济态势、地缘政治冲突、美联储加息等国际大环境影响，2022 年中国上市公司总市值、净利润均有所下降。

2023 年上半年，制造业上市公司总资产、净资产、营业总收入分别为 38.38 万亿元、18.99 万亿元和 13.15 万亿元（见表 3），分别较 2022 年同期增长 9.67%、11.11% 和 4.07%。

表 1 2021 年中国 A 股和制造业上市公司状况

	数量 （家）	总市值 （万亿元）	总资产 （万亿元）	净资产 （万亿元）	营业总收入 （万亿元）	净利润 （万亿元）
A 股	4648	97.88	348.18	60.34	65.96	5.65
制造业	3062	56.51	32.44	15.79	23.92	1.75
占比（%）	65.88	57.73	9.32	26.18	36.26	31.05

资料来源：Wind 数据库。

表 2 2022 年中国 A 股和制造业上市公司状况

	数量 （家）	总市值 （万亿元）	总资产 （万亿元）	净资产 （万亿元）	营业总收入 （万亿元）	净利润 （万亿元）
A 股	4733	78.09	383.03	65.86	70.89	5.82
制造业	3141	44.78	36.84	18.18	26.33	1.70
占比（%）	66.36	57.34	9.62	27.60	37.14	29.21

资料来源：Wind 数据库。

表 3 2023 年上半年中国 A 股和制造业上市公司状况

	数量 （家）	总市值 （万亿元）	总资产 （万亿元）	净资产 （万亿元）	营业总收入 （万亿元）	净利润 （万亿元）
A 股	4874	84.14	372.25	63.02	34.59	3.31
制造业	3248	46.71	38.38	18.99	13.15	0.84
占比（%）	66.64	55.51	10.31	30.13	38.02	25.38

资料来源：Wind 数据库。

近年来，中国积极发展高端制造业，高技术制造业发展迅速，高技术制造业上市公司营收增长 14.6%，科技型企业增长动力持续迸发。光伏和新能源汽车板块是制造业的关键组成部分，上市公司的整体营收增长速度分别达到了 57.7% 和 27.4%，显示出这两个领域强劲的增长势头。[①] 光伏和风电等新能源的装机规模实现了显著增长，新能源汽车的产销均呈现旺盛态势，同时，动力电池行业的规模也在迅速扩大。

2. 制造业上市公司与 A 股上市公司不同板块比较

在主要财务指标中，制造业上市公司在总资产、净资产、净利润方面占 A 股的比重较低，在总市值与营业总收入方面占 A 股的比重较高。2022 年制造业上市公司在 A 股市场的影响力显著，其总市值占整个 A 股市场的比重高达 57.34%，然而相较于其市值规模，其总资产却仅占 A 股总资产的 9.62%。净资产占 A 股净资产的 27.60%，净利润占比 29.21%（见表 4、表 5）。在 2023 年上半年，制造业上市公司在 A 股市场表现出色，多项关键指标均占据显著份额。制造业上市公司在 A 股市场的影响力举足轻重，其总市值在全部 A 股上市公司中占比高达 57.34%，总资产也占据了 9.62% 的份额，净资产占 27.61%，营业总收入占 37.14%，净利润占 29.26%（见表 6、表 7）。[②]

表 4　2022 年 A 股上市公司不同板块的主要财报指标概况

单位：万亿元，%

	总市值	总资产	净资产	营业总收入	净利润
主板	61.09	374.48	60.86	66.26	5.45
占比	78.23	97.77	92.42	93.48	93.69
创业板	11.19	6.13	3.28	3.42	0.25
占比	14.33	1.60	4.98	4.83	4.31
科创板	5.81	2.42	1.71	1.20	0.12
占比	7.44	0.63	2.60	1.69	1.99
A 股合计	78.09	383.03	65.86	70.89	5.82

资料来源：Wind 数据库。

---

① 《中上协发布 ｜ 中国上市公司 2022 年经营业绩分析报告》，中国上市公司协会网站，2023 年 5 月 5 日，https://www.capco.org.cn/xhdt/xhyw/202305/20230508/j_ 20230508152736 00016832742309451910.html。

② 本报告数据计算均采用原始数据，不进行机械调整。

表5 2022年制造业上市公司不同板块的主要财报指标概况

单位：万亿元，%

	总市值	总资产	净资产	营业总收入	净利润
主板	31.61	30.32	14.32	22.67	1.38
占比	70.58	82.28	78.83	86.17	81.09
创业板	8.29	4.38	2.33	2.54	0.21
占比	18.50	11.88	12.84	9.63	12.45
科创板	4.89	2.15	1.51	1.11	0.11
占比	10.92	5.84	8.33	4.20	6.45
制造业合计	44.78	36.84	18.18	26.33	1.70

资料来源：Wind 数据库。

表6 2023年上半年 A 股上市公司不同板块核心财报数据概况

单位：万亿元，%

	总市值	总资产	净资产	营业总收入	净利润
主板	63.91	399.97	62.78	32.82	3.03
占比	77.18	97.79	92.03	93.30	94.60
创业板	12.17	6.31	3.53	1.75	0.13
占比	14.70	1.54	5.18	4.97	4.20
科创板	6.72	2.74	1.91	0.61	0.04
占比	8.12	0.67	2.79	1.74	1.20
A 股合计	82.81	409.02	68.22	35.17	3.20

资料来源：Wind 数据库。

表7 2023年上半年制造业上市公司不同板块的主要财报指标概况

单位：万亿元，%

	总市值	总资产	净资产	营业总收入	净利润
主板	32.32	31.34	14.77	11.26	0.69
占比	69.21	81.65	77.76	85.66	81.63
创业板	8.85	4.58	2.54	1.32	0.12
占比	18.94	11.94	13.36	10.04	13.77
科创板	5.54	2.46	1.69	0.57	0.04
占比	11.86	6.40	8.88	4.30	4.60
制造业合计	46.71	38.38	18.99	13.15	0.84

资料来源：Wind 数据库。

（1）主板上市公司仍占主体地位，创业板和科创板总市值快速增长

从上市板块总市值来看，A股及制造业上市公司中主板总市值均占比最高，占据市场主体地位。截至2022年12月31日，A股上市公司总市值为78.09万亿元。其中，主板总市值为61.09万亿元，占比78.23%；创业板总市值为11.19万亿元，占比14.33%；科创板总市值为5.81万亿元，占比7.44%（见图1）。A股制造业上市公司总市值为44.78万亿元。其中，主板总市值为31.61万亿元，占比70.58%；创业板总市值为8.29万亿元，占比18.50%；科创板总市值已经攀升至4.89万亿元，占比10.92%（见图2）。相较于A股整体，制造业上市公司创业板和科创板的总市值占比更高。

2023年上半年，中国A股上市公司总市值为82.81万亿元，其中主板总市值为63.91万亿元，占比77.18%；创业板总市值高达12.17万亿元，占比14.70%，充分彰显了其作为资本市场重要组成部分的地位；科创板总市值已经累计至6.72万亿元，占比8.12%。制造业上市公司总市值为46.71万亿元，其中主板总市值为32.32万亿元，占比69.21%；创业板总市值为8.85万亿元，占比18.94%；科创板总市值高达5.54万亿元，占比11.86%。

（2）制造业上市公司总资产占比较小，资产创造价值能力强劲

截至2022年底，A股上市公司的总资产达到383.03万亿元。其中，主板上市公司占据主导地位，总资产达到374.48万亿元，占比接近98%；创业板上市公司的总资产达到6.13万亿元，占比1.60%；科创板上市公司的总资产为2.42万亿元，占比0.63%（见图3）。制造业上市公司的总资产高达36.84万亿元。具体来看，主板制造业上市公司的总资产达到30.32万亿元，占比超过82%；创业板制造业上市公司的总资产高达4.38万亿元，占据了约12%的份额；科创板制造业上市公司的总资产达到了2.15万亿元，占比5.84%（见图4）。

科创板
5.81万亿元
7.44%

创业板
11.19万亿元
14.33%

主板
61.09万亿元
78.23%

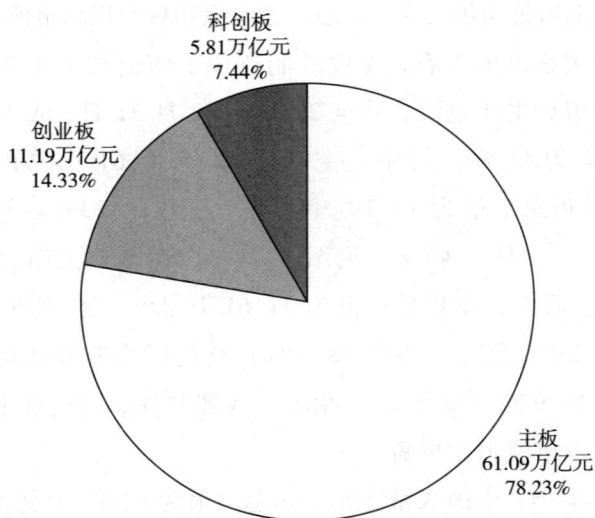

图 1 2022 年中国 A 股上市公司不同板块总市值分布情况

资料来源：Wind 数据库。

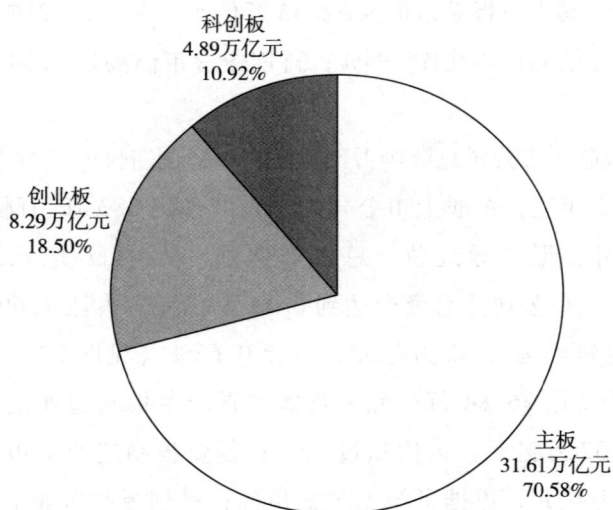

科创板
4.89万亿元
10.92%

创业板
8.29万亿元
18.50%

主板
31.61万亿元
70.58%

图 2 2022 年中国制造业上市公司不同板块总市值分布情况

资料来源：Wind 数据库。

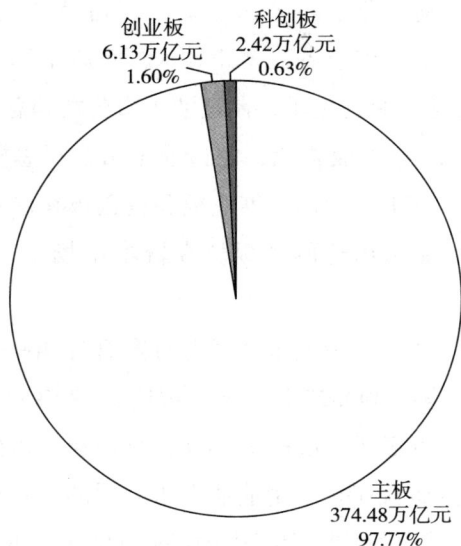

创业板
6.13万亿元
1.60%

科创板
2.42万亿元
0.63%

主板
374.48万亿元
97.77%

图3 2022年中国A股上市公司不同板块总资产分布情况

资料来源：Wind数据库。

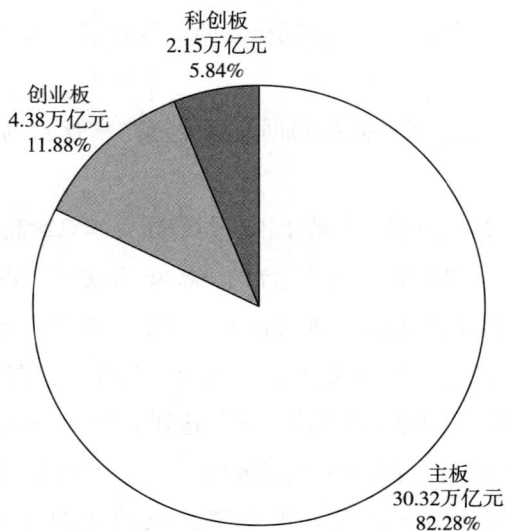

科创板
2.15万亿元
5.84%

创业板
4.38万亿元
11.88%

主板
30.32万亿元
82.28%

图4 2022年中国制造业上市公司不同板块总资产分布情况

资料来源：Wind数据库。

值得注意的是，制造业上市公司总资产仅占 A 股上市公司总资产的 9.62%，与其 57.34% 的总市值占比差距较大。A 股市场中，金融和能源行业总资产占据较大比重，相比之下，制造业上市公司的总资产占比则显得相对较小。从结构上看，与 A 股相比，制造业上市公司总资产在各板块之间的分布较为稳定，与 2021 年相比，创业板和科创板在总资产方面的占比呈现显著的上升趋势，显示出这两个板块在资本市场中的影响力正在逐步增强。

2023 年上半年，中国 A 股上市公司总资产合计 409.02 万亿元。其中，主板上市公司总资产合计 399.97 万亿元，占比 97.79%；创业板上市公司的总资产累计高达 6.31 万亿元，占比 1.54%；科创板上市公司的总资产累计达到 2.74 万亿元，占比 0.67%。制造业上市公司的总资产高达 38.38 万亿元。主板制造业上市公司的总资产高达 31.34 万亿元，占整个制造业总资产的 81.65%。创业板制造业上市公司的总资产合计为 4.58 万亿元，占比 11.94%，体现了创业板在支持制造业创新发展方面的重要作用。科创板制造业上市公司的总资产达到 2.46 万亿元，占比 6.40%。在经济形势多变且复杂的背景下，中国制造业上市公司以其稳健的经营和坚实的产业基础，成为资本市场的稳定器。

（3）制造业上市公司科创板和创业板净资产占比较高，科技创新能力较强

截至 2022 年 12 月 31 日，A 股上市公司的净资产总额高达 65.86 万亿元。其中，主板上市公司的净资产合计达到了 60.86 万亿元，占比高达 92.42%；创业板上市公司的净资产达到 3.28 万亿元，占整个 A 股市场的 4.98%；科创板上市公司的净资产为 1.71 万亿元，占比为 2.60%（见图 5）。在制造业领域，上市公司的净资产同样表现抢眼，合计达到了 18.18 万亿元。其中，主板制造业上市公司的净资产占据绝对主导地位，合计 14.32 万亿元，占比高达 78.83%；创业板制造业上市公司的净资产高达 2.33 万亿元，占比达到 12.84%；科创板制造业上市公司的净资产合计为 1.51 万亿元，占据 8.33% 的份额（见图 6）。

创业板　科创板
3.28万亿元　1.71万亿元
4.98%　2.60%

主板
60.86万亿元
92.42%

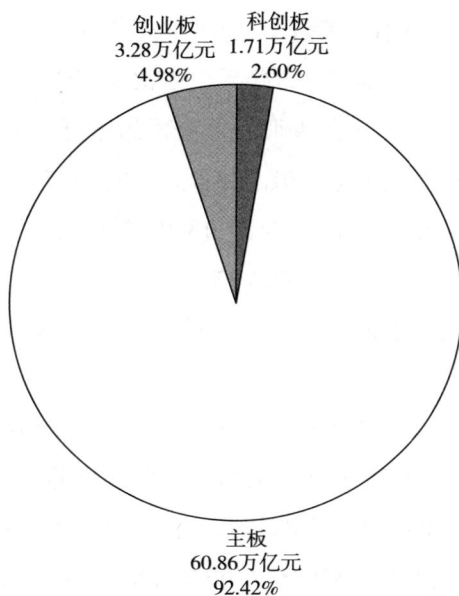

图5　2022年中国A股上市公司不同板块净资产分布情况

资料来源：Wind数据库。

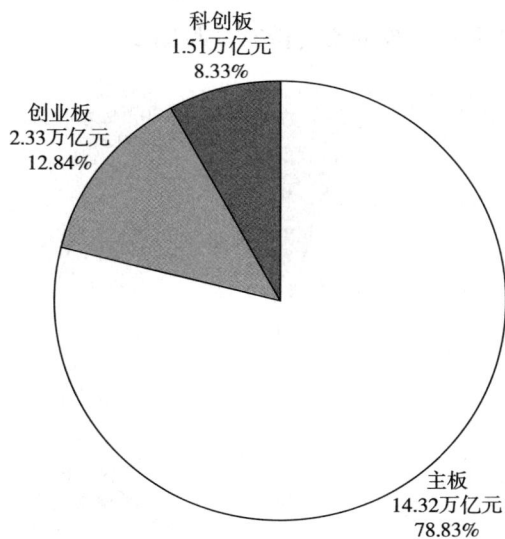

科创板
1.51万亿元
8.33%

创业板
2.33万亿元
12.84%

主板
14.32万亿元
78.83%

图6　2022年中国制造业上市公司不同板块净资产分布情况

资料来源：Wind数据库。

2023 年上半年，中国 A 股上市公司净资产合计 68.22 万亿元。其中，主板上市公司净资产合计 62.78 万亿元，占比 92.03%；创业板上市公司的净资产达到了 3.53 万亿元，在 A 股上市公司的净资产中占比 5.18%；科创板上市公司的净资产总计达到 1.91 万亿元，占据了 2.79% 的市场份额。在制造业领域，上市公司的净资产达到了 18.99 万亿元，其中主板上市公司净资产为 14.77 万亿元，占比高达 77.76%。

（4）科创板和创业板制造业上市公司营业总收入占比较高，创新驱动发展亮眼

截至 2022 年末，A 股上市公司的营业总收入累计达 70.89 万亿元。其中，主板上市公司以 66.26 万亿元的营业总收入领跑，占据了 93.48% 的份额。创业板和科创板上市公司紧随其后，营业总收入分别为 3.42 万亿元和 1.20 万亿元，占比分别为 4.83% 和 1.69%（见图 7）。制造业上市公司的营业总收入累计高达 26.33 万亿元。其中，主板制造业上市公司贡献最为突出，营业总收入达到了 22.67 万亿元，占据了高达 86.17% 的比重。创业板和科创板制造业上市公司分别以 2.54 万亿元和 1.11 万亿元的营业总收入，分别占据了 9.63% 和 4.20% 的市场份额（见图 8）。

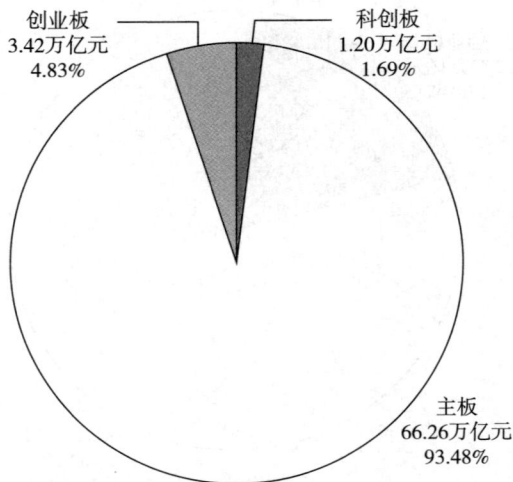

图 7　2022 年中国 A 股上市公司不同板块营业总收入分布情况

资料来源：Wind 数据库。

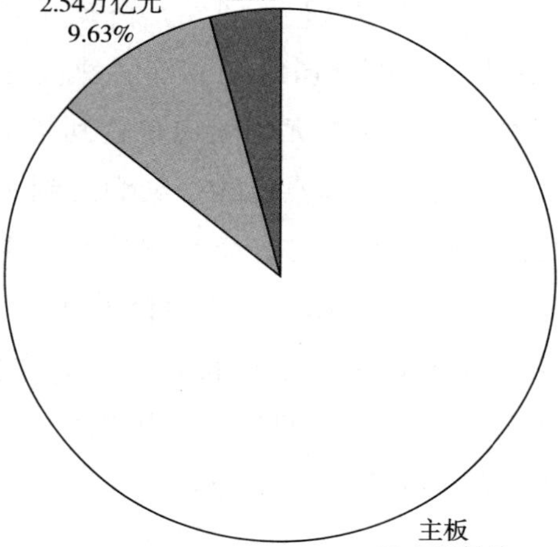

科创板
1.11万亿元
4.20%

创业板
2.54万亿元
9.63%

主板
22.67万亿元
86.17%

图8 2022年中国制造业上市公司不同板块营业收入分布情况

资料来源：Wind 数据库。

2023 年上半年，中国 A 股上市公司的营业总收入累计达 35.17 万亿元。其中，主板上市公司表现尤为突出，以 32.82 万亿元的营业总收入领跑，占比为 93.30%。创业板和科创板上市公司分别贡献了 1.75 万亿元和 0.61 万亿元的营业总收入，占比分别为 4.97% 和 1.74%。制造业上市公司的营业总收入同样表现不俗，合计达到了 13.15 万亿元，呈现稳健的增长态势，不仅凸显了制造业在中国经济中的重要地位，也进一步彰显了制造业上市公司在市场上的强大竞争力。其中，主板制造业上市公司的营业总收入占据主导地位，达到 11.26 万亿元，占比高达 85.66%。创业板和科创板制造业上市公司在营业总收入方面也有突出的表现，分别达到了 1.32 万亿元和 0.57 万亿元，占比分别为 10.04% 和 4.30%。

（5）制造业上市公司净利润有所下降，价值创造能力有待提升

截至 2022 年 12 月 31 日，中国 A 股上市公司净利润合计 5.82 万亿

元。其中，主板上市公司净利润合计 5.45 万亿元，占比 93.69%；创业板上市公司的净利润合计达到了 0.25 万亿元，占总利润的 4.31%；中国科创板上市公司的净利润为 0.12 万亿元，占据了市场整体净利润的 1.99%（见图 9）。制造业上市公司的净利润总额高达 1.70 万亿元。其中，主板制造业上市公司的净利润尤为突出，达到了 1.38 万亿元，占比高达 81.09%；创业板制造业上市公司的净利润达到了 0.21 万亿元，占比 12.45%；科创板制造业上市公司的净利润达到 0.11 万亿元，占制造业上市公司净利润的 6.45%（见图 10）。相较于 A 股各板块的净利润分布情况，制造业上市公司各板块的净利润分布更加均衡。受制于地缘政治冲突、产业链竞争、国际贸易形势复杂、国内竞争加剧等问题，企业生产成本、物流成本的增加导致利润下降。

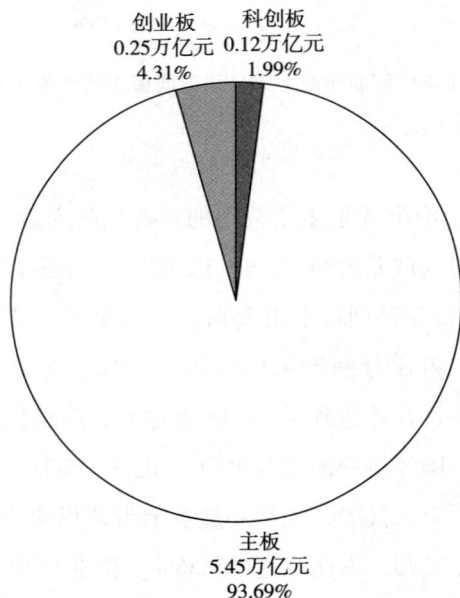

图 9　2022 年中国 A 股上市公司不同板块净利润分布情况

资料来源：Wind 数据库。

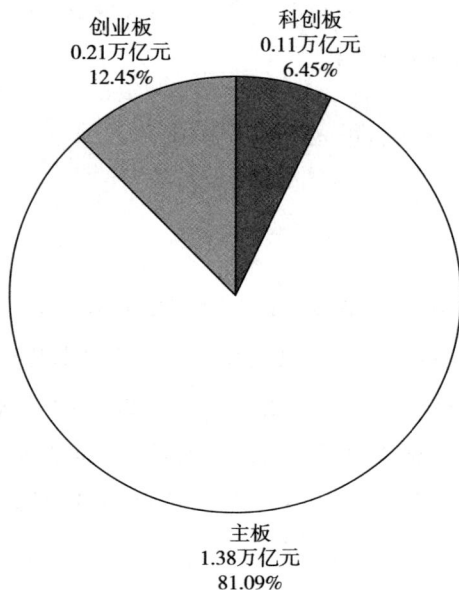

图 10　2022 年中国制造业上市公司不同板块净利润分布情况

资料来源：Wind 数据库。

2023 年上半年，中国 A 股上市公司的净利润达到 3.20 万亿元，展现了中国资本市场的强劲活力和企业的稳健盈利能力。其中，主板上市公司以其稳健的经营和优秀的业绩贡献了 3.03 万亿元的净利润，占据了高达 94.60% 的份额，凸显了主板上市公司在盈利方面的主导地位。创业板和科创板上市公司同样取得了显著的净利润成绩，其中创业板上市公司实现了 0.13 万亿元的净利润，而科创板上市公司则实现了 0.04 万亿元的净利润，占比分别为 4.20% 和 1.20%，这两大板块占比虽然相对较小，但也展现出了独特的创新活力和成长潜力。这说明中国 A 股上市公司在面临复杂经济形势时，依然能够保持稳健的盈利能力和强劲的发展势头。制造业上市公司的净利润总计达到 0.84 万亿元，表现出中国制造业的强劲实力和盈利能力。其中，主板制造业上市公司贡献了 0.69 万亿元的净利润，占据高达 81.63% 的份额。创业板和科创板制造业上市公司分别实现了 0.12 万亿元和 0.04 万亿元的净利润，占比分别为 13.77% 和 4.60%，两大板块在推动制造业创新与发展方面发挥了不可或缺的作用。

（二）制造业上市公司一级市场评价

1. 一级市场概述

（1）总体情况

2020~2022 年，中国制造业上市公司募集资金处于历史高位，金额均超万亿元。2022 年，中国制造业上市公司从一级市场募集到的资金达到 10199 亿元，相比 2021 年略有下降，但在 2020~2022 年中仍处于高位。可以看出，由于 A 股 2018 年整体表现较差，因此当年中国制造业上市公司募集资金相对较少，仅为 4778 亿元，2019 年、2020 年募集资金明显增加，分别实现 5997 亿元、10036 亿元（见图 11）。

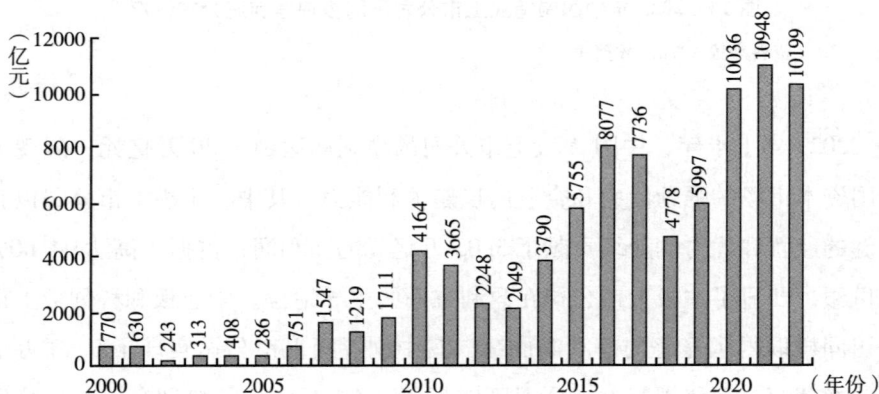

图 11 2000~2022 年中国制造业上市公司资金筹集情况

资料来源：Wind 数据库。

（2）IPO 募资情况

随着中国资本市场基础制度改革的不断深入，A 股市场的 IPO 募集资金整体呈现增长态势（见图 12）。特别是 2020 年 10 月国务院明确提出全面推行并分步实施证券发行注册制，极大地简化了企业上市的流程，加速了企业的上市步伐，并显著提升了融资效率，赢得了市场的广泛好评与热烈响应。尤需重点关注的是，2022年制造业上市公司在IPO募集资金方面取得了显著成绩，当年共募集了高达3904亿元的资金，创下了历史新高，这充分展示了中国制造业在资本市场中的强大吸引力和融资能力。在2022年A股制造业企业IPO募集资金中，科创板占据一半。

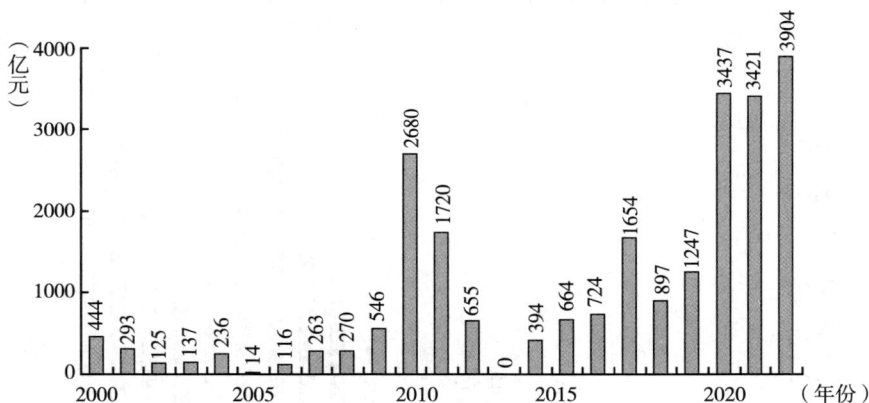

图12　2000~2022年中国制造业上市公司IPO募集资金

资料来源：Wind数据库。

（3）增发情况

相较于2021年，2022年制造业上市公司在增发募集资金方面出现了下滑趋势。增发是A股市场上重要的融资方式之一，通常情况下通过增发获得的资金量是各融资方式中最多的。从时间上看，中国制造业上市公司增发募集资金在2016年达到巅峰，当年共募集了6754亿元。2017~2019年，定向增发经历了从全面收紧到政策松绑再到政策全面松绑的过程。2017年，随着再融资新政的正式实施，定增的退出期限和发行数量均受到了更为严格的限制。这一政策调整对A股市场的增发规模产生了显著影响，中国制造业上市公司增发募集资金呈现明显的下降趋势。具体来说，2017年中国制造业上市公司通过增发方式募集的资金总额达到了5140亿元；到了 2018 年，受到新政的制约，增发募集资金规模大幅缩减，仅为 3099 亿元。2018 年 11 月，再融资新规对资金用途和时间间隔两大核心领域进行了优化调整，大幅放宽了相关限制，为上市公司创造了更为灵活和宽松的融资条件。2019 年 11 月，再融资新规再次公开征求意见，旨在进一步完善和优化政策内容，以更好地满足市场发展的需求。新规从多方面优化了非公开发行机制，发行难度大幅降低，2019 年、2020 年、2021 年增发募集资金持续增加，2022 年增发募集资金总额为 4610 亿元，相较于 2021 年有所减少（见图 13）。

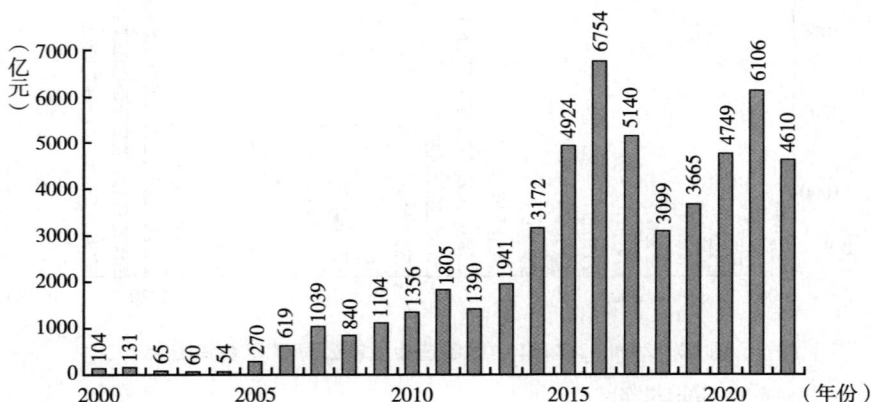

图 13　2000~2022 年中国制造业上市公司增发募集资金

资料来源：Wind 数据库。

（4）配股情况

2019 年以来，中国制造业上市公司配股募集资金呈现较大幅度的下降趋势，2022 年为近十年最低。配股是 A 股市场第一个再融资品种，也是唯一仅向原股东发行的再融资产品。2000 年、2001 年中国制造业上市公司配股募集资金达到巅峰，分别募集资金 208 亿元、206 亿元，其次是 2007 年募集了 178 亿元。2017~2019 年处于再融资政策调整阶段，监管部门对配股的要求相对宽松，配股备受投资者青睐。自 2020 年起，再融资新规的实施在资本市场中引发了深远的影响，定向增发市场持续升温，配股市场相较

2019 年大幅降温，2021 年，中国制造业上市公司配股募集资金出现了显著下滑，仅为 26 亿元。2022 年中国制造业上市公司配股募集资金持续下降至 22 亿元（见图 14）。

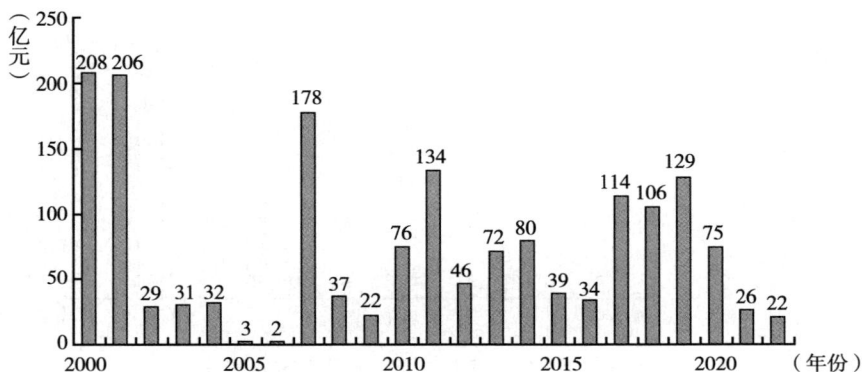

图 14 2000~2022 年中国制造业上市公司配股募集资金

资料来源：Wind 数据库。

（5）可转债情况

2022 年，中国制造业上市公司在可转债募集资金方面取得了显著突破，募集资金总额达到了历史新高。可转债是个相对小众的市场，受可转债新规发行的影响，可转债对上市公司的吸引力近年来显著增强，自 2020 年始，可转债市场进入了飞速发展的黄金阶段，增长势头强劲。2000~2017 年，可转债募集资金额度均在 200 亿元以下，募集资金较少。2017 年，中国证监会正式出台《证券发行与承销管理办法》，对可转债和可交换债的申购流程进行了重要的调整与改进。以往，这些债券的申购主要依赖资金申购，而新规实施后，申购方式转变为信用申购，投资者热情大大提高，此后我国连续出台多个文件，政策约束明显放松，借助 2018 年以来的债牛行情，市场扩容明显，2018 年中国制造业上市公司可转债募集资金达 518 亿元。2020 年，受牛市预期的影响，以及付息成本较低，可转债发行量创下新高，共发行 149 家，募集资金达 1481 亿元。2021 年，可转债发行量有所回落，募集资金达 1112 亿元。2022 年可转债发行量再次大幅上升，募集资金达 1533 亿元（见图 15），再次创下了历史新高。

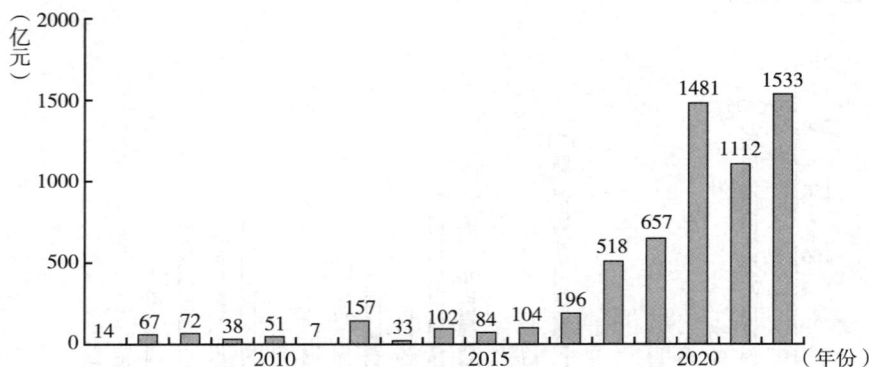

图 15　2006~2022 年中国制造业上市公司可转债募集资金

资料来源：Wind 数据库。

2. 总体评价

2022 年，在全球经济弱复苏、各国经济不断下滑的大背景下，中国制造业上市公司在首发募集资金、可转债募集资金方面均创下历史新高，显示出其抵御风险、持续发展的强大能力。2022 年，A 股市场新增 424 家上市企业，主要分布在计算机、通信和其他电子设备制造业，专用设备制造业，软件和信息技术服务业，电气机械和器材制造业等多个行业，呈现多元化的发展格局。从资金募集情况来看，计算机、通信和其他电子设备制造业，专用设备制造业，软件和信息技术服务业这三大行业表现尤为突出，募集资金均名列前茅，展现出强劲的发展势头。值得一提的是，计算机、通信和其他电子设备制造业在募集资金方面表现抢眼。该行业吸引了 88 家企业踊跃参与，并成功募集了高达 1397.34 亿元的资金，占据总募集资金的 23.80%，①装备制造业上市公司正逐渐赢得市场的广泛青睐与认可。

---

① 《2022 年最后一天，最全的 IPO 市场回顾与展望来了！》，"CIC 灼识咨询"百家号，2022 年 12 月 31 日，https：//baijiahao. baidu. com/s？id=1753708712170637873&wfr=spider&for=pc。

二 时代机遇：中国制造业上市公司的资本价值

上市公司作为经济体系的"稳定器"与"增长极"，其地位日渐稳固，不仅承载着中国经济发展的重任，更是资本市场的核心所在。上市公司的资本价值在财务层面得到了直观且有力的展现，凸显了其在推动经济增长和创造社会价值方面的关键作用。因此，本报告深入剖析了上市公司的主要财务指标，全面评估其资本价值，从而更准确地反映上市公司的经济实力和市场地位。

从历史上看，制造业一直是引领整体经济走出低迷时期的最重要的行业。制造业上市公司作为整个 A 股市场的主体，不仅引领了中国经济复苏，对整个资本市场也有举足轻重的影响。本报告将采用横向比较与纵向剖析相结合的研究方法，全面深入地探讨制造业上市公司的资本价值，以期揭示其内在价值与发展趋势，以展现不同时间段和不同企业间的优劣表现及成长潜力。

在构建价值创造指数时，本报告采用了市值、营业收入和净资产收益率三个指标评估上市公司的资本价值，并在实际打分计算时采用标准化处理以更加直观地反映制造业上市公司和 A 股其他行业上市公司之间资本价值的差异。最终，本报告将对 PB、反映估值水平的市盈率（PE）、反映资产回报率水平的资产收益率（ROA）、反映净资产回报率水平的净资产收益率（ROE）、反映直接盈利能力的毛利率和反映整体盈利能力的净利率等六大相对指标进行比较分析。

（一）制造业资本价值总体评价

在 A 股市场中，制造业上市公司的数量占据了显著的主导地位，是市场中的主力军。截至 2022 年 12 月 31 日，中国上市公司数量已累计达 4733 家，广泛分布于主板、中小板、创业板、科创板及北交所等多个市场板块，其总市值高达 78.09 万亿元，稳居全球市值规模第二的位置。本报告选取了完整的年度数据来表现 A 股市场的实际情况，所选取指标均以 2022 年财务数据为准，并与 2021 的数据进行比较。

相较于 2021 年，2022 年制造业上市公司 PE 呈现上升趋势，但仍略低于 A 股上市公司的平均水平。中国制造业上市公司平均 PE（采用静态市盈率，采用 2022 年 12 月 31 日的市值与 2021 年净利润计算）为 40.30，略低于整个 A 股上市公司的平均水平 41.42。

2022 年，尽管制造业上市公司的平均 ROA 相对于 2021 年有所下降，但依然超越了同期 A 股上市公司的平均水平。2022 年制造业上市公司的平均 ROA 为 3.86%，高于整个 A 股上市公司的 3.06%，说明制造业资产盈利能力更强，在经济变动时期也相对比较稳定。2022 年制造业上市公司的平均 ROE 达到了 5.45%，同样高于 A 股上市公司的平均水平 3.16%。相较于 2021 年，2022 年制造业上市公司的 ROA 和 ROE 均出现不同程度的下降，反映了中国制造业仍然面临严峻挑战。

2022 年制造业上市公司平均毛利率、净利率相较 2021 年均有所下降，但均高于同期 A 股上市公司的平均水平，既说明了制造业总体成本的攀高，也反映了经济形势的复杂性。

2022 年制造业上市公司的平均毛利率为 28.96%，相较于 2021 年的制造业上市公司平均水平 30.70% 有所下降，但仍超过同期 A 股上市公司 28.85% 的平均水平。2022 年 A 股上市公司的平均净利率为 4.43%，与 2021 年相比下降明显，而制造业上市公司的平均净利率为 5.45%，相对整个 A 股市场来说下降幅度较小。整体来看，不论是净利率还是毛利率，2022 年制造业上市公司的盈利情况都要优于整个 A 股市场的平均情况（见表 8）。

表 8　2021~2022 年中国 A 股及制造业上市公司主要财务指标

单位：%

		PB	PE	ROA	ROE	毛利率	净利率
2022 年	A 股	3.63	41.42	3.06	3.16	28.85	4.43
	制造业	3.60	40.30	3.86	5.45	28.96	5.45
2021 年	A 股	1.62	17.32	1.62	9.36	30.69	8.57
	制造业	3.58	32.21	5.41	11.11	30.70	7.33

注：为减轻极值影响，表中数据剔除了 ST 股。
资料来源：Wind 数据库。

（二）制造业资本价值之分板块评价

2022 年，中国制造业上市公司在多项财务指标上均有卓越表现，其 ROA、ROE、毛利率及净利率均优于同期 A 股上市公司的平均水平（见表 9、表 10）。然而，在 PE 这一指标上，A 股市场整体平均水平则稍高于制造业上市公司的平均水平。科创板在 PE、ROA、ROE、毛利率、净利率方面都显著优于创业板和主板。这与科创板所包含的细分行业类型有关，科创板主要可以分为新一代信息技术领域、高端装备领域、新材料领域、新能源领域、节能环保领域、生物医药领域[①]六大细分领域，长期以来科技企业都是中国的创新源泉与重要的发展动力，也是国家重点支持的领域。高端装备制造产业对于提升国家综合实力具有举足轻重的作用，科创板更是将其视为重点扶持的产业之一，充分展现了对其发展潜力和重要性的认可，推出的一系列措施将更加有利于推动中国制造业朝着又快又好的方向发展。

表 9   2022 年中国 A 股上市公司各板块主要财务指标

单位：%

	PE	ROA	ROE	毛利率	净利率
A 股	41.42	3.06	3.16	28.85	4.43
创业板	33.07	2.88	3.66	31.92	5.67
科创板	65.87	3.87	5.17	44.12	11.70
主板	40.34	2.99	4.61	25.02	5.52

注：为减轻极值对数据的影响，表中数据剔除了 ST、ST* 及 B 股。
资料来源：Wind 数据库。

[①] 《上海证券交易所科创板企业上市推荐指引》，上海证券交易所，http：//www. sse. com. cn/lawandrules/sselawsrules/repeal/rules/a/20210601/82cb1cfed9cfb4cf4531cd442de285 01. pdf。

表 10　2022 年中国制造业上市公司各板块主要财务指标

单位：%

	PE	ROA	ROE	毛利率	净利率
制造业	40.30	3.86	5.45	28.96	5.45
创业板	28.92	3.84	4.94	30.98	7.65
科创板	61.40	4.48	6.14	42.87	12.60
主板	39.20	3.74	5.53	25.16	5.62

注：为减轻极值对数据的影响，表中数据剔除了 ST、ST* 及 B 股。
资料来源：Wind 数据库。

2022 年，制造业上市公司 PE 略低于 A 股上市公司平均水平，科创板 PE 遥遥领先。如图 16 所示，截至 2022 年 12 月 31 日，A 股各板块之间的估值数据差距较大，科创板远高于主板、创业板，这与各板块的企业构成和定位有密切关系。科创板、创业板公司大多为科技类公司，由于其成长性，资本对于这一类资产的定价往往偏高。2022 年 PE 相较于 2021 年有较大幅度的回落，处于历史较低水平。

2022 年，从三个板块来看，A 股与制造业各板块之间差距较小。从估值角度分析，资本市场对科创板制造业上市公司给予了更高的估值溢价，高

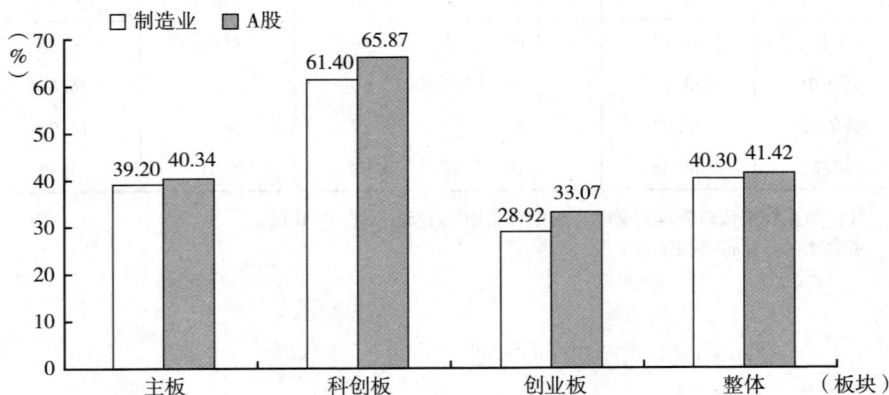

图 16　2022 年中国 A 股与制造业上市公司各板块 PE 对比分析

资料来源：Wind 数据库。

市盈率在相当程度上体现了投资者对科创板制造业上市公司未来增长潜力的积极预期和认可，以及对科创板成长属性的认可。

2022 年，制造业上市公司的 ROA 表现优于 A 股上市公司的平均水平，不同板块之间的差距相对较小。如图 17 所示，截至 2022 年 12 月 31 日，制造业上市公司在 2022 年的平均 ROA 达到了 3.86%，显著高于 A 股上市公司3.06%的平均水平；制造业各板块的 ROA 均高于 A 股各板块的平均水平，表现尤为突出的是创业板，领先 A 股创业板将近 1 个百分点。总体来看，制造业上市公司的 ROA 在不同板块间表现出明显的差异，具体呈现科创板最高、创业板次之、主板相对较低的特点，这可能是由于科创板公司规模普遍偏小，资金利用较为灵活，企业的经营效率更高。

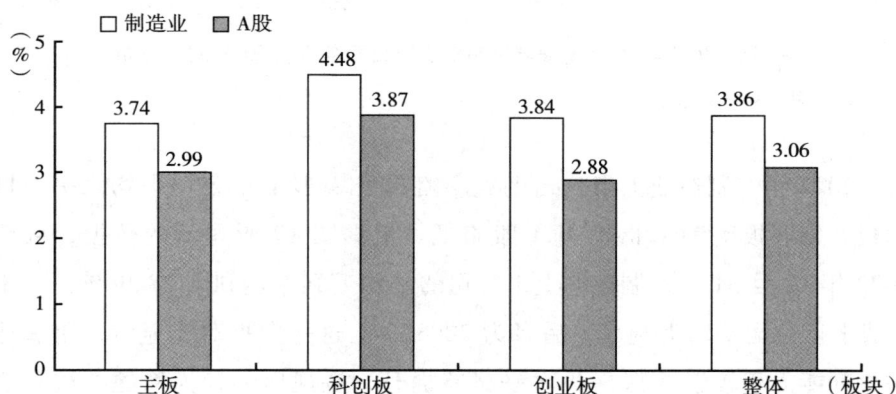

图 17　2022 年中国 A 股与制造业上市公司各板块 ROA 对比分析

资料来源：Wind 数据库。

2022 年，制造业上市公司 ROE 高于 A 股上市公司平均水平，各板块间差距较小。由图 18 可以看出，制造业上市公司 2022 年平均 ROE 为 5.45%，高于整个 A 股的 3.16%。从各板块情况来看，A 股和制造业各板块的 ROE 趋势相似，均呈现主板和科创板 ROE 高于创业板的情况。与此同时，制造业的各个板块在 ROE 方面的表现均优于 A 股平均水平。制造业与 A 股的 ROE 的差值大于 ROA 的差值表明，制造业负债水平总体上要高于 A 股平均水平，这可能是由于制造业的发展对资金的需求较为庞大，需要相应的资金支持作为后盾。

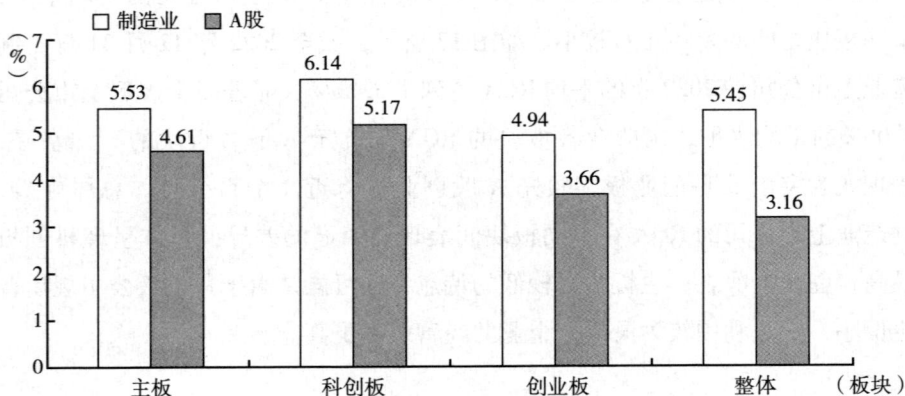

图18　2022年中国A股与制造业上市公司各板块ROE对比分析

资料来源：Wind 数据库。

2022年，制造业上市公司毛利率略高于A股上市公司平均水平，科创板、创业板毛利率相较于A股略低。根据图19所展示的数据，截至2022年12月31日，制造业上市公司的平均毛利率达到了28.96%，高于A股上市公司平均毛利率，后者为28.85%。这一数据对比显示，制造业的盈利能力相较于A股平均水平略有提升，展现出了较为稳健的盈利能力。从各板块情况来看，科创板毛利率最高且远远领先其他两个板块，规律为科创板>创业板>主板，主要由于高科技和新兴产业上市公司集中在创业板和科创板，其直接成本相对较低，从而实现了较高的利润率。

2022年，制造业上市公司净利率高于A股上市公司平均水平，科创板净利率遥遥领先。根据图20提供的数据可以发现，截至2022年12月31日，制造业上市公司的平均净利率达到了5.45%，明显高于A股上市公司平均净利率4.43%。从各板块的对比来看，制造业上市公司的平均净利率均高于A股上市公司各板块平均水平。

与海外制造业上市公司相比，中国制造业上市公司无论是ROE还是

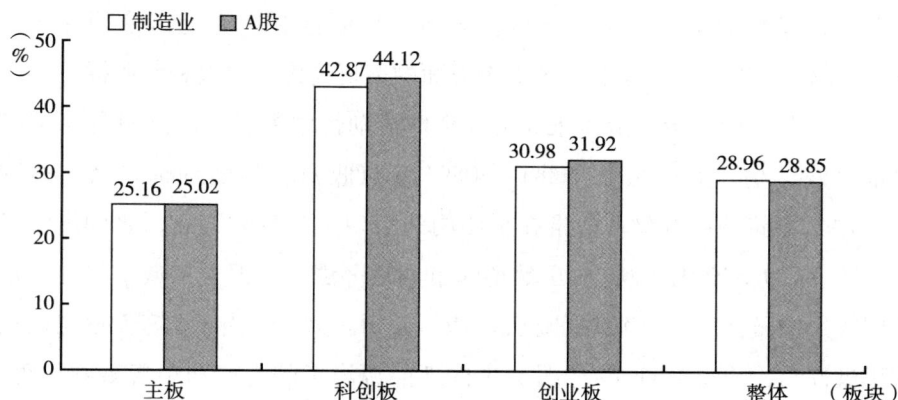

图19　2022年中国A股与制造业上市公司各板块毛利率对比分析

资料来源：Wind数据库。

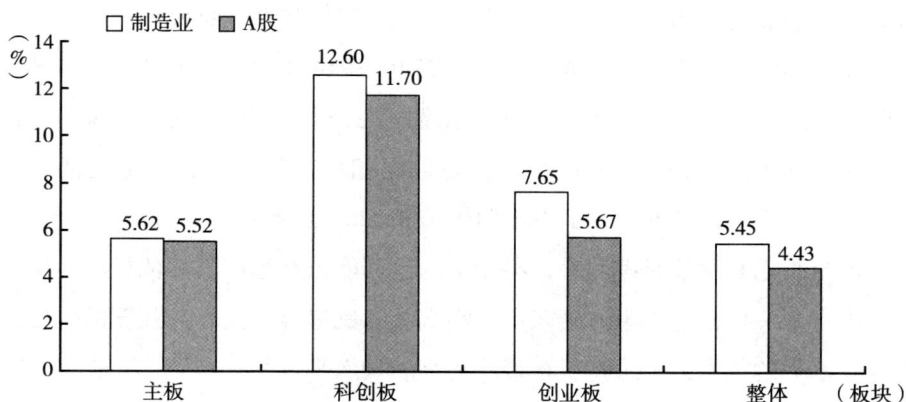

图20　2022年中国A股与制造业上市公司各板块净利率对比分析

资料来源：Wind数据库。

净利润都有较大差距，主要原因是中国制造业企业的经营管理总体上比较粗放，数字化程度偏低，高端制造比重相对偏低，低端制造比重仍然偏高。

2022年，制造业板块多数指标表现相较于A股市场平均水平更为突出，制造业上市公司在ROA、ROE、毛利率、净利率等4个方面的表现均优于A

股上市公司平均水平。从不同板块来看，科创板制造业上市公司在 PE、ROA、ROE、毛利率、净利率这 5 个方面的表现均优于主板和创业板。

2022 年，受地缘政治紧张局势、全球流动性收紧以及国际贸易摩擦等多重因素影响，上证指数年终以 3089.26 点收盘，年度跌幅显著，达到 15.13%。深证成指和创业板指在全年内的表现也不尽如人意，分别出现了 25.85% 和 29.37% 的下跌。[①] 虽然整体市场跌多涨少，但也出现了像比亚迪这样成为中国首家市值突破万亿元的汽车公司。另外，由于购车补贴等政策的积极推动，2022 年前 11 个月，中国新能源汽车的生产和销售表现出色，产销量分别高达 625.3 万辆和 606.7 万辆，同比增长均超过一倍，市场占有率更是显著提升至 25%。[②] 国内企业正积极发掘新能源产业在电池技术和智能网联等相关领域的市场潜力，带动了整个行业的繁荣发展。在经济下行阶段，制造业成为推动经济复苏的亮点，展现出强大的发展势头。

截至 2022 年 12 月底，全部 A 股静态 PE 中位数为 31.74 倍，整体显示 A 股的估值较为便宜。从不同板块的角度审视，上证 50 指数、沪深 300 指数以及创业板指数的 PE 中位数与历史数据相比，其变化态势呈现新的特点，分别处于较低的 68.13%、85.51% 和 86.26% 水平。

不论是毛利率还是净利率，科创板的盈利能力都远高于其他板块，科创板集中了新一代信息技术、新能源、高端装备制造等行业，高强度的研发投入与高水平的技术人才维持了该板块的高利润水平。

（三）装备制造业资本价值之总体评价

2022 年，中国装备制造业上市公司的资本价值展现出了明显的行业分化特征。具体而言，电气机械和器材制造业，计算机、通信和其他电子设

---

① 《调整蓄势　以待来年——2022 年 A 股市场盘点》，中国证券网，2022 年 12 月 31 日，https://stock.cnstock.com/stock/smk_ gszbs/202212/4999944.htm。

② 《图表：2022 年 1 至 11 月新能源汽车产销同比均增长 1 倍》，中国政府网，2022 年 12 月 9 日，https://www.gov.cn/xinwen/2022-12/09/content_ 5731107.htm? eqid=bfa0867000001b 990000000564619c74。

备制造业等五个细分领域的 PE 实现了正向增长；然而，汽车制造业，医药制造业，铁路、船舶、航空航天和其他交通运输设备制造业，通用设备制造业这四个行业 PE 却呈现下降趋势。所出现的涨跌不一的态势，凸显了装备制造业内部不同子行业间的资本价值差异。除了铁路、船舶、航空航天和其他交通运输设备制造业和通用设备制造业 ROA、ROE，以及仪器仪表制造业 ROA 外，2022 年其余装备制造业细分领域的 ROE 和 ROA 均出现了不同程度的下滑趋势。在原材料成本、物流成本上升的情况下，企业的生产成本增加，使得企业的资产收益率和盈利能力均受到不同程度的影响，2022 年装备制造业的各个细分领域均面临毛利率下滑的挑战（见表 11）。

表 11　2021~2022 年中国装备制造业细分领域上市公司核心财务指标

单位：%

细分领域	2021 年					2022 年				
	PE（LYR）	ROA	ROE	毛利率	净利率	PE（LYR）	ROA	ROE	毛利率	净利率
电气机械和器材制造业	28.24	5.55	12.86	24.72	7.31	42.73	4.30	7.48	24.27	6.58
计算机、通信和其他电子设备制造业	32.44	4.92	10.26	29.88	6.44	44.53	3.33	4.36	28.16	6.06
金属制品业	25.57	4.53	9.84	21.39	4.77	46.43	3.53	5.05	19.72	6.36
汽车制造业	38.29	2.69	6.67	19.55	3.43	34.19	2.06	2.52	17.82	3.12
铁路、船舶、航空航天和其他交通运输设备制造业	54.35	1.91	4.47	28.36	4.29	45.85	3.02	5.15	27.73	7.34
通用设备制造业	62.83	1.46	3.60	24.60	2.72	36.52	3.21	4.86	23.95	5.36
仪器仪表制造业	39.10	4.93	8.32	41.10	10.92	44.35	5.02	6.39	39.86	11.93
医药制造业	35.67	6.50	10.01	58.89	11.91	27.79	4.37	5.67	56.85	10.03
专用设备制造业	29.26	4.64	10.17	38.18	8.03	53.68	4.38	5.88	37.04	10.03

资料来源：Wind 数据库，并剔除数据极端值。

三　新基建新能源是引擎：中国制造业上市公司的产业价值

2022 年 12 月，中国采购经理指数（PMI）相较于前一个月出现了一定程度的下降，其中，制造业采购经理指数、非制造业商务活动指数和综合 PMI 产出指数分别滑落至 47%、41.6% 和 42.6%，表明整体经济活力有所减弱。2022 年，中国经济呈现"增速逐渐放缓，波动不断加大"趋势，经济下行压力较大。[①] 整体来看，2022 年中国 PMI 走势呈下滑趋势，总体波动较大（见图 21），伴随着提振经济的一揽子政策的全面出台和效应显现，2023 年上半年 PMI 相较于 2022 年发展趋势较好，中国经济发展动能预期持续增强，结构将持续向优，态势也将持续向好。2023 年 6 月，中国物流与采购联合会和国家统计局服务业调查中心联合发布的中国制造业 PMI 为 50.2%，显示出制造业活动保持在扩张区间。

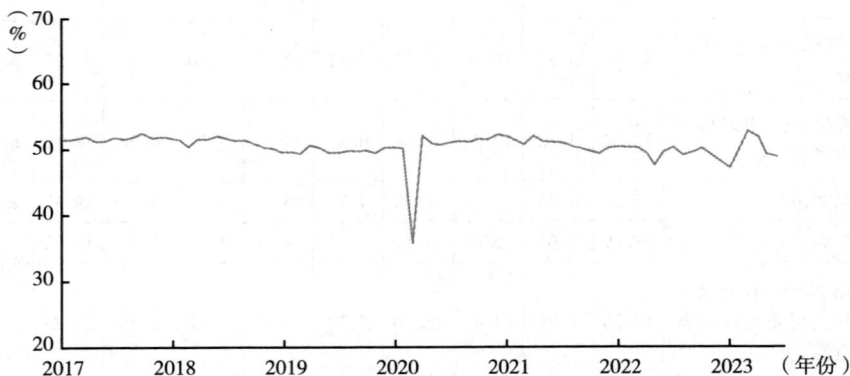

图 21　2017 年 1 月至 2023 年 5 月中国 PMI 走势

资料来源：Wind 数据库。

[①] 《2022 年 12 月份，中国制造业采购经理指数为 47%——中国经济回稳向上趋势不会改变》，中国政府网，2023 年 1 月 11 日，https://www.gov.cn/xinwen/2023-01/11/content_5736177.htm。

2022 年，中国制造业增加值稳健攀升（见图 22），工业经济稳步向好的趋势愈加明显。这一年，全国规模以上工业增加值的同比增长率达到了 3.6%，充分展现了工业发展的强大活力与潜力。值得一提的是，高技术制造业增加值实现了 7.4% 的同比增长，这一成绩显著，充分证明中国高新技术领域的制造业发展取得了长足进步。工业对经济增长的贡献率高达 36%，再次彰显了工业经济作为经济"稳定器"的关键作用，为经济的持续稳定发展提供了坚实保障。2022 年，制造业的增加值同样表现不俗，实现了 3% 的同比增长。同时，制造业投资同比增长率达到了 9.1%。此外，规模以上工业企业的出口交货值也实现了稳健的增长，同比增长 5.5%，显示出中国工业经济的强劲动力和广阔的市场前景。工业经济在 2022 年对经济增长的贡献率显著，高达 36%，这一水平在近年来表现尤为突出。工业对整体经济增长的拉动作用十分明显，贡献了 1.1 个百分点的增长。特别值得关注的是，制造业在其中发挥了关键作用，拉动了 0.8 个百分点的经济增长。此外，制造业增加值在 GDP 中的占比也有所提升，达到了 27.7%，与上年相比增加了 0.2 个百分点，进一步凸显了制造业在中国经济体系中的重要地位。

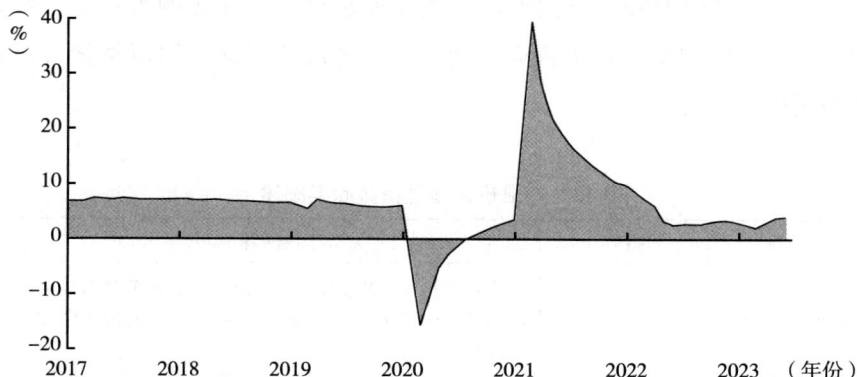

图 22　2017 年 1 月至 2023 年 5 月中国制造业增加值累计同比增长率

资料来源：Wind 数据库。

制造业上市公司作为制造业的骨干企业，在展现中国制造业发展状况方面具有更强的代表性和指示性。下面，本报告将采用数个核心指标对制造业各个产业进行比较和分析，以期清晰地展示制造业各产业的发展状况。

（一）制造业产业价值之总体评价

本报告采用三大指标来评估制造业上市公司产业价值，分别反映上市公司的产业价值三大要素：产业核心业务价值、产业影响力价值和产业贡献度价值（见表12）。

产业核心业务价值：体现制造业上市公司核心业务的价值创造能力。

产业影响力价值：代表制造业上市公司行业地位、市场份额创造价值的能力。

产业贡献度价值：代表制造业上市公司资源资本投入创造价值及成长的能力。

主营业务利润率作为关键指标，主要用来评估公司产业核心业务的盈利效能和价值，从而反映公司在主营业务方面的竞争力和发展潜力。商誉及无形资产（并购整合及知识产权价值）用以衡量公司产业影响力价值，营业周期（公司经营效率）与主营业务增速（公司成长情况）用以衡量公司对产业的贡献度价值。

表 12　产业价值衡量指数简要阐述

产业价值	指数	注释
产业核心业务价值	主营业务利润	主营业务利润是最直观地体现公司核心业务经营成果的指标，衡量公司在产业链中是否提供价值，越高的主营业务利润具有越多的产业价值
产业影响力价值	商誉及无形资产	无形资产：如专利直接影响产业科技进步，越高的商誉及无形资产，具有越大的产业影响力，从而拥有越高的产业价值

产业价值	指数	注释
产业贡献度价值	营业周期	营业周期体现公司经营效率,越高的经营效率越能促进公司快速发展,从而带动产业快速发展,赋能更多产业价值
	主营业务增速	主营业务增速用以衡量公司现阶段成长性,快速成长的公司带来更多产业价值。然而该指标受公司成长周期与行业增速影响,如较大体量的公司,增速将较慢,该指标权重将较低

注:主营业务利润率及主营业务增速进行排名加权平均处理。
资料来源:Wind 数据库。

2022 年,制造业上市公司的产业核心业务价值取得了显著增长,经济刺激政策的有效实施以及新能源行业的蓬勃发展共同推动了这一行业的复苏。2021~2022 年,制造业上市公司产业核心业务价值从 49046 亿元提升至 50104 亿元,同比增长 2.16%(见表 13),主要是由于中国出台一系列经济刺激政策对产业加以扶持,新能源等相关产业快速发展,需求出现反弹,上市公司对核心业务的投入力度不断加大。展望未来,制造业上市公司的产业核心业务价值有望在一段时间内实现进一步提升。

制造业上市公司的实力持续壮大,在产业界的影响力迅猛增强。2021~2022 年产业影响力价值从 16238 亿元提升至 19504 亿元,同比增长 20.11%。自 2018 年底以来,制造业上市公司纷纷加快了产业并购整合的步伐,并加大了科技创新研发的力度,产业影响力价值增长迅猛,行业科技发展加速。随着中国的高端制造在全球中的地位不断提高,制造业上市公司的价值和实力也在不断提升。

制造业上市公司的经营效率显著提升,其产业贡献度也在持续提升。2021~2022 年,制造业上市公司的产业贡献度价值实现了显著增长,增幅达到了 13.89%。伴随着中国制造业在全球中的地位不断提升,制造业企业不断加速成长,经营效率也大幅提升,制造业上市公司的产业并购整合加快推进,幸存下来的公司更加注重自身创新创造能力的提升。未来,中国制造业上市公司的经营效率有望稳步提升,产业贡献度也将持续攀升。

表 13　2022 年制造业上市公司产业价值基本情况

单位：亿元，%

年份	产业核心业务价值		产业影响力价值		产业贡献度价值	
	绝对值	增长	绝对值	增长	绝对值	增长
2022	50104	2.16	19504	20.11	841985	13.89

注：为减轻极值对数据的影响，剔除了 ST、ST* 及 B 股。
资料来源：Wind 数据库。

（二）制造业产业价值之细分产业评价

按照中国证监会的行业划分标准，制造业细分为多个子领域，其中包括计算机、通信和其他电子设备制造业，电气机械和器材制造业，医药制造业以及汽车制造业等，总计涵盖了 24 个精细化的行业分类。每个细分行业的上市公司数量、总市值、盈利能力等具体指标如表 14 所示。

从数量上来看，制造业上市公司的行业集中度较高。截至 2022 年 12 月 31 日，经过剔除 ST、ST* 及 B 股后，制造业上市公司的总数达到了 2987 家。计算机、通信和其他电子设备制造业上市公司的数量居首位，共计 536 家。仅有 10 个制造业细分行业拥有 100 家以上的上市公司，尽管数量上仅占少数，但这 10 个行业的上市公司总数却高达 2436 家，占据了制造业上市公司总数的 81.55%。在细分行业中，木材加工和木、竹、藤、棕、草制品业的上市公司数量最少，仅有 9 家公司。

从总市值的维度观察，新基建行业正在迅速崛起，其中计算机、通信和其他电子设备制造业上市公司展现出了强大的市场潜力和竞争力。得益于 5G、半导体、云计算、AI、物联网等新基建行业的加速发展，计算机、通信和其他电子设备制造业的上市公司总市值达到 6605.69 亿元，占制造业总市值 15.53%。酒、饮料和精制茶制造业总市值达到了 7212.38 亿元，铁路、船舶、航空航天和其他交通运输设备制造业总市值高达 4745.73 亿元，木材加工和木、竹、藤、棕、草制品业拥有 4041.58 亿元的总市值。这些细分行业在市值上均表现出了强大的实力。酒、饮料和精制茶制造业总市值进一步提升，以茅台、五粮液为首的上市公司热度不减。整体来看，市场产业投资偏好仍较为集中，排名前五的行业的总市值达到了 26274.69 亿元，占制造业总市值的 61.79%。

从营业总收入的角度来看，酒、饮料和精茶制造业，计算机、通信和其他电子设备制造业，化学原料和化学制品制造业，仪器仪表制造业，电气机械和器材制造业，无疑是当前制造业中的营业总收入领军者。这些行业的营业总收入分别跃升至 3.95 万亿元、3.67 万亿元、2.75 万亿元、2.40 万亿元和 2.03 万亿元，总计金额更是高达 14.80 万亿元，占据了制造业整体营收的一半多，占比高达 60.17%，充分展现了它们在制造业中的重要地位与强大实力。五大行业的营业总收入实力强劲，对制造业的整体营业总收入贡献显著。从毛利率的维度观察，当前制造业中，木材加工和木、竹、藤、棕、草制品业以 56.61% 的平均毛利率高居榜首，紧随其后的是铁路、船舶、航空航天和其他交通运输设备制造业，毛利率为 49.85%。纺织服装、服饰业，纺织业以及医药制造业分别居第 3 位、第 4 位和第 5 位，平均毛利率分别为 45.32%、39.81% 和 36.76%，在制造业中的盈利能力表现较为突出。从净利率的角度来看，纺织业以 11.94% 的平均净利率高居榜首，展现出了卓越的盈利能力。紧随其后的是医药制造业，其平均净利率达到了 9.60%，同样表现出色。此外，专用设备制造业、汽车制造业以及非金属矿物制品业均表现出不俗的净利率水平，分别为 8.79%、8.56% 和 7.60%，在制造业中均展现出了较高的盈利潜力。

表 14　2022 年中国制造业细分行业概览

行业	上市公司数量（家）	总市值（亿元）	平均净利率（%）	平均毛利率（%）	营业总收入（亿元）
黑色金属冶炼和压延加工业	30	810.70	5.19	19.98	3819.83
纺织服装、服饰业	37	238.22	2.28	45.32	1378.54
仪器仪表制造业	77	1525.89	6.22	14.30	24031.76
铁路、船舶、航空航天和其他交通运输设备制造业	77	4745.73	-0.18	49.85	4681.29

续表

行业	上市公司数量(家)	总市值(亿元)	平均净利率(%)	平均毛利率(%)	营业总收入(亿元)
非金属矿物制品业	101	1376.74	7.60	27.73	7784.64
橡胶和塑料制品业	107	192.63	4.21	21.00	1242.59
其他制造业	15	32.78	-5.47	17.97	238.02
汽车制造业	159	3589.83	8.56	24.10	20228.91
电气机械和器材制造业	300	684.58	3.16	8.69	20339.28
文教、工美、体育和娱乐用品制造业	23	754.65	4.96	19.63	7372.52
印刷和记录媒介复制业	14	95.33	7.09	18.56	564.45
计算机、通信和其他电子设备制造业	536	6605.69	6.47	24.23	36701.84
医药制造业	291	3669.41	9.60	36.76	10906.71
通用设备制造业	202	147.03	1.25	10.29	2603.74
农副食品加工业	55	1482.10	5.13	23.91	6892.08
木材加工和木、竹、藤、棕、草制品业	9	4041.58	-3374.32	56.61	11460.49
化学原料和化学制品制造业	317	2381.94	2.31	17.67	27453.12
造纸和纸制品业	38	239.93	5.32	30.95	1379.33
食品制造业	74	1265.65	5.47	30.33	4221.82
酒、饮料和精制茶制造业	44	7212.28	5.01	28.26	39493.73
石油、煤炭及其他燃料加工业	15	275.15	3.54	15.24	2672.13
金属制品业	104	59.49	1.47	23.15	189.35
纺织业	43	440.01	11.94	39.81	1032.22
专用设备制造业	319	655.31	8.79	16.90	9322.66

注：为减轻极值对数据的影响，剔除了 ST、ST* 及 B 股。
资料来源：Wind 数据库。

中国制造业的景气状况正在稳步向好，重点企业发挥引领作用，积极推动经济逐步回暖。2022 年国际市场的复杂不确定性和国内市场的内需不足问题叠加，导致全年 PMI 总体呈下滑趋势，在国家采取一系列宏观经济政策的背景下，逆周期稳信心、稳增长取得了较为明显的成效。截至2023 年 5 月，装备制造业和高技术制造业的 PMI 分别达到了 50.9% 和

51.2%（见图23）。6月PMI反映出各种积极信号，产需回暖进入良性循环，制造业景气水平持续提升，大中型企业以及装备制造业、高技术制造业等重点企业，正发挥领头羊的作用，引领经济实现回暖复苏。

图23　2017年1月至2023年5月中国高技术制造业与装备制造业PMI

资料来源：Wind数据库。

（三）装备制造业产业价值之总体评价

2022年装备制造业上市公司数量达1774家，占制造业上市公司数量的56.46%，总市值及营业总收入分别为23.92万亿元和13.76万亿元，两个重要板块的占比分别达到了53.42%和52.27%（见表15）。然而，近两年的工业生产环境并不乐观，主要承受着多方面的压力。全球经济形势的低迷使得工业出口面临严重阻碍，同时国内需求呈现疲软的态势。在这种情境下，工业品价格持续下滑，导致企业利润遭受了巨大的压缩。但面对经济下行的挑战，中国并未退缩，反而加大了创新的力度，致力于推动工业朝高端化、智能化和绿色化方向发展，以应对复杂多变的经济形势。目前，装备制造业在经济恢复、产业发展中发挥着明显的支撑作用，对规模以上工业增长贡献率超过7成。

装备制造业的净利润表现优于制造业的整体平均水平，盈利能力方面优势显著。2022 年制造业的平均净利率为-304.92%，装备制造业的平均净利率为 6.27%，相较于 2021 年装备制造业的净利率 6.25%，提高了 0.02 个百分点。在规模以上工业利润中，装备制造业占 34.3%，相较于上年提升了 2 个百分点。从不同行业来看，铁路、船舶、航空航天和其他交通运输设备业的利润表现尤为突出，同比增长 44.5%，增长势头迅猛。同时，得益于新能源产业的蓬勃发展，电气机械行业利润实现了高达31.2% 的增长，且这一增速已经连续 8 个月维持在高位，成为推动工业利润增长的重要引擎之一。在制造业众多行业中，电气机械行业的表现尤为突出，堪称抢眼。[①]

表 15 2022 年制造业及装备制造业简要对比

	上市公司数量（家）	总市值（亿元）	平均净利率（%）	平均毛利率（%）	营业总收入（亿元）
制造业	3142	447847.86	-304.92	28.95	263318.27
装备制造业	1774	239228.29	6.27	27.63	137636.86
占比（%）	56.46	53.42	—	—	52.27

注：为减轻极值对数据的影响，剔除了 ST、ST* 及 B 股。因数据库样本来源不同，与表 14 数据存在差异。

资料来源：Wind 数据库。

四 核心技术是关键：中国制造业上市公司之创新价值

创新是推动产业进步的核心引擎，它在智能化、数字化、网络化和精细化水平的提升中发挥着举足轻重的作用，为制造业与服务业的深度融合注入了新的动力，促进了两者之间的紧密协作与发展。世界知识产权组织发布的《全球创新指数报告》显示，中国在 2022 年的创新能力取得了显著进步，

[①] 《2022 年装备制造业利润增长》，国家发展和改革委员会网站，2023 年 3 月 6 日，https://www.ndrc.gov.cn/fgsj/tjsj/cyfz/zzyfz/202303/t20230306_1350676.html。

综合排名已攀升至全球第 11 位，距离前 10 位仅一步之遥，展现了强大的创新实力和潜力。

2022 年，中国创新投入大幅增加。根据国家统计局发布的数据，2022 年中国在研究与试验发展（R&D）领域的经费支出高达 30870 亿元，相比上年度实现了 10.42% 的稳健增长，这一支出占到了国内生产总值的 2.55%。另外值得一提的是，全年专利申请授权数实现了显著增长，达到了 446.7 万件，相较于上年增长了 26.9%。至年末，每万人口所拥有的高价值发明专利数量已增加至 5.66 件，相比上年增加了 0.73 件，显示出中国创新能力的持续提升。同时，实体经济与新一代信息技术的融合进程也在加速推进，展现出强劲的发展势头。大数据等新一代信息技术作为高端生产要素对制造业发展起到放大、倍增作用。

科技创新作为制造业提升品质与效率的关键引擎，发挥着举足轻重的作用。根据国家统计局的统计数据，2022 年，高技术制造业规模以上工业增加值同比增长 7.4%，占规模以上工业增加值的比重达到 15.5%，显示出强劲的增长态势。同时，装备制造业展现出了不俗的发展势头，其增加值同比增长 5.6%，占规模以上工业增加值的比重高达 31.8%。此外，全年高技术产业投资实现了 18.9% 的增长，彰显了科技创新对制造业发展的强大推动力。[①] 中国科技创新能力日益增强，制造业提质增效的步伐也在不断加快。

中国制造业专业技术人才的薪资水平实现倍增，创新热情被进一步点燃，不断为行业注入新的创新动力。专业技术人才是创新必不可少的动力来源，制造业企业对技术人才的薪酬激励也在稳步增强。制造业专业技术人员年平均工资从 2013 年的 6.02 万元增加到 2022 年的 13.33 万元，十年间上涨了 121%（见图 24）。企业薪酬提升助推制造业吸引更多高素质人才，同时技术人才待遇提升为制造业创新注入新的活力。

---

① 《中华人民共和国 2022 年国民经济和社会发展统计公报》，中国政府网，2023 年 2 月 28 日，https：//www.gov.cn/xinwen/2023-02/28/content_ 5743623.htm。

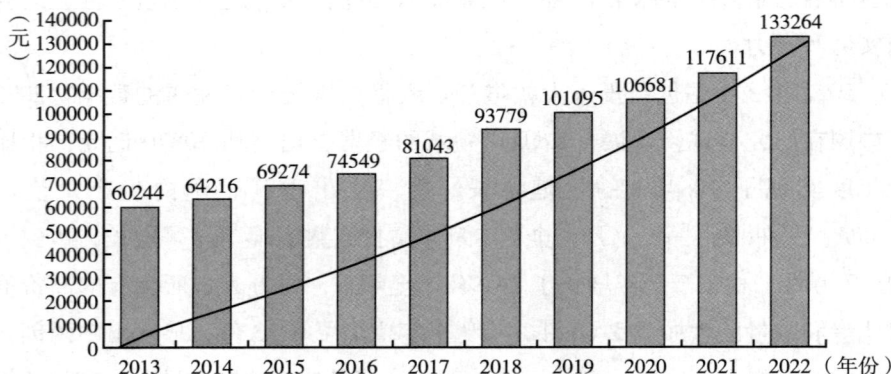

图 24　2013~2022 年中国制造业专业技术人员年平均工资

资料来源：国家统计局。

（一）制造业创新价值之总体评价①

　　A 股上市公司在研发领域的投入持续增长，与此同时，研发人员人数和占比也呈现稳步上升的趋势，显示出企业对研发创新的重视程度和投入不断提升。2021 年 A 股上市公司平均研发投入是 2.93 亿元，2022 年 A 股上市企业平均研发投入已达到 3.66 亿元，增长 24.91%。2021 年 A 股上市公司平均研发人员人数为 568 人，2022 年达到 698 人，增加了 22.89%。从平均研发人员占比来看，A 股上市公司平均研发人员占比从 2021 年的 9.29% 上升至 2022 年的 16.42%（见表 16）。

　　制造业上市公司平均研发投入呈现增长态势，从 2021 年的 2.94 亿元上涨至 2022 年的 3.43 亿元，增长 16.67%。2021 年制造业上市公司平均研发人数为 571 人，2022 年已达到 646 人，同比上涨 13.13%。平均研发人员占比实现了从 12.89% 到 16.93% 的显著增长，而平均研发支出占比在 2021 年为 3.76%，至 2022 年略有下降，达到 3.14%，但这并不意味着研发投入的减少，可能与企业经营策略的调整、市场环境的变化等因素相关。

---

　　① 为了避免股票上市和退市年份对绝对值产生影响，分析时采用平均值来分析。

表 16　2021~2022 年中国制造业上市公司创新投入情况

		平均研发人员人数（人）	平均研发人员占比（%）	平均研发投入（亿元）	平均研发支出占比（%）
2021 年	A 股	568	9.29	2.93	2.49
	制造业	571	12.89	2.94	3.76
	相对比例	100.57	138.78	100.07	150.69
2022 年	A 股	698	16.42	3.66	2.10
	制造业	646	16.93	3.43	3.14
	相对比例	92.55	95.42	93.72	149.52

注：剔除了数据极端值。

资料来源：Wind 数据库。

（二）制造业创新价值之分板块评价

A 股主板上市公司在平均研发人员人数上领先科创板和创业板，制造业上市公司也有相同的规律。A 股主板上市公司平均研发人员人数远多于科创板和创业板，平均研发人员人数分别为 876 人、390 人、443 人。制造业主板上市公司平均拥有 825 名研发人员，科创板则为 368 人，而创业板为 381 人。

在平均研发投入方面，A 股主板上市公司的平均研发投入达到了 4.85 亿元，科创板上市公司为 2.55 亿元，创业板上市公司则为 1.42 亿元。而制造业主板、科创板和创业板上市公司的平均研发投入分别为 4.47 亿元、2.67 亿元和 1.49 亿元。相对而言，制造业主板上市公司的平均研发投入要低于 A 股主板上市公司的平均水平。制造业科创板和创业板上市公司的平均研发投入均超过了 A 股科创板和创业板的整体平均水平，显示出制造业上市公司在研发创新方面的积极投入和竞争力。

从平均研发支出占比来看，A 股上市公司和制造业上市公司的数据都呈现科创板最高，其次是创业板，最后是主板的状况。在一定程度上反映出体量较小的科创企业创新的愿望更强。科创板上市公司的平均研发支出占比和平均研发人员占比最高，制造业科创板上市公司平均研发支出占比高达

10.77%，是制造业整体平均研发支出占比的 3 倍多，充分展现了它们在研发创新方面的强大实力和坚定决心。这也与科创板作为科技创新板块的定位高度契合，进一步凸显了科创板在推动制造业科技创新方面的积极作用。从上市公司平均研发人员占比的视角来观察，A 股主板、创业板和科创板上市公司平均研发人员占比分别为 12.23%、21.06%、30.70%，制造业主板、创业板和科创板上市公司平均研发人员占比分别为 14.26%、18.86%、27.84%（见表 17）。

表 17　2022 年中国不同板块上市公司在创新投入方面的表现情况

	平均研发人员人数（人）	平均研发人员占比（%）	平均研发投入（亿元）	平均研发支出占比（%）
A 股	698	16.42	3.66	2.10
主板	876	12.23	4.85	3.95
科创板	390	30.70	2.55	10.68
创业板	443	21.06	1.42	7.57
	平均研发人员人数（人）	平均研发人员占比（%）	平均研发投入（亿元）	平均研发支出占比（%）
制造业	646	16.93	3.43	3.14
主板	825	14.26	4.47	4.78
科创板	368	27.84	2.67	10.77
创业板	381	18.86	1.49	6.83

注：剔除了数据极端值。
资料来源：Wind 数据库。

根据国家知识产权局发布的数据，中国在 2022 年发明专利领域取得了令人瞩目的成绩。全年发明专利申请量高达 432.3 万件（见图 25），同时有 79.8 万件发明专利获得授权，充分体现了中国创新能力的持续增强。[1] 在专

---

[1] 《我国发明专利有效量达 421.2 万件（人民日报）》，国家知识产权局网站，2023 年 2 月 13 日，https://www.cnipa.gov.cn/art/2023/2/13/art_ 55_ 182064.html？eqid = afa5ac9100010 70600000003646f49be。

利授权方面，2022年中国境内的专利授权数量达到了69.6万件，较上年增长了18.77%，这充分显示了中国创新能力的稳步增强。表18是2021~2022年中国发明专利授权量排名前十的国内企业的详细情况。对比两年的数据来看，排名前十的公司大体变化不大，制造业上市公司在创新领域仍起到引领作用，在2022年发明专利授权量排名前十的国内企业中占据了七席，凸显了其在创新领域的强劲竞争力和卓越表现。

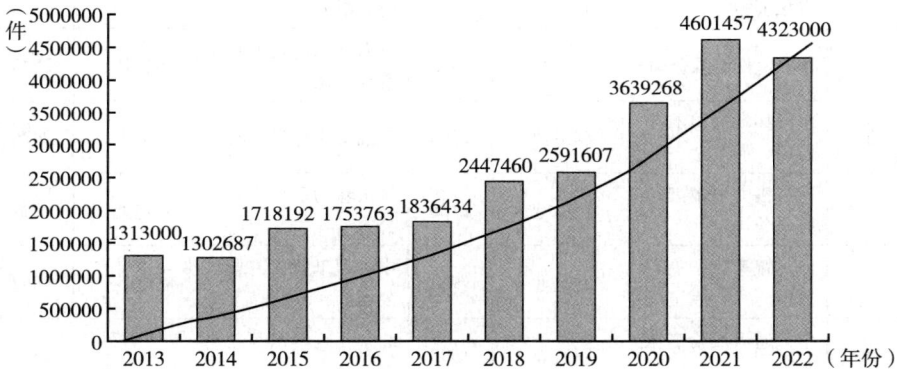

图25 2013~2022年中国专利授权数量

资料来源：国家统计局。

表18 2021~2022年中国发明专利授权量排名前十的国内企业

单位：件

排名	2021年			2022年		
	名称	所属行业	发明专利授权量	名称	所属行业	发明专利授权量
1	华为技术有限公司	制造业	7497	华为技术有限公司	制造业	5805
2	腾讯科技（深圳）有限公司	软件和信息技术服务业	4536	腾讯科技（深圳）有限公司	软件和信息技术服务业	4076
3	OPPO广州移动通信有限公司	制造业	4179	中国石油化工股份有限公司	石油和天然气开采业	3772

排名	2021 年			2022 年		
	名称	所属行业	发明专利授权量	名称	所属行业	发明专利授权量
4	京东方科技集团股份有限公司	制造业	3841	OPPO 广州移动通信有限公司	制造业	2875
5	中国石油化工股份有限公司	石油和天然气开采业	3596	京东方科技集团股份有限公司	制造业	2748
6	国家电网有限公司	电力	2936	珠海格力电器股份有限公司	制造业	2545
7	维沃移动通信有限公司	制造业	2898	浪潮集团有限公司	制造业	2426
8	珠海格力电器股份有限公司	制造业	2880	维沃移动通信有限公司	制造业	2327
9	海尔智家股份有限公司	制造业	1913	中兴通讯股份有限公司	制造业	1862
10	中兴通讯股份有限公司	制造业	1593	北京百度网讯科技有限公司	互联网和相关服务	1483

资料来源：国家统计局。

总体来看，制造业上市公司在研发投入方面表现出较大的力度，特别是科创板上市公司，更是研发投入的佼佼者。以芯片产业为例，在中美贸易摩擦的背景下，该产业已成为国内各界关注的焦点。在这一领域，芯片产能增长了 33%，知识产权创造表现更加出色。以备受关注的集成电路设计为例，2022 年，共有 1.4 万件集成电路布图设计的登记申请被提交，其中 9106 件经过审核后成功获得证书。

尽管中国在制造业创新发展上取得了明显的进步，但发展不平衡和不充分的问题仍然存在，需要继续加强改进。这些问题主要表现在以下两个方面。一是制造业发展增速呈下降趋势，长期高研发投入成为困难。在制造业中，大部分企业营业收入明显下降，研发投入大、周期长，企业承担的经济压力导致资金链趋紧。二是中国在制造业的核心技术方面仍存在显著的上升空间。近年来受复杂多变的国际局势影响，中国频繁遭遇"技术封锁"，阻碍了制造业自主创新能力的提升。从质量层面考量，中国战略性新兴产业的技术创新能力尚显不足，专利的实质性价值有待进一步提升。此外，尽管中国研发投入逐步增加，但总体规模仍未达到美国的一半，研发投入强度与世界制造强国约3%的水平相比仍有差距，中国在制造业创新发展的道路上仍需努力。

制造业上市公司作为制造业领域的核心力量，其面临的问题与挑战也映射出中国制造业整体的发展状况与趋势。目前，企业对于关键核心技术的外部依赖度仍然较高，且技术创新体系尚不完善。要确保创新投入的持续性，并加强创新规划的指导作用，从而真正营造开放、包容的创新环境。同时，还应不断完善创新投入、激励和保护机制，为制造业的持续发展注入新的活力。在产业链安全的综合评估过程中，应秉承共担风险、共享收益的原则，重点聚焦制造业的关键领域和核心制造环节，确保产业链的稳健发展，推动相关龙头企业、大专院校、科研院所在核心零部件、先进基础工艺、关键基础材料和装备等方面加强研发突破，打造自主可控的产业链。

（三）装备制造业创新价值之总体评价

信息通信业持续保持稳健的发展势头。中国的计算机、通信和其他电子设备制造业在创新方面取得了显著的进步，电信业务收入保持稳定增长，5G基站建设也在快速推进。从具体数据上看，计算机、通信和其他电子设备制造业的平均研发人员占比达到了26.01%，平均研发支出占比高达10.25%，在装备制造业中均名列前茅（见表19）。2022年，电信业务收入表现抢眼，累计收入达到1.58万亿元，同比实现了8%的稳健增长，展现出了强劲的增长势头。按照上一年度的价格水平来计算，电信业务总量已经突破1.75万亿元大关，同比增长率高达21.3%，反映出信息通信业正处于快速发展的轨道上。[1]截至2022年末，全国移动通信基站的数量已大幅攀升至1083万个，全年净

---

[1] 《工信部：2022年电信业务收入1.58万亿元，同比增长8%》，中国工信新闻网，2023年1月18日，https://www.cnii.com.cn/gxxww/rmydb/202301/t20230118_441749.html。

增 87 万个。值得一提的是，5G 基站的建设取得了显著进展，数量已增至 231.2 万个，全年新增的 5G 基站数量更是高达 88.7 万个，显示出中国在 5G 网络建设方面的快速推进。5G 基站数量占移动基站总数的 21.3%，与上年末相比，占比有了显著的提升，提升了 7 个百分点。这标志着中国已经成功构建了全球最大的 5G 网络，展现了中国在通信技术领域的卓越成就和领先地位。此外，整个行业也在积极推动国家大数据中心的发展，构建云网融合的新型基础设施，为社会的数字化改造提供强大的支持，并持续增强"双千兆"建设的供给能力。

表 19　2022 年中国装备制造业上市公司在创新方面的投入状况

	平均研发人员人数（人）	平均研发人员占比（%）	平均研发投入（亿元）	平均研发支出占比（%）
电气机械和器材制造业	875	16.45	5.43	5.22
计算机、通信和其他电子设备制造业	1027	26.01	4.78	10.25
金属制品业	428	12.69	2.05	3.90
汽车制造业	1665	14.78	7.97	5.29
铁路、船舶、航空航天和其他交通运输设备制造业	1252	19.56	5.30	6.61
通用设备制造业	376	16.04	1.56	5.41
仪器仪表制造业	375	26.88	1.06	9.96
专用设备制造业	519	20.58	2.46	9.04
装备制造业平均值	840	20.27	4.09	7.65
制造业平均值	646	16.93	3.43	3.14

注：剔除了数据极端值。
资料来源：Wind 数据库。

五　社会责任是基石：中国制造业上市公司之社会价值

随着中国综合国力的不断提升，投资者对上市公司的判断已不仅仅局限于传统的价值指标，如市值、盈利能力等。近年来，企业是否具有积极的外部效应即社会责任也逐渐成为备受重视的评价指标。本报告从四个方面衡量企业社会价值：第一，对社会的贡献，主要指的是税收方面的贡献；第二，社会问题的解决，也就是解决及促进就业；第三，公司通过股息和利息支出，实现对股东和债权人的经济回馈；第四，战略价值，制造业企业需要不断自主创新，提高国际竞争力，借助政府补贴这一指标来评估其在国民经济和社会发展中所具有的战略重要性及完善程度。

（一）制造业社会价值之总体评价

在A股上市公司的税收贡献中，制造业上市公司扮演着举足轻重的角色，发挥着不可或缺的重要作用。2022年，中国A股上市公司的税收贡献（主要指所得税贡献）总额约为1.21万亿元，而制造业上市公司的税收贡献总额为2956.77亿元，占比为24.35%（见表20）。所得税总额与利润息息相关，分析发现，制造业净利润达1.75万亿元，占A股净利润总额的31.05%。税收贡献占比略低于净利润占比，这在一定程度上受益于支持制造业发展的财税政策红利。

上市公司分红在一定程度上展现了其对社会价值的贡献，是积极回馈社会的一种体现。2022年，A股上市公司年度累计分红总额达8092.88亿元，其中制造业上市公司年度累计分红总额为3830.44亿元，占比达47.33%。

2022年，中国A股上市公司就业人员数为2927.78万人，而制造业上市公司就业人数为1146.18万人，占比为49.40%。这一占比符合制造业上市公司在行业中所处的主体地位，也体现了新时期制造业上市公司在稳定就业中所起的支柱作用。

利息实质上是企业给予债权人的价值回报。企业按照约定，按期支付相应的利息费用，不仅是履行经济义务的表现，更是对债权人贡献社会价值的体现。2022年，A股上市公司利息费用达8044.07亿元，其中制造业上市公司的利息费用为2631.43亿元，占比32.71%。

制造业上市公司是政府补助政策的主要受益者。2022年，A股上市公司收到的政府补助为2420.23亿元，制造业上市公司收到1525.35亿元的政府补助，占比63.02%。

表20　2022年中国制造业上市公司社会贡献度分析

	税收贡献 （亿元）	就业人数 （万人）	年度累计分红总额 （亿元）	利息费用 （亿元）	政府补助 （亿元）
A 股	12142.67	2927.78	8092.88	8044.07	2420.23
制造业	2956.77	1446.18	3830.44	2631.43	1525.35
占比（%）	24.35	49.40	47.33	32.71	63.02

注：为减轻极端值对数据的影响，表中数据剔除了 ST、ST* 及 B 股。
资料来源：Wind 数据库。

2019~2022 年，制造业上市公司的年度累计分红总额经历了一定的起伏变化。具体而言，2019 年年度累计分红总额为 3613 亿元，随后在 2020 年增长至 4773 亿元，增长率达到 32.11%。到了 2021 年，年度累计分红总额继续增长至 5994 亿元，增长率为 25.58%。然而，到了 2022 年，年度累计分红总额却出现了显著下滑，降至 3912 亿元，增长率为 -34.73%。这一变化表明，制造业上市公司的分红情况受到多重因素的影响，呈现不稳定的趋势。中国证监会的积极引导和推动，对上市公司分红力度的加大起到了不可或缺的作用。中国证监会始终致力于引导上市公司结合其实际经营状况，通过实施现金分红、股份回购等手段，加大分红力度，确保投资者能够更直接地分享经济增长的红利。同时，中国证监会加强了对长期不分红公司的监管，并严厉打击"高送转"等不当行为。然而，由于 2022 年经济整体呈现下行趋势，制造业上市公司的分红情况相应地出现了下滑。

2020~2022 年，制造业上市公司就业人数分别为 1184 万人、1357 万人、1438 万人，增长率分别为 8.43%、14.60%、5.94%。随着就业人数的持续增长，制造业上市公司在确保就业稳定方面所发挥的作用日益凸显，成为维护社会稳定和促进经济发展的重要力量。

总体而言，2022年，制造业上市公司在就业人数、政府补助、利息费用三个指标上均呈现稳步上升趋势。受宏观经济形势影响，2022年制造业上市公司在年度累计分红总额、税收贡献方面有一定的下降（见表21）。

表21　2020~2022年中国制造业上市公司社会贡献度的变动分析

	2020年	2021年	2022年
年度累计分红总额（亿元）	4772.85	5993.51	3911.84
同比增长（%）	32.11	25.58	−34.73
就业人数（万人）	1184.08	1356.95	1437.52
同比增长（%）	8.43	14.60	5.94
税收贡献（亿元）	2554.82	3480.77	2998.93
同比增长（%）	17.71	36.24	−13.84
政府补助（亿元）	1317.64	1386.30	1579.27
同比增长（%）	15.19	5.21	13.92
利息费用（亿元）	2309.05	2389.86	2620.63
同比增长（%）	−0.37	3.50	9.66

资料来源：Wind数据库。

（二）制造业社会价值之分板块评价

从年度累计分红总额来看，2022年制造业主板、创业板和科创板上市公司年度累计分红金额分别为3114.96亿元、492.72亿元和222.76亿元，占比分别为81.32%、12.86%和5.82%。相对而言，A股主板上市公司贡献了88.18%的分红，主板制造业上市公司年度累计分红总额占比略低。一方面，这与制造业与A股上市公司的结构性差异有关，主板上市公司总市值占A股上市公司总市值的78.23%，主板制造业上市公司的总市值占制造业上市公司总市值的70.58%；另一方面，剔除结构性差异因素后，主板制造业上市公司相对于A股主板上市公司的股息水平仍偏低，有进一步提升的空间。

从就业人数看，2022 年主板、创业板和科创板制造业上市公司就业人数分别为 1168.00 万人、215.77 万人和 62.41 万人，占比分别为 80.76%、14.92%和 4.32%，主板制造业上市公司承担了绝大部分就业。

在税收贡献方面，2022 年主板制造业上市公司为税收贡献了 2582.05 亿元，创业板制造业上市公司则贡献了 250.74 亿元，而科创板制造业上市公司贡献了 123.98 亿元，分别占制造业上市公司税收总额的 87.33%、8.48%和 4.19%。主板制造业上市公司贡献了绝大部分税收，中小企业由于体量较小，税收减免政策较多，纳税金额相对主板上市公司要小得多，创业板和科创板制造业上市公司在税收贡献方面的占比显著超过其在 A 股整体税收贡献中的占比。

从政府补助上看，2022 年主板、创业板、科创板制造业上市公司分别收到政府补助 1211.73 亿元、185.65 亿元、127.96 亿元，分别占制造业上市公司政府补助的 79.44%、12.17%、8.39%。剔除 A 股与制造业上市板块的结构性差异，两者政府补助的分布情况较为接近。创业板和科创板上市公司的政府补助普遍较高，这与两个板块的创新型、高科技企业比较多、政策支持力度大有关。

从利息费用上看，2022 年主板、创业板、科创板制造业上市公司分别支出利息费用 2294.95 亿元、270.44 亿元、66.04 亿元，分别占制造业上市公司利息费用的 87.21%、10.28%、2.51%，A 股创业板与科创板上市公司的利息费用占比分别是 4.70%、1.06%，明显低于制造业上市公司相关板块的占比（见表 22、表 23）。

表 22　2022 年中国 A 股上市公司不同板块的社会贡献度

	年度累计分红总额（亿元）	就业人数（万人）	税收贡献（亿元）	政府补助（亿元）	利息费用（亿元）
主板	7136.25	2543.43	11628.49	1972.73	7579.97
占比(%)	88.18	86.87	95.77	81.51	94.23
创业板	683.40	305.31	364.95	273.63	378.47

	年度累计分红总额 （亿元）	就业人数 （万人）	税收贡献 （亿元）	政府补助 （亿元）	利息费用 （亿元）
占比(%)	8.44	10.43	3.01	11.31	4.70
科创板	273.22	79.04	149.24	173.87	85.63
占比(%)	3.38	2.70	1.23	7.18	1.06

资料来源：Wind 数据库。

表 23　2022 年中国制造业上市公司各板块社会贡献度

	年度累计分红总额 （亿元）	就业人数 （万人）	税收贡献 （亿元）	政府补助 （亿元）	利息费用 （亿元）
主板	3114.96	1168.00	2582.05	1211.73	2294.95
占比(%)	81.32	80.76	87.33	79.44	87.21
创业板	492.72	215.77	250.74	185.65	270.44
占比(%)	12.86	14.92	8.48	12.17	10.28
科创板	222.76	62.41	123.98	127.96	66.04
占比(%)	5.82	4.32	4.19	8.39	2.51

资料来源：Wind 数据库。

ESG，即环境（Environmental）、社会（Social）和治理（Governance）的简称，是一种重视企业在环境、社会和治理方面表现的投资理念。华证 ESG 评价数据特点鲜明，其显著优势在于紧密贴合中国市场实际，覆盖行业范围广泛，同时确保数据的时效性与准确性。参考其中的社会评级，2022 年制造业上市公司社会评级为 AAA 的共有 0 家，为 AA 的共有 0 家，为 A 的共有 7 家（见表 24）。其中，电气机械和器材制造业有两家，分别是海尔智家和隆基绿能；中兴通讯是计算机、通信和其他电子设备制造业的代表企业；而在专用设备制造业，爱美客则独树一帜，成为该行业的佼佼者；医药制造业有 1 家，为云南白药；通用设备制造业的 1 家标杆企业是金风科技；汽车制造业有 1 家，为长城汽车。社会评级能够反映一家公司持续发展和创造社会价值的能力。上述 7 家制造业上市公司是制造业社会价值标杆企业，也分别是制造业中细分行业的龙头企业，反映出公司的社会价值与其规模、盈利能力具有一定的关联性。

表 24 华证社会评级为 A 的制造业上市公司

代码	公司名称	行业	社会评级
000063. SZ	中兴通讯	计算机、通信和其他电子设备制造业	A
000538. SZ	云南白药	医药制造业	A
002202. SZ	金风科技	通用设备制造业	A
300896. SZ	爱美客	专用设备制造业	A
600690. SH	海尔智家	电气机械和器材制造业	A
601012. SH	隆基绿能	电气机械和器材制造业	A
601633. SH	长城汽车	汽车制造业	A

资料来源：Wind 数据库。

（三）装备制造业社会价值之总体评价

2022 年，在分红方面，装备制造业整体的平均分红低于制造业的平均水平，这是因为装备制造业需要大量的投资，进行新项目的研发，分红水平较低。分红水平相对较低，主要是受到装备制造业多数细分行业分红减少的影响。相较于 2021 年，汽车制造业以及铁路、船舶、航空航天和其他交通运输设备制造业的平均分红下滑情况尤为显著，导致整个装备制造业的平均分红呈现下降趋势。

在就业方面，总体来说，装备制造业的就业人数都较高，为社会提供了大量的就业岗位。2022 年，汽车制造业以 11381 人的平均就业人数位居行业榜首，紧随其后的是铁路、船舶、航空航天和其他交通运输设备制造业（6678 人），电气机械和器材制造业（6344 人）。虽然装备制造业中的某些细分行业如铁路、船舶、航空航天和其他交通运输设备制造业，计算机、通信和其他电子设备制造业，通用设备制造业的平均就业人数略有下降，但多数细分行业的平均就业人数有所增加。特别是汽车制造业、电气机械和器材制造业，就业人数上升显著，这两个行业在就业市场上表现强劲。

从税收角度来看，汽车制造业、电气机械和器材制造业无疑是纳税的主力军。相比之下，其他装备制造业细分行业的税收贡献普遍偏低。这种情况的产生，一方面，是因为这些企业享受了针对高新技术企业的税收优惠政策，减轻了税收负担；另一方面，是因为这些行业的盈利水平相对较低，纳税金额相对较少。在装备制造业的细分行业中，2022年除了电气机械和器材制造业，铁路、船舶、航空航天和其他交通运输设备制造业的税收有所增长，专用设备制造业的税收贡献与2021年相比基本持平外，其他细分行业的税收情况并不乐观，出现了略有下降的态势。

装备制造业因其显著的技术含量高、研制难度大和资本密集度高的特性，得到了政府的大力扶持。在制造业中，政府对装备制造业的补助力度尤为突出，超过了业内平均水平。特别是汽车制造业，铁路、船舶、航空航天和其他交通运输设备制造业，电气机械和器材制造业这三个重点行业，平均政府补助名列前茅，这体现了政府对关键领域的优先支持。

横向对比，电气机械和器材制造业在平均分红、平均税收贡献、平均财务费用方面都明显高于其他细分行业。汽车制造业在平均就业人数和平均政府补助方面相较其他细分行业更加领先（见表25、表26）。

表25　2020~2022年中国装备制造业上市公司细分行业社会价值情况（1）

单位：亿元，人

行业	平均分红			平均就业人数			平均税收贡献		
	2022年	2021年	2020年	2022年	2021年	2020年	2022年	2021年	2020年
汽车制造业	1.83	3.52	3.74	11381	9325	9786	0.94	1.13	1.11
电气机械和器材制造业	4.79	3.04	3.42	6344	5459	5261	1.46	1.10	1.05
铁路、船舶、航空航天和其他交通运输设备制造业	1.25	2.62	2.58	6678	6873	8204	0.83	0.64	0.95
计算机、通信和其他电子设备制造业	2.20	1.98	1.71	5074	5425	5593	0.46	0.60	0.53

续表

行业	平均分红			平均就业人数			平均税收贡献		
	2022 年	2021 年	2020 年	2022 年	2021 年	2020 年	2022 年	2021 年	2020 年
金属制品业	1.86	1.29	1.17	3735	3441	3887	0.63	1.00	0.77
通用设备制造业	1.37	0.99	1.21	2478	2652	2852	0.30	0.31	0.37
专用设备制造业	2.03	1.46	1.65	2691	2598	2679	0.46	0.46	0.57
仪器仪表制造业	0.78	0.64	0.63	1550	1331	1439	0.17	0.18	0.25
装备制造业	2.38	2.03	2.09	4967	4754	4796	0.67	0.69	0.71
制造业	2.74	2.71	2.49	4577	4432	4656	0.96	1.15	1.01

资料来源：Wind 数据库。

表 26　2020~2022 年中国装备制造业上市公司细分行业社会价值情况（2）

单位：亿元

行业	平均政府补助			平均财务费用		
	2022 年	2021 年	2020 年	2022 年	2021 年	2020 年
汽车制造业	1.26	1.27	1.18	0.99	0.91	1.2
电气机械和器材制造业	0.70	0.53	0.61	1.18	0.88	0.98
铁路、船舶、航空航天和其他交通运输设备制造业	0.73	0.75	1.12	0.64	0.66	0.59
计算机、通信和其他电子设备制造业	0.70	0.64	0.72	0.76	0.66	0.88
金属制品业	0.34	0.28	0.33	0.67	0.56	0.76
通用设备制造业	0.25	0.28	0.35	0.52	0.42	0.59
专用设备制造业	0.32	0.32	0.33	0.37	0.37	0.54
仪器仪表制造业	0.18	0.15	0.2	0.20	0.20	0.26
装备制造业	0.59	0.55	0.58	0.72	0.62	0.76
制造业	0.50	0.45	0.52	0.87	0.82	1.01

资料来源：Wind 数据库。

六　持续攀升全球价值链：中国制造业上市公司之出口价值

随着国内国际双循环相互促进的新发展格局加快构建，中国制造业正经历一场重大的转型升级。过去那种依赖市场换取技术、资本的模式正在逐步被以市场换市场的新模式取代。中国企业与国外企业之间的双向互利互惠关系逐渐加强，共同构建了一个更加开放、互利共赢的经济发展格局。在中国逐步融入全球价值链分工体系并由以往的"低端嵌入"向价值链高端攀升的过程中，制造业上市公司扮演着重要的角色。本报告将从海外业务收入①、出口占比②和出口额增速③三个维度测算制造业上市公司的出口价值，并剖析其各板块、各细分行业的出口状况。

（一）制造业出口价值之总体评价

从出口结构来看，当前中国主要出口产品为工业品，制造业上市公司占据 A 股上市公司出口贡献的主体地位。2020 年和 2021 年，中国制造业上市公司海外业务收入分别为 32103 亿元、43439 亿元，分别占当期所有 A 股海外业务收入的 61.03%、69.38%。2022 年中国制造业上市公司海外业务收入为 52120 亿元，占 A 股的 67.92%。考虑到 2022 年制造业上市公司营业总收入占 A 股的 37.14%，其出口额显著高于 A 股其他门类上市公司。

从上市公司出口产品收入占产品销售总收入比重来看，2022 年制造业上市公司出口占比为 19.80%，远高于 A 股整体的出口占比 10.82%（见表27）。相比之下，中国制造业上市公司在海外市场的竞争力显著高于 A 股其他门类的上市公司，其原因主要在于受中国过去出口导向型战略的影响，大量制造业上市公司本就把生产加工出口产品作为经营目标，以充分发挥中国制造的成本优势。随着 2020 年"双循环"新发展格局的提出及国际局势的复杂多变，内需得到了更多的重视，中国"两头在外"的经济模式正在逐步转型。在这一背景下，制造业上市公司的出口占比却依然实现持续上升，其原因包括：中国制造业上市公司深耕海外市场，在国际市场中竞争

---

① 海外业务收入：绝对指标，反映上市公司绝对出口能力。
② 出口占比：相对指标，反映上市公司出口产品相对竞争力。
③ 出口额增速：反映上市公司出口额的成长性。

地位稳固；中国制造业正在经历一场高端供给的突破之旅，逐步从过去的"低端嵌入"模式向价值链的高端位置迈进，中国制造业在技术创新、产品质量和附加值等方面不断提升，进一步巩固了在全球制造业格局中的重要地位。

表 27 2020~2022 年 A 股及制造业上市公司出口价值情况

单位：亿元，%

		海外业务收入	出口占比	出口额增速
2020 年	A 股	52604	9.99	8.74
	制造业	32103	17.44	18.03
2021 年	A 股	62608	9.49	19.02
	制造业	43439	18.16	35.31
2022 年	A 股	76739	10.82	22.57
	制造业	52120	19.80	19.98

资料来源：Wind 数据库。

（二）制造业出口价值之分板块评价

主板上市公司在 A 股和制造业上市公司的海外业务中仍占据主导地位，发挥着重要的引领作用。从海外业务收入总额来看，A 股和制造业上市公司的数据都呈现主板高于创业板、创业板高于科创板的状况。2022 年 A 股上市公司中，主板上市公司海外业务收入总额达到 66977 亿元，占 A 股上市公司海外业务收入总额的 87.28%；创业板和科创板上市公司在海外市场表现出色，分别创造了 7195 亿元和 2566 亿元的海外业务收入总额。具体来看，这两大板块创造的海外业务收入总额占 A 股上市公司海外业务收入总额的比重分别为 9.38% 和 3.34%。而在制造业，主板制造业上市公司在海外市场上的表现尤为突出，其创造的海外业务收入总额高达 43303 亿元，占制造业上市公司海外业务收入总额的 83.08%。与此同时，创业板和科创板制造业上市公司也在海外市场有所建树，分别贡献了 6375 亿元和 2442 亿元的海外业务收入总额，分别占所有制造业上市公司海外业务收入总额的12.23%和4.69%（见表28）。

表28 2022年中国A股及制造业上市公司海外业务收入总额

单位：亿元

	主板	创业板	科创板
制造业	43303	6375	2442
A股	66977	7195	2566

资料来源：Wind数据库。

从平均海外业务收入角度来看，2022年A股主板上市公司平均海外业务收入达37.29亿元，高于主板制造业上市公司的29.84亿元；而在创业板、科创板，制造业上市公司的平均海外业务收入分别达到9.16亿元、8.45亿元，分别略高于A股上市公司的8.41亿元、7.64亿元（见表29）。说明各板块中，创业板、科创板制造业上市公司更具出口价值。

表29 2022年中国A股及制造业上市公司平均海外业务收入

单位：亿元

	主板	创业板	科创板
制造业	29.84	9.16	8.45
A股	37.29	8.41	7.64

资料来源：Wind数据库。

从出口占比来看，A股与制造业上市公司，创业板、科创板出口占比均高于主板，且在各个板块中A股上市公司的出口占比均高于制造业上市公司。2022年A股主板、创业板、科创板上市公司出口占比分别为19.09%、25.14%、22.07%；制造业主板、创业板、科创板上市公司产品出口占比分别为10.11%、21.02%、21.36%（见表30）。其中，科创板、创业板等新兴产业的上市公司具备较高的出口占比，说明中国新兴产业出海顺利，高端供给持续突破，在国际市场上同样具有较强的竞争力，或将成为未来拉动中国外贸出口持续增长的重要动能。

表 30　2022 年中国 A 股及制造业上市公司出口占比

单位：%

	主板	创业板	科创板
制造业	10.11	21.02	21.36
A 股	19.09	25.14	22.07

资料来源：Wind 数据库。

（三）装备制造业出口价值之总体评价

从平均海外业务收入来看，2022 年，中国装备制造业各细分行业的上市公司平均海外业务收入整体呈现稳定增长趋势。在考察海外业务收入方面，电气机械和器材制造业，计算机、通信和其他电子设备制造业，汽车制造业这三个行业表现尤为突出，其平均海外业务收入显著超过制造业的整体平均水平。铁路、船舶、航空航天和其他交通运输设备制造业的平均海外业务收入与制造业的平均水平基本持平。金属制品业、通用设备制造业、仪器仪表制造业以及专用设备制造业这四个细分行业的平均海外业务收入则远低于制造业的平均水平。

从出口占比的视角来看，2022 年电气机械和器材制造业，计算机、通信和其他电子设备制造业，专用设备制造业这三个细分行业的出口占比均突破了 20% 的关口，超过制造业的整体平均水平。汽车制造业和通用设备制造业的出口占比则与制造业的平均水平大致相当，其他行业的出口占比则相对较低。

从出口额增速的角度来看，2022 年专用设备制造业、金属制品业、电气机械和器材制造业、汽车制造业、仪器仪表制造业均实现了显著的同比增长，增速分别高达 36.35%、40.56%、28.12%、23.96%、43.85%，展现出强劲的增长势头。

表31　2020～2022年中国装备制造业上市公司细分行业出口价值情况

单位：亿元，%

行业	平均海外业务收入			出口占比			出口额增速		
	2020年	2021年	2022年	2020年	2021年	2022年	2020年	2021年	2022年
电气机械和器材制造业	27.22	29.87	38.27	28.85	27.06	26.07	7.29	9.75	28.12
计算机、通信和其他电子设备制造业	28.94	31.78	31.13	35.51	37.58	35.07	12.30	9.80	-2.05
金属制品业	7.72	8.53	11.99	13.14	11.67	15.29	-13.94	10.55	40.56
汽车制造业	30.70	31.85	39.48	15.05	16.68	19.85	-1.10	3.76	23.96
铁路、船舶、航空航天和其他交通运输设备制造业	18.85	19.52	20.74	12.83	13.87	13.86	-6.73	3.56	6.25
通用设备制造业	6.92	7.32	6.87	14.54	15.34	18.14	4.69	5.82	-6.15
仪器仪表制造业	2.09	1.87	2.69	14.30	12.74	15.38	26.67	-10.58	43.85
专用设备制造业	0.68	7.29	9.94	17.14	18.18	23.78	1.49	971.78	36.35
制造业	16.38	31.78	21.40	17.44	37.58	19.80	12.30	9.80	-32.66

资料来源：Wind数据库。

　　审视中国制造业上市公司的海外业务表现，2022年数据显示，海外业务收入排前20位的公司中，电气机械和器材制造业占据6席，计算机、通信和其他电子设备制造业同样占据6席，汽车制造业占据3席，黑色金属冶炼和压延加工业有1家上榜，化学纤维制造业、化学原料和化学制品制造业则各有2家公司上榜（见表32）。值得注意的是，这20家上市公司中有高达75%属于装备制造业，凸显了中国装备制造业在全球市场中的强大竞争力。

　　计算机、通信和其他电子设备制造业，电气机械和器材制造业的上市公司，在出口方面展现出了显著的"三高"特征：高出口额、高出口占比以及高增长态势。作为中国出口额最高的工业制成品品类，机电产品出口额始终维持着持续上升的趋势，即使在全球总体贸易形势不太景气的背景下，受益于大数据、5G时代背景下中国高新技术不断突破与规模应用，机电产品的贸易额依然能够维持迅猛的增长势头。

　　由于国产中低端车系具备显著的性价比优势且车企普遍收入体量较大，

汽车制造业具备中国装备制造业中最高的平均海外业务收入，在国内新能源汽车高速发展的背景下，中国汽车制造业上市公司有望进一步扩大国际市场份额。

金属制品业、通用设备制造业、仪器仪表制造业以及专用设备制造业的上市公司主要聚焦资源和劳动密集型产品的生产与经营，技术壁垒较低，在中国出口结构向资本与技术服务密集型产业倾斜的背景下，在出口方面的贡献普遍未能达到制造业的整体平均水平，其出口价值相对较低。

表 32　2022 年中国海外业务收入排前 20 位的制造业上市公司

单位：亿元

排名	证券简称	所属国民经济行业分类	海外业务收入
1	立讯精密	计算机、通信和其他电子设备制造业	1938.04
2	美的集团	电气机械和器材制造业	1426.45
3	海尔智家	电气机械和器材制造业	1261.01
4	京东方 A	计算机、通信和其他电子设备制造业	1042.89
5	歌尔股份	计算机、通信和其他电子设备制造业	952.98
6	潍柴动力	汽车制造业	950.57
7	比亚迪	汽车制造业	914.53
8	上汽集团	汽车制造业	833.80
9	万华化学	化学原料和化学制品制造业	812.32
10	宁德时代	电气机械和器材制造业	757.30
11	恒逸石化	化学纤维制造业	539.31
12	荣盛石化	化学纤维制造业	500.40
13	隆基绿能	电气机械和器材制造业	479.32
14	TCL 科技	计算机、通信和其他电子设备制造业	474.13
15	冠捷科技	计算机、通信和其他电子设备制造业	469.49
16	传音控股	计算机、通信和其他电子设备制造业	459.27
17	宝钢股份	黑色金属冶炼和压延加工业	458.30
18	晶澳科技	电气机械和器材制造业	438.17
19	中化国际	化学原料和化学制品制造业	438.16
20	天合光能	电气机械和器材制造业	414.21

资料来源：Wind 数据库。

自改革开放至今，40 多年的蓬勃发展让中国制造业取得了巨大进步，不仅提升了在国际上的地位，还稳固了中国全球最大出口国的地位。近年来，中国制造业产品的出口价格指数均呈现同比上升的态势。在全球经济低迷，特别是全球范围内贸易保护主义抬头的复杂背景下，这一成绩的取得尤为不易。总体来看，中国制造业的出口形势持续向好，竞争优势日益显著。

2022年中国制造业上市公司出口状况主要呈现如下几大特征。第一，面对地缘政治等因素的持续冲击，展现了较强的竞争力和韧性。2022年，在全球经济陷入低谷的情况下，中国制造业出口额增速逆势提升。以上成绩的取得来之不易，很大程度上是因为中国制造业的竞争力更强，在世界范围内的韧性也更强。第二，从"低端嵌入"到价值链高端的发展模式。改革开放以来，中国积极利用劳动力等传统低成本优势，敏锐地把握经济全球化带来的宝贵战略机遇，迅速且全面地融入了由跨国公司主导的发达国家全球价值链分工体系。随着竞争力的不断提升，中国制造业出口结构发生了显著变化，由以资源密集型和劳动力密集型产业为主导，逐渐转变为以资本和技术服务密集型产业为主导。这一转变不仅反映了中国在全球产业价值链中地位的逐步提升，也体现了中国制造业对世界制造业的外溢影响日益增强。中国制造业在国际分工体系中的地位随着高端供给的不断突破而不断上升，奠定了制造业上市公司出口能力不断提升的基础。第三，新兴产业和高新技术上市公司优势凸显。综合考量制造业上市公司的出口能力，代表新兴产业、科技创新的创业板、科创板上市公司表现显著优于主板上市公司，在新一代技术革命的浪潮中，计算机、通信和其他电子设备制造业以及电气机械和器材制造业等细分行业的表现明显领先于其他细分行业。

当前，全球制造业的产业格局正经历深刻的变革。一方面，逆全球化的思潮悄然兴起，给全球产业价值链带来了不小的冲击；另一方面，产业价值链呈现"缩短"的趋势，意味着制造业的供应链和产业链正在重构。与此同时，发展中国家的创新能力不断提升，为全球制造业注入新的活力。此外，人工智能等高科技的不断成熟，也为制造业的转型升级提供了强有力的支撑。中国制造业面临各种内外环境变化下的新机遇和新挑战，制造业上市公司的出口价值重要性将不断提升。

附表1 中国制造业 A 股上市公司价值创造 500 强

排名	证券代码	证券简称	省份	公司属性	价值创造得分
1	300750. SZ	宁德时代	福建省	民营企业	91. 35
2	002415. SZ	海康威视	浙江省	中央国有企业	91. 20
3	600104. SH	上汽集团	上海市	地方国有企业	91. 15
4	601766. SH	中国中车	北京市	中央国有企业	91. 00
5	002475. SZ	立讯精密	广东省	民营企业	90. 87
6	600309. SH	万华化学	山东省	地方国有企业	90. 54
7	600438. SH	通威股份	四川省	民营企业	90. 48
8	600690. SH	海尔智家	山东省	集体企业	90. 40
9	601238. SH	广汽集团	广东省	地方国有企业	90. 28
10	600019. SH	宝钢股份	上海市	中央国有企业	90. 17
11	600875. SH	东方电气	四川省	中央国有企业	90. 10
12	600150. SH	中国船舶	上海市	中央国有企业	90. 05
13	601600. SH	中国铝业	北京市	中央国有企业	90. 01
14	600760. SH	中航沈飞	山东省	中央国有企业	89. 87
15	002594. SZ	比亚迪	广东省	民营企业	89. 63
16	601012. SH	隆基绿能	陕西省	民营企业	89. 55
17	002179. SZ	中航光电	河南省	中央国有企业	89. 40
18	000708. SZ	中信特钢	湖北省	中央国有企业	89. 27
19	000063. SZ	中兴通讯	广东省	公众企业	89. 10
20	603279. SH	景津装备	山东省	民营企业	88. 83
21	002466. SZ	天齐锂业	四川省	民营企业	88. 69
22	300124. SZ	汇川技术	广东省	民营企业	87. 62
23	002841. SZ	视源股份	广东省	民营企业	87. 37
24	000778. SZ	新兴铸管	河北省	中央国有企业	87. 02
25	600031. SH	三一重工	北京市	民营企业	86. 99
26	688036. SH	传音控股	广东省	民营企业	86. 71
27	300760. SZ	迈瑞医疗	广东省	外资企业	86. 54
28	000333. SZ	美的集团	广东省	民营企业	86. 09
29	002129. SZ	TCL 中环	天津市	公众企业	86. 06
30	000425. SZ	徐工机械	江苏省	地方国有企业	86. 03
31	000651. SZ	格力电器	广东省	公众企业	85. 91
32	002459. SZ	晶澳科技	河北省	民营企业	85. 84
33	600660. SH	福耀玻璃	福建省	外资企业	85. 74
34	600732. SH	爱旭股份	上海市	民营企业	85. 50

续表

排名	证券代码	证券简称	省份	公司属性	价值创造得分
35	002938.SZ	鹏鼎控股	广东省	公众企业	85.48
36	600519.SH	贵州茅台	贵州省	地方国有企业	85.40
37	688599.SH	天合光能	江苏省	民营企业	85.22
38	600089.SH	特变电工	新疆维吾尔自治区	民营企业	85.22
39	600741.SH	华域汽车	上海市	地方国有企业	85.16
40	002050.SZ	三花智控	浙江省	民营企业	85.00
41	600141.SH	兴发集团	湖北省	地方国有企业	84.90
42	002001.SZ	新和成	浙江省	民营企业	84.86
43	600196.SH	复星医药	上海市	民营企业	84.81
44	002080.SZ	中材科技	江苏省	中央国有企业	84.77
45	300274.SZ	阳光电源	安徽省	民营企业	84.58
46	600745.SH	闻泰科技	湖北省	民营企业	84.54
47	000338.SZ	潍柴动力	山东省	地方国有企业	84.46
48	603986.SH	兆易创新	北京市	民营企业	84.10
49	300037.SZ	新宙邦	广东省	民营企业	84.09
50	002601.SZ	龙佰集团	河南省	民营企业	83.87
51	000807.SZ	云铝股份	云南省	中央国有企业	83.75
52	000932.SZ	华菱钢铁	湖南省	地方国有企业	83.74
53	688271.SH	联影医疗	上海市	民营企业	83.72
54	600426.SH	华鲁恒升	山东省	地方国有企业	83.54
55	601689.SH	拓普集团	浙江省	外资企业	83.53
56	002460.SZ	赣锋锂业	江西省	民营企业	83.27
57	000938.SZ	紫光股份	北京市	公众企业	83.11
58	002049.SZ	紫光国微	河北省	公众企业	83.07
59	300482.SZ	万孚生物	广东省	民营企业	82.97
60	603876.SH	鼎胜新材	江苏省	民营企业	82.80
61	300628.SZ	亿联网络	福建省	民营企业	82.79
62	300433.SZ	蓝思科技	湖南省	民营企业	82.64
63	300450.SZ	先导智能	江苏省	民营企业	82.64
64	603799.SH	华友钴业	浙江省	民营企业	82.52

排名	证券代码	证券简称	省份	公司属性	价值创造得分
65	002916. SZ	深南电路	广东省	中央国有企业	82. 36
66	603501. SH	韦尔股份	上海市	民营企业	82. 26
67	002236. SZ	大华股份	浙江省	民营企业	82. 24
68	600584. SH	长电科技	江苏省	公众企业	82. 18
69	601100. SH	恒立液压	江苏省	民营企业	82. 13
70	600521. SH	华海药业	浙江省	民营企业	82. 13
71	688396. SH	华润微	江苏省	中央国有企业	82. 09
72	002407. SZ	多氟多	河南省	民营企业	81. 99
73	002600. SZ	领益智造	广东省	民营企业	81. 95
74	600096. SH	云天化	云南省	地方国有企业	81. 90
75	603392. SH	万泰生物	北京市	民营企业	81. 89
76	300308. SZ	中际旭创	山东省	民营企业	81. 86
77	002384. SZ	东山精密	江苏省	民营企业	81. 84
78	600378. SH	昊华科技	四川省	中央国有企业	81. 79
79	300003. SZ	乐普医疗	北京市	民营企业	81. 78
80	600176. SH	中国巨石	浙江省	中央国有企业	81. 77
81	601231. SH	环旭电子	上海市	外资企业	81. 75
82	002340. SZ	格林美	广东省	民营企业	81. 57
83	600596. SH	新安股份	浙江省	民营企业	81. 47
84	600219. SH	南山铝业	山东省	集体企业	81. 38
85	601717. SH	郑煤机	河南省	公众企业	81. 36
86	600063. SH	皖维高新	安徽省	地方国有企业	81. 33
87	600873. SH	梅花生物	西藏自治区	民营企业	81. 28
88	603260. SH	合盛硅业	浙江省	民营企业	81. 21
89	600060. SH	海信视像	山东省	公众企业	81. 16
90	000977. SZ	浪潮信息	山东省	地方国有企业	81. 11
91	600380. SH	健康元	广东省	民营企业	81. 11
92	600276. SH	恒瑞医药	江苏省	民营企业	81. 02
93	000830. SZ	鲁西化工	山东省	中央国有企业	80. 95
94	002223. SZ	鱼跃医疗	江苏省	民营企业	80. 87

续表

排名	证券代码	证券简称	省份	公司属性	价值创造得分
95	002064.SZ	华峰化学	浙江省	民营企业	80.77
96	002821.SZ	凯莱英	天津市	外资企业	80.72
97	688981.SH	中芯国际	上海市	公众企业	80.65
98	600549.SH	厦门钨业	福建省	地方国有企业	80.58
99	002709.SZ	天赐材料	广东省	民营企业	80.44
100	603659.SH	璞泰来	上海市	民营企业	80.32
101	002603.SZ	以岭药业	河北省	民营企业	80.31
102	600282.SH	南钢股份	江苏省	民营企业	80.27
103	002311.SZ	海大集团	广东省	民营企业	80.24
104	688298.SH	东方生物	浙江省	民营企业	80.17
105	688063.SH	派能科技	上海市	公众企业	80.16
106	603833.SH	欧派家居	广东省	民营企业	80.16
107	600362.SH	江西铜业	江西省	地方国有企业	80.15
108	002850.SZ	科达利	广东省	民营企业	80.09
109	600522.SH	中天科技	江苏省	民营企业	80.06
110	300866.SZ	安克创新	湖南省	民营企业	80.02
111	603456.SH	九洲药业	浙江省	民营企业	80.00
112	000810.SZ	创维数字	四川省	公众企业	79.93
113	000725.SZ	京东方A	北京市	地方国有企业	79.91
114	601216.SH	君正集团	内蒙古自治区	民营企业	79.86
115	300316.SZ	晶盛机电	浙江省	民营企业	79.86
116	002812.SZ	恩捷股份	云南省	外资企业	79.80
117	603486.SH	科沃斯	江苏省	民营企业	79.77
118	000157.SZ	中联重科	湖南省	公众企业	79.75
119	603298.SH	杭叉集团	浙江省	民营企业	79.72
120	002432.SZ	九安医疗	天津市	民营企业	79.69
121	000625.SZ	长安汽车	重庆市	中央国有企业	79.68
122	600884.SH	杉杉股份	浙江省	民营企业	79.67
123	300014.SZ	亿纬锂能	广东省	民营企业	79.65
124	002085.SZ	万丰奥威	浙江省	民营企业	79.59

排名	证券代码	证券简称	省份	公司属性	价值创造得分
125	603129.SH	春风动力	浙江省	民营企业	79.57
126	603355.SH	莱克电气	江苏省	民营企业	79.55
127	600079.SH	人福医药	湖北省	民营企业	79.54
128	603185.SH	弘元绿能	江苏省	民营企业	79.50
129	688303.SH	大全能源	新疆维吾尔自治区	民营企业	79.47
130	603195.SH	公牛集团	浙江省	民营企业	79.43
131	002030.SZ	达安基因	广东省	地方国有企业	79.42
132	002258.SZ	利尔化学	四川省	中央国有企业	79.41
133	002831.SZ	裕同科技	广东省	民营企业	79.37
134	002371.SZ	北方华创	北京市	地方国有企业	79.35
135	600487.SH	亨通光电	江苏省	民营企业	79.25
136	600498.SH	烽火通信	湖北省	中央国有企业	79.24
137	600271.SH	航天信息	北京市	中央国有企业	79.15
138	000959.SZ	首钢股份	北京市	地方国有企业	79.14
139	603019.SH	中科曙光	天津市	中央国有企业	79.10
140	600703.SH	三安光电	湖北省	民营企业	79.09
141	600298.SH	安琪酵母	湖北省	地方国有企业	79.09
142	002056.SZ	横店东磁	浙江省	其他企业	79.05
143	688139.SH	海尔生物	山东省	集体企业	78.97
144	688819.SH	天能股份	浙江省	民营企业	78.96
145	000422.SZ	湖北宜化	湖北省	地方国有企业	78.94
146	000661.SZ	长春高新	吉林省	地方国有企业	78.87
147	600885.SH	宏发股份	湖北省	民营企业	78.80
148	600481.SH	双良节能	江苏省	民营企业	78.80
149	600160.SH	巨化股份	浙江省	地方国有企业	78.76
150	601865.SH	福莱特	浙江省	民营企业	78.68
151	603236.SH	移远通信	上海市	民营企业	78.68
152	601058.SH	赛轮轮胎	山东省	民营企业	78.63
153	300390.SZ	天华新能	江苏省	民营企业	78.63
154	600486.SH	扬农化工	江苏省	中央国有企业	78.61

排名	证券代码	证券简称	省份	公司属性	价值创造得分
155	605117.SH	德业股份	浙江省	民营企业	78.59
156	603658.SH	安图生物	河南省	民营企业	78.58
157	300073.SZ	当升科技	北京市	中央国有企业	78.57
158	002920.SZ	德赛西威	广东省	地方国有企业	78.55
159	600295.SH	鄂尔多斯	内蒙古自治区	民营企业	78.46
160	300888.SZ	稳健医疗	广东省	民营企业	78.40
161	300919.SZ	中伟股份	贵州省	民营企业	78.39
162	601600.SH	中国铝业	北京市	中央国有企业	78.37
163	000887.SZ	中鼎股份	安徽省	民营企业	78.35
164	600183.SH	生益科技	广东省	公众企业	78.34
165	601677.SH	明泰铝业	河南省	民营企业	78.33
166	002202.SZ	金风科技	新疆维吾尔自治区	公众企业	78.31
167	600312.SH	平高电气	河南省	中央国有企业	78.30
168	002430.SZ	杭氧股份	浙江省	地方国有企业	78.30
169	000739.SZ	普洛药业	浙江省	其他企业	78.22
170	000513.SZ	丽珠集团	广东省	民营企业	78.21
171	688005.SH	容百科技	浙江省	民营企业	78.19
172	600143.SH	金发科技	广东省	民营企业	78.13
173	002139.SZ	拓邦股份	广东省	民营企业	78.09
174	600699.SH	均胜电子	浙江省	民营企业	78.07
175	688390.SH	固德威	江苏省	民营企业	78.01
176	300661.SZ	圣邦股份	北京市	民营企业	78.01
177	603806.SH	福斯特	浙江省	民营企业	77.95
178	603816.SH	顾家家居	浙江省	民营企业	77.88
179	002422.SZ	科伦药业	四川省	民营企业	77.88
180	002032.SZ	苏泊尔	浙江省	外资企业	77.86
181	300373.SZ	扬杰科技	江苏省	民营企业	77.86
182	002008.SZ	大族激光	广东省	民营企业	77.85
183	300979.SZ	华利集团	广东省	外资企业	77.83
184	300118.SZ	东方日升	浙江省	民营企业	77.81

续表

排名	证券代码	证券简称	省份	公司属性	价值创造得分
185	000786.SZ	北新建材	北京市	中央国有企业	77.80
186	603599.SH	广信股份	安徽省	民营企业	77.80
187	688223.SH	晶科能源	江西省	民营企业	77.74
188	002597.SZ	金禾实业	安徽省	民营企业	77.62
189	600346.SH	恒力石化	辽宁省	民营企业	77.55
190	300136.SZ	信维通信	广东省	民营企业	77.55
191	002643.SZ	万润股份	山东省	中央国有企业	77.54
192	600500.SH	中化国际	上海市	中央国有企业	77.53
193	000921.SZ	海信家电	广东省	公众企业	77.53
194	688008.SH	澜起科技	上海市	公众企业	77.49
195	301035.SZ	润丰股份	山东省	民营企业	77.48
196	000050.SZ	深天马A	广东省	中央国有企业	77.37
197	001308.SZ	康冠科技	广东省	民营企业	77.28
198	688363.SH	华熙生物	山东省	民营企业	77.27
199	603596.SH	伯特利	安徽省	外资企业	77.26
200	688349.SH	三一重能	北京市	民营企业	77.25
201	002185.SZ	华天科技	甘肃省	民营企业	77.21
202	002241.SZ	歌尔股份	山东省	民营企业	77.21
203	002078.SZ	太阳纸业	山东省	民营企业	77.19
204	688009.SH	中国通号	北京市	中央国有企业	77.13
205	601138.SH	工业富联	广东省	公众企业	77.13
206	000012.SZ	南玻A	广东省	公众企业	77.10
207	688575.SH	亚辉龙	广东省	民营企业	77.10
208	600499.SH	科达制造	广东省	公众企业	77.08
209	600761.SH	安徽合力	安徽省	地方国有企业	77.07
210	002756.SZ	永兴材料	浙江省	民营企业	77.04
211	601636.SH	旗滨集团	湖南省	民营企业	77.00
212	600460.SH	士兰微	浙江省	民营企业	76.97
213	688114.SH	华大智造	广东省	民营企业	76.93
214	600389.SH	江山股份	江苏省	公众企业	76.88

续表

排名	证券代码	证券简称	省份	公司属性	价值创造得分
215	600582.SH	天地科技	北京市	中央国有企业	76.86
216	002463.SZ	沪电股份	江苏省	外资企业	76.86
217	002532.SZ	天山铝业	浙江省	民营企业	76.66
218	688187.SH	时代电气	湖南省	中央国有企业	76.62
219	002444.SZ	巨星科技	浙江省	民营企业	76.62
220	600888.SH	新疆众和	新疆维吾尔自治区	民营企业	76.60
221	603529.SH	爱玛科技	天津市	民营企业	76.57
222	002353.SZ	杰瑞股份	山东省	民营企业	76.54
223	600585.SH	海螺水泥	安徽省	地方国有企业	76.50
224	603228.SH	景旺电子	广东省	民营企业	76.50
225	600580.SH	卧龙电驱	浙江省	民营企业	76.49
226	000733.SZ	振华科技	贵州省	中央国有企业	76.43
227	000630.SZ	铜陵有色	安徽省	地方国有企业	76.42
228	300763.SZ	锦浪科技	浙江省	民营企业	76.39
229	000792.SZ	盐湖股份	青海省	地方国有企业	76.38
230	000988.SZ	华工科技	湖北省	地方国有企业	76.30
231	000960.SZ	锡业股份	云南省	地方国有企业	76.25
232	000933.SZ	神火股份	河南省	地方国有企业	76.19
233	002203.SZ	海亮股份	浙江省	民营企业	76.15
234	601127.SH	赛力斯	重庆	民营企业	76.09
235	600111.SH	北方稀土	内蒙古自治区	地方国有企业	76.08
236	600887.SH	伊利股份	内蒙古自治区	公众企业	76.06
237	000878.SZ	云南铜业	云南省	中央国有企业	76.05
238	000100.SZ	TCL科技	广东省	公众企业	75.97
239	002851.SZ	麦格米特	广东省	民营企业	75.93
240	002312.SZ	川发龙蟒	四川省	地方国有企业	75.89
241	300223.SZ	北京君正	北京市	民营企业	75.80
242	000902.SZ	新洋丰	湖北省	民营企业	75.75
243	600528.SH	中铁工业	北京市	中央国有企业	75.75
244	000629.SZ	钒钛股份	四川省	中央国有企业	75.74

排名	证券代码	证券简称	省份	公司属性	价值创造得分
245	300438. SZ	鹏辉能源	广东省	民营企业	75.73
246	000060. SZ	中金岭南	广东省	地方国有企业	75.70
247	603077. SH	和邦生物	四川省	民营企业	75.69
248	600595. SH	中孚实业	河南省	民营企业	75.66
249	000049. SZ	德赛电池	广东省	地方国有企业	75.66
250	002497. SZ	雅化集团	四川省	民营企业	75.61
251	002738. SZ	中矿资源	北京市	民营企业	75.57
252	002152. SZ	广电运通	广东省	地方国有企业	75.56
253	002705. SZ	新宝股份	广东省	民营企业	75.47
254	600989. SH	宝丰能源	宁夏回族自治区	民营企业	75.40
255	603766. SH	隆鑫通用	重庆市	民营企业	75.37
256	603288. SH	海天味业	广东省	民营企业	75.35
257	600361. SH	创新新材	北京市	民营企业	75.20
258	000895. SZ	双汇发展	河南省	外资企业	75.15
259	601615. SH	明阳智能	广东省	民营企业	75.15
260	002326. SZ	永太科技	浙江省	民营企业	75.13
261	600482. SH	中国动力	河北省	中央国有企业	75.12
262	002028. SZ	思源电气	上海市	民营企业	75.06
263	002925. SZ	盈趣科技	福建省	外资企业	75.05
264	002182. SZ	云海金属	江苏省	民营企业	75.01
265	600801. SH	华新水泥	湖北省	外资企业	74.96
266	300408. SZ	三环集团	广东省	民营企业	74.92
267	600600. SH	青岛啤酒	山东省	地方国有企业	74.85
268	002249. SZ	大洋电机	广东省	民营企业	74.80
269	000039. SZ	中集集团	广东省	公众企业	74.77
270	603899. SH	晨光股份	上海市	民营企业	74.76
271	300832. SZ	新产业	广东省	民营企业	74.76
272	600525. SH	长园集团	广东省	公众企业	74.75
273	300639. SZ	凯普生物	广东省	外资企业	74.75
274	002402. SZ	和而泰	广东省	民营企业	74.73

排名	证券代码	证券简称	省份	公司属性	价值创造得分
275	688779.SH	长远锂科	湖南省	中央国有企业	74.72
276	603290.SH	斯达半导	浙江省	外资企业	74.62
277	002022.SZ	科华生物	上海市	公众企业	74.58
278	600566.SH	济川药业	湖北省	民营企业	74.53
279	002281.SZ	光迅科技	湖北省	中央国有企业	74.50
280	300298.SZ	三诺生物	湖南省	民营企业	74.49
281	603612.SH	索通发展	山东省	民营企业	74.44
282	600328.SH	中盐化工	内蒙古自治区	中央国有企业	74.42
283	300207.SZ	欣旺达	广东省	民营企业	74.41
284	000657.SZ	中钨高新	海南省	中央国有企业	74.39
285	603026.SH	胜华新材	山东省	公众企业	74.37
286	002020.SZ	京新药业	浙江省	民营企业	74.36
287	601877.SH	正泰电器	浙江省	民营企业	74.36
288	002273.SZ	水晶光电	浙江省	民营企业	74.35
289	000538.SZ	云南白药	云南省	公众企业	74.34
290	601799.SH	星宇股份	江苏省	民营企业	74.33
291	002815.SZ	崇达技术	广东省	民营企业	74.32
292	688778.SH	厦钨新能	福建省	地方国有企业	74.27
293	002493.SZ	荣盛石化	浙江省	民营企业	74.24
294	600392.SH	盛和资源	四川省	中央国有企业	74.24
295	000519.SZ	中兵红箭	湖南省	中央国有企业	74.18
296	688425.SH	铁建重工	湖南省	中央国有企业	74.16
297	300428.SZ	立中集团	河北省	民营企业	74.13
298	688075.SH	安旭生物	浙江省	民营企业	74.12
299	601567.SH	三星医疗	浙江省	民营企业	74.11
300	000877.SZ	天山股份	新疆维吾尔自治区	中央国有企业	74.10
301	000999.SZ	华润三九	广东省	中央国有企业	74.06
302	688012.SH	中微公司	上海市	公众企业	74.04
303	002865.SZ	钧达股份	海南省	民营企业	74.00
304	600866.SH	星湖科技	广东省	地方国有企业	73.91

续表

排名	证券代码	证券简称	省份	公司属性	价值创造得分
305	000680.SZ	山推股份	山东省	地方国有企业	73.88
306	002335.SZ	科华数据	福建省	民营企业	73.88
307	603906.SH	龙蟠科技	江苏省	民营企业	73.82
308	002250.SZ	联化科技	浙江省	民营企业	73.80
309	000858.SZ	五粮液	四川省	地方国有企业	73.70
310	002518.SZ	科士达	广东省	民营企业	73.68
311	002408.SZ	齐翔腾达	山东省	地方国有企业	73.67
312	002318.SZ	久立特材	浙江省	民营企业	73.63
313	300999.SZ	金龙鱼	上海市	公众企业	73.56
314	300769.SZ	德方纳米	广东省	公众企业	73.51
315	002138.SZ	顺络电子	广东省	公众企业	73.47
316	300568.SZ	星源材质	广东省	民营企业	73.45
317	000550.SZ	江铃汽车	江西省	中央国有企业	73.37
318	002747.SZ	埃斯顿	江苏省	民营企业	73.37
319	688289.SH	圣湘生物	湖南省	民营企业	73.33
320	002508.SZ	老板电器	浙江省	民营企业	73.31
321	002396.SZ	星网锐捷	福建省	地方国有企业	73.29
322	600216.SH	浙江医药	浙江省	民营企业	73.29
323	600967.SH	内蒙一机	内蒙古自治区	中央国有企业	73.29
324	600299.SH	安迪苏	北京市	中央国有企业	73.26
325	300638.SZ	广和通	广东省	民营企业	73.23
326	603707.SH	健友股份	江苏省	民营企业	73.22
327	002572.SZ	索菲亚	广东省	民营企业	73.19
328	600933.SH	爱柯迪	浙江省	民营企业	73.18
329	002895.SZ	川恒股份	贵州省	民营企业	73.08
330	603995.SH	甬金股份	浙江省	民营企业	73.03
331	600066.SH	宇通客车	河南省	民营企业	73.01
332	688606.SH	奥泰生物	浙江省	民营企业	72.90
333	002240.SZ	盛新锂能	四川省	民营企业	72.85
334	000825.SZ	太钢不锈	山西省	中央国有企业	72.79
335	002436.SZ	兴森科技	广东省	民营企业	72.79
336	605589.SH	圣泉集团	山东省	民营企业	72.75

排名	证券代码	证券简称	省份	公司属性	价值创造得分
337	002156.SZ	通富微电	江苏省	民营企业	72.73
338	600409.SH	三友化工	河北省	公众企业	72.70
339	601633.SH	长城汽车	河北省	民营企业	72.70
340	300358.SZ	楚天科技	湖南省	民营企业	72.68
341	300146.SZ	汤臣倍健	广东省	民营企业	72.66
342	001322.SZ	箭牌家居	广东省	民营企业	72.66
343	002332.SZ	仙琚制药	浙江省	地方国有企业	72.64
344	002176.SZ	江特电机	江西省	民营企业	72.61
345	688169.SH	石头科技	北京市	民营企业	72.56
346	603337.SH	杰克股份	浙江省	民营企业	72.53
347	002271.SZ	东方雨虹	北京市	民营企业	72.51
348	002595.SZ	豪迈科技	山东省	民营企业	72.50
349	002539.SZ	云图控股	四川省	民营企业	72.48
350	603305.SH	旭升集团	浙江省	民营企业	72.46
351	300054.SZ	鼎龙股份	湖北省	民营企业	72.45
352	605365.SH	立达信	福建省	民营企业	72.42
353	002294.SZ	信立泰	广东省	民营企业	72.34
354	600022.SH	山东钢铁	山东省	地方国有企业	72.32
355	600765.SH	中航重机	贵州省	中央国有企业	72.31
356	688301.SH	奕瑞科技	上海市	民营企业	72.31
357	300699.SZ	光威复材	山东省	民营企业	72.30
358	601163.SH	三角轮胎	山东省	民营企业	72.29
359	600623.SH	华谊集团	上海市	地方国有企业	72.28
360	600320.SH	振华重工	上海市	中央国有企业	72.27
361	002245.SZ	蔚蓝锂芯	江苏省	民营企业	72.25
362	600352.SH	浙江龙盛	浙江省	民营企业	72.24
363	300596.SZ	利安隆	天津市	民营企业	72.22
364	600062.SH	华润双鹤	北京市	中央国有企业	72.17
365	600075.SH	新疆天业	新疆维吾尔自治区	地方国有企业	72.13
366	600418.SH	江淮汽车	安徽省	地方国有企业	72.08
367	002242.SZ	九阳股份	山东省	民营企业	72.05
368	600372.SH	中航电子	北京市	中央国有企业	72.02

排名	证券代码	证券简称	省份	公司属性	价值创造得分
369	002484.SZ	江海股份	江苏省	外资企业	72.01
370	301165.SZ	锐捷网络	福建省	地方国有企业	71.99
371	688041.SH	海光信息	天津	公众企业	71.95
372	600997.SH	开滦股份	河北省	地方国有企业	71.95
373	002092.SZ	中泰化学	新疆维吾尔自治区	地方国有企业	71.92
374	002011.SZ	盾安环境	浙江省	公众企业	71.92
375	600273.SH	嘉化能源	浙江省	民营企业	71.90
376	600166.SH	福田汽车	北京市	地方国有企业	71.79
377	002130.SZ	沃尔核材	广东省	公众企业	71.78
378	300171.SZ	东富龙	上海	民营企业	71.76
379	300285.SZ	国瓷材料	山东省	民营企业	71.69
380	000723.SZ	美锦能源	山西省	民营企业	71.68
381	600332.SH	白云山	广东省	地方国有企业	71.66
382	002048.SZ	宁波华翔	浙江省	民营企业	71.64
383	002706.SZ	良信股份	上海	民营企业	71.64
384	605507.SH	国邦医药	浙江省	民营企业	71.58
385	600782.SH	新钢股份	江西省	中央国有企业	71.58
386	002372.SZ	伟星新材	浙江省	民营企业	71.56
387	000066.SZ	中国长城	广东省	中央国有企业	71.54
388	603197.SH	保隆科技	上海市	民营企业	71.53
389	002429.SZ	兆驰股份	广东省	地方国有企业	71.49
390	603338.SH	浙江鼎力	浙江省	民营企业	71.46
391	002180.SZ	纳思达	广东省	民营企业	71.40
392	688728.SH	格科微	上海市	民营企业	71.33
393	002472.SZ	双环传动	浙江省	民营企业	71.30
394	000400.SZ	许继电气	河南省	中央国有企业	71.30
395	300502.SZ	新易盛	四川省	民营企业	71.26
396	601702.SH	华峰铝业	上海	民营企业	71.26
397	603179.SH	新泉股份	江苏省	民营企业	71.23
398	300529.SZ	健帆生物	广东省	民营企业	71.18
399	601678.SH	滨化股份	山东省	公众企业	71.18
400	300896.SZ	爱美客	北京	民营企业	71.07

排名	证券代码	证券简称	省份	公司属性	价值创造得分
401	603345.SH	安井食品	福建省	民营企业	71.04
402	301039.SZ	中集车辆	广东省	公众企业	71.03
403	600330.SH	天通股份	浙江省	民营企业	71.03
404	600459.SH	贵研铂业	云南省	地方国有企业	71.02
405	600085.SH	同仁堂	北京市	地方国有企业	70.99
406	300393.SZ	中来股份	江苏省	民营企业	70.98
407	002498.SZ	汉缆股份	山东省	民营企业	70.92
408	300142.SZ	沃森生物	云南省	公众企业	70.91
409	002837.SZ	英维克	广东省	民营企业	70.90
410	688122.SH	西部超导	陕西省	地方国有企业	70.90
411	603515.SH	欧普照明	上海市	民营企业	70.89
412	002074.SZ	国轩高科	安徽省	民营企业	70.86
413	301216.SZ	万凯新材	浙江省	民营企业	70.84
414	002932.SZ	明德生物	湖北省	民营企业	70.82
415	002004.SZ	华邦健康	重庆市	民营企业	70.81
416	600839.SH	四川长虹	四川省	地方国有企业	70.78
417	000893.SZ	亚钾国际	广东省	公众企业	70.78
418	002126.SZ	银轮股份	浙江省	民营企业	70.75
419	000913.SZ	钱江摩托	浙江省	民营企业	70.73
420	002768.SZ	国恩股份	山东省	民营企业	70.71
421	605499.SH	东鹏饮料	广东省	民营企业	70.71
422	300363.SZ	博腾股份	重庆市	民营企业	70.71
423	603301.SH	振德医疗	浙江省	民营企业	70.68
424	003022.SZ	联泓新科	山东省	公众企业	70.65
425	600480.SH	凌云股份	河北省	中央国有企业	70.64
426	300395.SZ	菲利华	湖北省	民营企业	70.64
427	688475.SH	萤石网络	浙江省	中央国有企业	70.64
428	000726.SZ	鲁泰 A	山东省	民营企业	70.64
429	000930.SZ	中粮科技	安徽省	中央国有企业	70.62
430	605358.SH	立昂微	浙江省	民营企业	70.62
431	603786.SH	科博达	上海市	民营企业	70.59
432	300751.SZ	迈为股份	江苏省	民营企业	70.59

排名	证券代码	证券简称	省份	公司属性	价值创造得分
433	002025.SZ	航天电器	贵州省	中央国有企业	70.59
434	300122.SZ	智飞生物	重庆市	民营企业	70.52
435	300724.SZ	捷佳伟创	广东省	民营企业	70.51
436	603556.SH	海兴电力	浙江省	民营企业	70.50
437	688516.SH	奥特维	江苏省	民营企业	70.42
438	002414.SZ	高德红外	湖北省	民营企业	70.40
439	601609.SH	金田股份	浙江省	民营企业	70.34
440	300476.SZ	胜宏科技	广东省	民营企业	70.32
441	002389.SZ	航天彩虹	浙江省	中央国有企业	70.31
442	000683.SZ	远兴能源	内蒙古自治区	民营企业	70.29
443	300679.SZ	电连技术	广东省	民营企业	70.29
444	000568.SZ	泸州老窖	四川省	地方国有企业	70.27
445	002003.SZ	伟星股份	浙江省	民营企业	70.21
446	002101.SZ	广东鸿图	广东省	地方国有企业	70.17
447	600370.SH	三房巷	江苏省	民营企业	70.14
448	688295.SH	中复神鹰	江苏省	中央国有企业	70.12
449	603583.SH	捷昌驱动	浙江省	民营企业	70.06
450	300088.SZ	长信科技	安徽省	地方国有企业	70.06
451	688097.SH	博众精工	江苏省	民营企业	70.05
452	002254.SZ	泰和新材	山东省	地方国有企业	70.00
453	300026.SZ	红日药业	天津市	地方国有企业	69.99
454	600420.SH	国药现代	上海市	中央国有企业	69.97
455	600929.SH	雪天盐业	湖南省	地方国有企业	69.95
456	601137.SH	博威合金	浙江省	民营企业	69.92
457	600398.SH	海澜之家	江苏省	民营企业	69.90
458	000727.SZ	冠捷科技	江苏省	中央国有企业	69.90
459	601369.SH	陕鼓动力	陕西省	地方国有企业	69.90
460	603283.SH	赛腾股份	江苏省	民营企业	69.84
461	300782.SZ	卓胜微	江苏省	民营企业	69.75
462	002465.SZ	海格通信	广东省	地方国有企业	69.70
463	000559.SZ	万向钱潮	浙江省	民营企业	69.69
464	300821.SZ	东岳硅材	山东省	民营企业	69.69
465	600458.SH	时代新材	湖南省	中央国有企业	69.68
466	000528.SZ	柳工	广西壮族自治区	地方国有企业	69.65

排名	证券代码	证券简称	省份	公司属性	价值创造得分
467	603611.SH	诺力股份	浙江省	民营企业	69.61
468	000596.SZ	古井贡酒	安徽省	地方国有企业	69.57
469	601212.SH	白银有色	甘肃省	公众企业	69.47
470	300224.SZ	正海磁材	山东省	民营企业	69.47
471	688002.SH	睿创微纳	山东省	民营企业	69.46
472	603801.SH	志邦家居	安徽省	民营企业	69.40
473	600277.SH	亿利洁能	内蒙古自治区	民营企业	69.37
474	601208.SH	东材科技	四川省	民营企业	69.36
475	688065.SH	凯赛生物	上海市	外资企业	69.32
476	300398.SZ	飞凯材料	上海市	外资企业	69.31
477	002906.SZ	华阳集团	广东省	民营企业	69.29
478	688707.SH	振华新材	贵州省	中央国有企业	69.28
479	002668.SZ	奥马电器	广东省	民营企业	69.27
480	002399.SZ	海普瑞	广东省	民营企业	69.26
481	688696.SH	极米科技	四川省	民营企业	69.25
482	600436.SH	片仔癀	福建省	地方国有企业	69.23
483	300415.SZ	伊之密	广东省	民营企业	69.23
484	603100.SH	川仪股份	重庆市	地方国有企业	69.17
485	300633.SZ	开立医疗	广东省	民营企业	69.15
486	002262.SZ	恩华药业	江苏省	民营企业	69.15
487	002007.SZ	华兰生物	河南省	民营企业	69.12
488	600507.SH	方大特钢	江西省	民营企业	69.11
489	601311.SH	骆驼股份	湖北省	民营企业	69.08
490	301090.SZ	华润材料	江苏省	中央国有企业	69.03
491	300957.SZ	贝泰妮	云南省	外资企业	68.98
492	603730.SH	岱美股份	上海市	民营企业	68.96
493	000553.SZ	安道麦A	湖北省	中央国有企业	68.94
494	600477.SH	杭萧钢构	浙江省	民营企业	68.90
495	002487.SZ	大金重工	辽宁省	民营企业	68.88
496	603992.SH	松霖科技	福建省	民营企业	68.85
497	000301.SZ	东方盛虹	江苏省	民营企业	68.85
498	002543.SZ	万和电气	广东省	民营企业	68.82
499	603605.SH	珀莱雅	浙江省	民营企业	68.79
500	002158.SZ	汉钟精机	上海市	外资企业	68.79

附表 2 中国装备制造业上市公司价值创造 100 强

排名	证券代码	证券简称	省份	公司属性	价值创造得分
1	300750. SZ	宁德时代	福建省	民营企业	91.35
2	002415. SZ	海康威视	浙江省	中央国有企业	91.20
3	600104. SH	上汽集团	上海市	地方国有企业	91.15
4	601766. SH	中国中车	北京市	中央国有企业	91.00
5	002475. SZ	立讯精密	广东省	民营企业	90.87
6	600438. SH	通威股份	四川省	民营企业	90.48
7	600690. SH	海尔智家	山东省	集体企业	90.40
8	601238. SH	广汽集团	广东省	地方国有企业	90.28
9	600875. SH	东方电气	四川省	中央国有企业	90.10
10	600150. SH	中国船舶	上海市	中央国有企业	90.05
11	601600. SH	中国铝业	北京市	中央国有企业	90.01
12	600760. SH	中航沈飞	山东省	中央国有企业	89.87
13	002594. SZ	比亚迪	广东省	民营企业	89.63
14	601012. SH	隆基绿能	陕西省	民营企业	89.55
15	002179. SZ	中航光电	河南省	中央国有企业	89.40
16	000063. SZ	中兴通讯	广东省	公众企业	89.10
17	603279. SH	景津装备	山东省	民营企业	88.83
18	300124. SZ	汇川技术	广东省	民营企业	87.62
19	002841. SZ	视源股份	广东省	民营企业	87.37
20	000778. SZ	新兴铸管	河北省	中央国有企业	87.02
21	600031. SH	三一重工	北京市	民营企业	86.99
22	688036. SH	传音控股	广东省	民营企业	86.71
23	300760. SZ	迈瑞医疗	广东省	外资企业	86.54
24	000333. SZ	美的集团	广东省	民营企业	86.09
25	002129. SZ	TCL 中环	天津市	公众企业	86.06
26	000425. SZ	徐工机械	江苏省	地方国有企业	86.03
27	000651. SZ	格力电器	广东省	公众企业	85.91
28	002459. SZ	晶澳科技	河北省	民营企业	85.84
29	600660. SH	福耀玻璃	福建省	外资企业	85.74
30	600732. SH	爱旭股份	上海市	民营企业	85.50
31	002938. SZ	鹏鼎控股	广东省	公众企业	85.48
32	688599. SH	天合光能	江苏省	民营企业	85.22
33	600089. SH	特变电工	新疆维吾尔自治区	民营企业	85.22

排名	证券代码	证券简称	省份	公司属性	价值创造得分
34	002050.SZ	三花智控	浙江省	民营企业	85.00
35	300274.SZ	阳光电源	安徽省	民营企业	84.58
36	600745.SH	闻泰科技	湖北省	民营企业	84.54
37	000338.SZ	潍柴动力	山东省	地方国有企业	84.46
38	688271.SH	联影医疗	上海市	民营企业	83.72
39	601689.SH	拓普集团	浙江省	外资企业	83.53
40	000938.SZ	紫光股份	北京	公众企业	83.11
41	002049.SZ	紫光国微	河北省	公众企业	83.07
42	300628.SZ	亿联网络	福建省	民营企业	82.79
43	300433.SZ	蓝思科技	湖南省	民营企业	82.64
44	300450.SZ	先导智能	江苏省	民营企业	82.64
45	002916.SZ	深南电路	广东省	中央国有企业	82.36
46	603501.SH	韦尔股份	上海市	民营企业	82.26
47	002236.SZ	大华股份	浙江省	民营企业	82.24
48	600584.SH	长电科技	江苏省	公众企业	82.18
49	601100.SH	恒立液压	江苏省	民营企业	82.13
50	688396.SH	华润微	江苏省	中央国有企业	82.09
51	002600.SZ	领益智造	广东省	民营企业	81.95
52	300308.SZ	中际旭创	山东省	民营企业	81.86
53	002384.SZ	东山精密	江苏省	民营企业	81.84
54	300003.SZ	乐普医疗	北京市	民营企业	81.78
55	601231.SH	环旭电子	上海市	外资企业	81.75
56	601717.SH	郑煤机	河南省	公众企业	81.36
57	600060.SH	海信视像	山东省	公众企业	81.16
58	000977.SZ	浪潮信息	山东省	地方国有企业	81.11
59	002223.SZ	鱼跃医疗	江苏省	民营企业	80.87
60	688981.SH	中芯国际	上海市	公众企业	80.65
61	600549.SH	厦门钨业	福建省	地方国有企业	80.58
62	603659.SH	璞泰来	上海市	民营企业	80.32
63	688063.SH	派能科技	上海市	公众企业	80.16
64	002850.SZ	科达利	广东省	民营企业	80.09
65	600522.SH	中天科技	江苏省	民营企业	80.06
66	300866.SZ	安克创新	湖南省	民营企业	80.02
67	000810.SZ	创维数字	四川省	公众企业	79.93

排名	证券代码	证券简称	省份	公司属性	价值创造得分
68	000725. SZ	京东方A	北京市	地方国有企业	79.91
69	300316. SZ	晶盛机电	浙江省	民营企业	79.86
70	603486. SH	科沃斯	江苏省	民营企业	79.77
71	000157. SZ	中联重科	湖南省	公众企业	79.75
72	603298. SH	杭叉集团	浙江省	民营企业	79.72
73	002432. SZ	九安医疗	天津市	民营企业	79.69
74	000625. SZ	长安汽车	重庆市	中央国有企业	79.68
75	600884. SH	杉杉股份	浙江省	民营企业	79.67
76	300014. SZ	亿纬锂能	广东省	民营企业	79.65
77	002085. SZ	万丰奥威	浙江省	民营企业	79.59
78	603129. SH	春风动力	浙江省	民营企业	79.57
79	603355. SH	莱克电气	江苏省	民营企业	79.55
80	603185. SH	弘元绿能	江苏省	民营企业	79.50
81	688303. SH	大全能源	新疆维吾尔自治区	民营企业	79.47
82	603195. SH	公牛集团	浙江省	民营企业	79.43
83	002371. SZ	北方华创	北京市	地方国有企业	79.35
84	600487. SH	亨通光电	江苏省	民营企业	79.25
85	600498. SH	烽火通信	湖北省	中央国有企业	79.24
86	600271. SH	航天信息	北京市	中央国有企业	79.15
87	603019. SH	中科曙光	天津市	中央国有企业	79.10
88	600703. SH	三安光电	湖北省	民营企业	79.09
89	002056. SZ	横店东磁	浙江省	其他企业	79.05
90	688139. SH	海尔生物	山东省	集体企业	78.97
91	688819. SH	天能股份	浙江省	民营企业	78.96
92	600885. SH	宏发股份	湖北省	民营企业	78.80
93	600481. SH	双良节能	江苏省	民营企业	78.80
94	605117. SH	德业股份	浙江省	民营企业	78.59
95	002920. SZ	德赛西威	广东省	地方国有企业	78.55
96	300919. SZ	中伟股份	贵州省	民营企业	78.39
97	002202. SZ	金风科技	新疆维吾尔自治区	公众企业	78.31
98	600312. SH	平高电气	河南省	中央国有企业	78.30
99	002430. SZ	杭氧股份	浙江省	地方国有企业	78.30
100	688005. SH	容百科技	浙江省	民营企业	78.19

B.9
装备制造行业技术创新企业

梁永胜　许天瑶　杨奥*

摘　要：　本报告对国机重型装备集团股份有限公司、中国农业机械化科学研究院集团有限公司、理想汽车三家装备制造业企业的基本情况、技术创新情况和技术创新经验进行了分析。研究结果表明，这三家企业在技术创新过程中坚持政策导向和市场导向，通过在构建科研机制、探索合作模式、推动智能制造、创新人才评价、打造产品体系等方面制定新的管理制度，为装备制造业企业的技术创新和管理方法改进提供了重要借鉴。

关键词：　装备制造业　技术创新　智能制造

一　国机重型装备集团股份有限公司

（一）企业基本情况

1. 企业介绍

国机重型装备集团股份有限公司（以下简称"国机重装"）隶属于中国机械工业集团有限公司，以中国第二重型机械集团有限公司核心制造主业为平台，通过深度整合国机集团旗下诸如中国重型机械有限公司、中国重型机械研究院股份公司等优质资源，成功培育出一家在高端重型装备领域集科

---

* 梁永胜，机械工业经济管理研究院标准创新研究所副所长、区域经济研究室主任；许天瑶，高级工程师，中国农业机械化科学研究院集团有限公司新闻宣传办公室主任；杨奥，行政管理讲师，国机重型装备集团股份有限公司综合管理部副总经理、党群工作部副部长。

研创新、工业生产、国际贸易等多功能于一体的国家级领军企业。优势资源的整合不仅强化了行业影响力，也提升了全球市场竞争力，为国机重装实现更高层次、更广阔领域的发展奠定了坚实基础。国机重装作为中国机械工业重大技术装备领域的核心支柱，会聚了众多杰出人才，包括享有盛誉的中国工程院院士和行业领军人物。经过不懈努力，国机重装斩获了包括国家科技进步奖一等奖在内的超过400项科研成果，授权专利达2000余件，展现了卓越的科技创新能力。同时，国机重装还创造了400多项"中国第一"的辉煌成就，彰显了在高端重型装备领域的领先地位和卓越贡献。这些显著的成果和荣誉不仅见证了国机重装过去的辛勤付出与卓越成就，更为国机重装未来的发展注入了强大的动力和信心，成为激励全体员工不断前行的宝贵财富。国机重装将继续秉持创新、务实、拼搏的精神，不断推动科研和产业发展，为国家高端重型装备事业做出更大的贡献。

2. 业务领域

国机重装是国内首屈一指的国家重大技术装备制造基地。凭借卓越的技术实力和创新能力，国机重装在全球重大技术装备领域独树一帜，成为业内极少数具备此等实力的企业之一，展现出强大的竞争力和市场影响力。国机重装聚焦高端大型铸锻件和工业母机两大关键业务领域，通过不断的技术研发和创新，推动高端重型装备产业的发展，为国家乃至世界的装备制造行业贡献力量。为航空航天、能源、冶金、石油化工、交通、汽车等重要行业提供系统的制造与服务，在国民经济建设中发挥着重要的战略性、基础性作用。先后承担了数百项国家重大工程，研制的2300多台（套）重型成套装备应用于国内外各行各业，累计提供了400余万吨的重大技术装备。

（二）技术创新情况

1. 企业技术创新战略

国机重装集中力量在高端大型铸锻件和工业母机两大核心领域深耕细作，致力于成为"原创技术的摇篮"以及细分领域产业链的"领航者"。加速传统领域的高端化、智能化和绿色化转型升级进程，不断推动精益管理和智能化改造与数字化转型的深度融合。国机重装积极引进前沿技术，不断革新管理模式，努力提升传统产业的附加值和市场竞争力，推动产业的可持续发展。同时，国机重装大力倡导绿色制造，广泛推广绿色生产方式，为建设资源节约、环境友好的社会做出积极贡献。积极拓展储能、氢能、节能环保、新材料等新兴业务领域，紧紧围绕客户需求加强技术研发，加快新产品研发步伐，主动开辟业务新版图，探索发展全新路径，为企业带来新的增长活力。国机重装正致力于持续创新商业模式，加速推进检验检测、工业安装、服务运维等工业服务业的发展，力求推动现代服务业与先进制造业深度融合。

2. 企业技术创新成果

国机重装近年来在关键核心技术领域取得了重大突破，成功开发出众多首件、首套、首批重大技术装备。清洁能源领域，继成功研制首件、首套国产化 1000MW 核电常规岛汽轮机焊接低压转子锻件后，2023 年实现了批量化交付，成为中国唯一具备批量交付能力的企业；成功研制世界最大单机容量 500MW 级冲击式转轮中心体锻件，实现了"从 0 到 1"的重大突破，为中国重大水电工程提供了坚强保障；FB2 转子锻件实现批量化交付，是中国唯一成功研制百万千瓦级 620℃ 超超临界 FB2 转子锻件的企业，标志着中国在百万千瓦级、最高温度等级的超超临界发电机组领域实现了全面的技术突破与国产化生产，是中国能源装备制造业发展的一个重要里程碑，对于推动国家能源安全、促进产业升级以及提升国际竞争力具有重要意义；成功研制首套 300MW 级 F 级自主化样机转子锻件、国产化首台 F 级重型燃机燃烧室内外壳铸件和 J 型燃气轮机透平缸锻件等，实现重型燃机各级段铸件全覆盖和关键锻件批量交付。航空航天领域，成功研制世界最大的钛合金模锻件——TA15 钛合金锻件，填补了国内空白；成功研制亚洲最大负载 125MN 铝合金预拉伸机组、国内最大 6300 吨钛合金挤压机等重大技术装备，为航空工业的蓬勃发展以及高端航空模锻件的精准制造提供了坚实的装备基础和技术支撑；成功研制了 C919 大飞机 70% 以上的大型模锻件，有力地保障了 C919 商业飞行；成功交付第 1000 件空客 A320 主起落架外筒锻件等产品，有力保障产业链供应链安全。先进冶金领域，成功研制国内首套"一键式"智慧炼钢设备、国内首套生态电炉、国产"手撕钢"装备二十辊不锈钢冷轧机组等一系列高端装备，在多个领域实现了自主可控。

（三）技术创新经验总结

1. 打造国家战略科技力量

国机重装多措并举打造国家战略科技力量，服务制造强国战略。一是完善科技创新的顶层战略规划，引领和推动科技创新工作的全面发展。坚持"四个面向"，围绕制造强国建设与"双碳"行动等国家战略目标，聚焦行业发展急需和公司重点发展领域，从科研创新平台的建设、关键核心技术的突破、战略性新兴产业的布局以及高端人才的引进等多个方面共同发力。未来，国机重装将继续加大科研投入力度，提升创新能力，以科技创新引领发展，为国机重装的长远发展奠定坚实基础。二是持续深化对关键核心技术的攻关工作。充分发挥技术沉淀优势和极限制造能力，加快推进清洁能源、航空航天、先进冶金、石油化工等领域科技攻关，成功研制出一大批高端重大技术装备和关键基础零部件，有力支撑了国家重大工程建设需要。三是加速推进原创技术策源地的创建。以突破高端整机、关键零部件及填补空白为主攻方向，切实提升基础制造工艺装备设计、制造能力，以科技创新打造发展新质生产力的"主引擎"，以原创性技术创新培育新动能。

2. 着力构建高效科研体系

坚持系统观念，准确把握科技创新趋势，统筹科技资源，聚力推进科技创新体系建设。一是健全科技创新制度保障。借助科技创新制度的驱动力，点燃科技创新的引擎，从而增强科技创新的效能。在政策争取、制度完善、项目承担、研发投入等方面制定明确的工作措施和工作目标，持续优化创新机制，不断提升科技创新水平。二是加快构建高能级科技创新平台体系。紧扣高质量发展的核心要求，致力于存量优化与新建整合的协同推进。通过扎实开展金属成形技术与重型装备全国重点实验室、大型铸锻件先进制造技术及装备国家工程研究中心等 30 个省级以上高能级创新平台的建设工作，加快催生新兴产业、培育创新模式，为形成新的发展动能奠定坚实基础，推动科技创新与产业升级的深度融合，为国机重装的长远发展注入强大动力。三是着力构建高水平创新人才队伍体系。面向国家重大工程建设，不断优化创新人才培育机制。选拔首席专家、首席技师，落实高层次科技专家协商延迟退休制度；积极践行"技能中国行动"，所属企业被列入教育部首批职业教育现场工程师专项培养计划试点企业、国家首批技能根基工程培训基地。

3. 深度推进产学研合作

坚持产学研用合作方式，与国内知名高校、科研院所和企业广泛开展战略合作，着力培育开放创新生态。一是不断加强协同创新和联盟创新。组建和参与"先进电力装备研制与应用""中小功率等级天然气燃气轮机和氢燃气轮机原创技术策源地"等多个创新联盟，在高端装备制造领域持续攻关国家"卡脖子"关键核心技术，在战略性新兴产业技术领域开展科研储备和前瞻性科研课题，积极适应市场变化，以前瞻性的眼光有针对性地布局新兴领域，并加大新技术的研究与开发力度，推出市场竞争力更加强劲的新型产品。二是强化战略合作。2023 年，国机重装与四川大学、重庆大学、东北大学、河南工业大学、航空云网等单位签署了战略合作协议，同时，积极与成都大学等多所知名高校及科研院所签订产教融合基地建设合作协议，通过深度整合高校、科研院所和企业用户等多元创新资源，实现了创新力量的高效汇聚，极大地激发了各类创新主体参与科技攻关的热情和积极性，共同推动高端重型装备产业的创新与发展，为实现高质量发展目标贡献智慧与动能。

二 中国农业机械化科学研究院集团有限公司①

（一）企业基本情况

1. 企业介绍

中国农业机械化科学研究院集团有限公司，以下简称"中国农机院"，

---

① 企业相关材料由中国农业机械化科学研究院集团有限公司提供。

自 1956 年起便成为中国机械工业集团有限公司旗下的重要一员，有深厚的历史底蕴。作为高新技术企业的佼佼者和国家的首批创新型企业，中国农机院在行业内享有崇高的声誉。

中国农机院构建了全面的科学研究与成果转化体系，涵盖了多个国家级科研平台，包括一座全国重点实验室、两个国家工程实验室、两个国家工程技术研究中心、三个国家级质量检验检测中心，彰显了其在科研创新方面的雄厚实力。同时，作为农业装备产业技术创新战略联盟与国家饲草料生产科技创新联盟等国家级创新战略联盟的理事长单位，中国农机院不仅引领着行业内的技术革新，更在推动产业进步与发展方面发挥着举足轻重的作用。中国农机院还肩负着国家重点研发计划与重大战略起草的重任，充分展示了其作为首批创新型企业的领导地位与创新能力。同时，中国农机院是国务院首批博士、硕士学位授予单位，肩负着培养农业机械领域高端人才的重要使命，成为该领域不可或缺的人才培养机构。

目前，中国农机院的业务主要围绕创新与服务、高端装备和农业工程三大领域展开。其坚守"科技为基、人才为魂、引领产业、服务三农"的发展理念，努力成为农业机械行业的战略策划中心、技术创新引擎、数字化赋能核心、产品辐射基地及国际交流窗口。

2. 业务介绍

在习近平总书记关于"三农"工作和科技创新的重要论述的指引下，中国农机院致力于实现"发挥国机优势，满足国家需求"的核心任务，并集中力量实现"提升农机装备水平，保障国家粮食安全"的宏伟目标。中国农机院积极自主研发，成功推出了免耕精量播种机、高地隙喷杆喷雾机等农机装备，提供从播种到收获、从育种到加工、从饲养到屠宰、从田间到餐桌的全程农业机械与装备，构建了全覆盖农业全程机械化监管云平台。中国农机院已成功建设多个农业产业园区，不仅提供先进的规划咨询服务，还以技术装备为基石，通过集成化的工程解决方案，提供一站式的现代农业生产综合服务，满足农业生产中的多样化需求，助力农业高效、可持续发展，赋能乡村全面振兴。中国农机院拥有先进的机电液、表面材料、试验技术与装备，为航空航天、交通能源、装备制造等行业提供技术装备解决方案。

（二）技术创新情况

1. 企业技术创新战略

中国农机院建立了以全国重点实验室为基石的应用基础研究体系，并依托国家工程研究中心和国家工程技术研究中心的强大支撑，专注于产品技术的深入研发以及科研成果的转化与产业化。同时，通过与产业技术创新战略联盟的紧密合作，为整个行业提供了全方位、一体化的专业服务，助力行业的持续发展与升级。该应用基础研究体系覆盖了基础研究、应用开发、成果转化与行业服务，形成了四位一体的科技创新格局。在科研布局方面，中国农机院聚焦农牧业装备、农产品与食品加工、信息与智能技术等核心领域深入探索，并在35个专业领域内进行深入研究。总体来看，中国农机院已经建立起一个集平台支撑、体系整合、科教融合、全链条驱动于一体的创新体系，为农业机械化和智能化发展注入了强劲动力。中国农机院聚焦"四个面向"战略导向，坚定锚定建设农业强国的宏伟目标，以高水平科技自立自强为核心路径，持续加大农业装备关键核心技术的研发力度，突破技术瓶颈。

2. 企业技术创新成果

自"十三五"规划实施以来，中国农机院致力于推动作业装备的智能化升级，实现农业生产全程的机械化覆盖，并进一步提升生产管理的智慧化程度，为农业现代化提供有力支撑。同时，中国农机院组织实施各类科技项目150多项，攻关高速栽种、精量植保、低损收获、高质加工以及智能控制等关键核心技术，推进育耕种管收贮运加全链条高效绿色智能农机装备开发和产业化，培育和壮大主导产品，加速推动重大农机装备国产化的重要事业。打结器、采棉头、打包装置、作业质量专用传感器等高性能关键零部件进一步国产化，实现规模化应用；大型气力式免耕播种机在保护与利用黑土地方面发挥重要作用，有效促进土壤健康与可持续发展；高地隙精量植保机则通过实现精准施药，减少农药使用量，为"虫口夺粮"战斗提供有力支持，推动绿色农业生产；六行智能采棉机、580马力智能青饲机、六道绳大方捆捡拾压捆机等高端大型农业装备引领产业升级，中国农机院积极丰富产品线，充分满足了市场日益多样化的需求。

（三）技术创新经验总结

1.肩负央企重任，积极服务国家战略大局

中国农机院作为农机科研领域的国家队和主力军，致力于增强国有企业的核心竞争力和核心功能。持续完善核心技术攻关、重大装备工程化、基础及行业区域支撑、产业化及应用推广的协同研发体系，加强创新战略布局，强化战略研究与前瞻性谋划，努力提升创新能力，推进农机装备补短板、攻核心、强链条，构建具有行业引领性的科技产业创新格局，培育国家战略科技力量。

2.强化关键核心技术突破，不断提升科技创新能力

为打造农业机械原创技术的摇篮、引领现代产业链升级并补齐农机装备短板，中国农机院专注于农机装备的应用基础研究。强化"科技赋能、科技支撑、科技引领"三大功能，统筹推进科研体系、科研攻关、产品开发及科技管理全链条全要素优化提升，强化组织化、体系化、系统化的关键核心技术及部件攻关，重大装备产业化研发和工程集成应用；积极打通研发、中试、产业化链条，促进科技与产业的深度融通，全方位提升创新体系的整体效能。通过优化创新流程、加强协同合作，努力构建高效顺畅的创新机制，为农业机械化和智能化发展提供坚实支撑。

3.发挥平台优势，推动协同创效

中国农机院充分发挥国家级和省部级创新平台资源的优势，积极整合全国重点实验室、国家工程研究中心、国家工程技术研究中心等优质科研力量，形成协同创新的强大合力。集聚创新人才团队，发挥平台共建共享与开放协同的独特优势，致力于原创性、引领性、战略性重大任务的攻关，引领农业机械技术的不断革新与产业的高速进步，以科技力量驱动行业的持续发

展。充分发挥农业装备产业技术创新战略联盟的产学研深度融合优势，组建创新联合体，构建新型举国体制下的重大关键核心技术攻关模式，实现研发应用推广一体化。强化质量检测、标准化等产业创新公共服务，打造多元化、多样化、多层次的科技学术交流平台，打造开放包容、共同发展的良好创新生态。

三　理想汽车[①]

（一）企业基本情况

1. 企业介绍

2015年，承载着全新愿景与使命的"车和家"应运而生，它作为理想汽车的前身，踏上了探索与创新的道路。车和家是每个家庭最重要的两个空间，它们承载着家人的欢声笑语与温暖时光。理想汽车积极运用新能源和人工智能技术，对这两个空间进行深度改造，让家庭出行更加智能化、便捷化。理想汽车，作为中国新能源智能汽车制造的佼佼者，专注于设计、研发、制造与销售豪华智能电动汽车，致力于通过产品、技术和业务模式的持续创新，为家庭用户带来更加安全、舒适与便捷的智能电动车体验。理想汽车提供更便捷的能源解决方案，增程和纯电并行，通过可再生能源革命，大规模替代燃油车。通过人工智能服务家庭用户，自研智能空间与智能驾驶技术，让家与AI一起成长。同时，建立了一套线上线下相融合的直营销售与服务体系，旨在为用户提供更加清晰、方便、高效的服务。这一体系的建立能够为用户提供更透明的信息、更便捷的操作以及更高效的响应，从而满足用户多样化的需求。理想汽车坚持自建智能制造基地，并自建供应链体系，保障核心部件供应。

2. 产品介绍

理想汽车用字母来代表产品的平台，用数字代表车型尺寸的级别。L系

---

① 企业相关材料由理想汽车提供。

列构成了增程电动 SUV 的阵容。理想 L9 以其全尺寸六座的设计，引领着豪华电动 SUV 的新风尚。理想 L8，则以大型六座的豪华定位，为追求高品质出行的用户带来了卓越体验。而理想 L7，家庭旗舰中大型五座 SUV，以精致的空间布局和舒适的乘坐感受，成为家庭出行的理想伙伴。此外，理想汽车还将持续推出与理想 L6 级别相匹配的车型，不断扩展 L 系列的产品版图，为用户提供更加多元化、个性化的选择。理想 MEGA 是理想汽车的首款 5C 高压纯电车型，也是理想汽车的超级旗舰产品。2018 年 10 月，理想 ONE 正式发布，它是一个现象级别的产品，曾连续 15 个月夺得中大型 SUV 销量冠军，在造车新势力中独树一帜，以惊人的销量成绩成功突破了 21 万辆大关，成为市场上备受瞩目的真正爆款车型。理想 ONE 作为一款独特的产品，拥有多项引人注目的特点。其自研的增程电动系统，不仅实现了"城市用电、长途发电、露营供电"的灵活能源应用模式，还提供了与燃油车相当的补能便利性，同时在驾乘体验上远超传统燃油车。其六座大空间布局，设计贴心，让全家人都能舒适地乘坐其中，充分体现出对每一位家庭成员的细致关怀。通过这一系统，全家人都能轻松与车辆进行交互，无论是通过四个屏幕还是通过全车语音系统，都能享受到智能科技带来的便捷与乐趣。此外，理想 ONE 拥有一体贯穿式星环头灯这一独特设计，这不仅是技术上的突破，更是理想汽车造型设计的核心"DNA"。星环头灯宛如一个环绕着家庭幸福的光环，象征着家庭和谐与幸福的美好愿景。

2022 年 6 月，理想汽车隆重推出了专为家庭设计的六座旗舰 SUV——理想 L9，作为理想汽车交付给用户的第二款力作，它再次彰显了品牌对于用户需求的深度洞察与满足。理想 L9 于 2022 年 8 月 30 日开启交付，蝉联大型 SUV 销量冠军。首个完整交付月销量即破万辆。2023 年 8 月 30 日，理想 L9 迎来了交付量的重要里程碑，成功交付了第 10 万辆。作为一款旗舰级别的全尺寸六座 SUV，理想 L9 可以为每个家庭、每位家庭用户带来旗舰级的安全、旗舰级的便捷和旗舰级的舒适。2022 年 9 月，理想汽车正式发布家庭六座豪华 SUV——理想 L8。理想 L8 于 2022 年 11 月 10 日开启交付，蝉联中大型六座 SUV 销量冠军，首个完整交付月销量即破万辆。2023 年 10

月 20 日，理想 L8 成功交付第 10 万辆，标志着其作为一款优秀的产品赢得了众多家庭的喜爱与认可。理想 L8 为更多家庭提供了强大的增程电驱性能，确保了更长久、更稳定的行驶体验。同时，其舒适的驾乘环境让每一次出行都成为一次愉悦的享受。在智能驾驶方面，理想 L8 同样表现出色，为驾驶者提供了更全面的智能辅助，让驾驶更加轻松安全。此外，其丰富的智能空间体验也为家庭出行增添了更多乐趣与便利。理想 L8 提供了更多价位和空间布局的选择，满足了不同家庭对车辆的多样化需求。2023 年 2 月，理想汽车推出了专为家庭量身打造的五座新旗舰车型——理想 L7，再一次为用户带来更加卓越与个性化的出行体验。理想 L7 是理想汽车的首款五座产品，2023 年 3 月 11 日开启交付，蝉联中大型五座 SUV 销量冠军。理想 L7 再次刷新交付纪录，单车型月交付量成功迈过 2 万辆大关。2023 年 11 月 7 日，理想 L7 累计交付量突破 10 万辆，这一重要成就充分彰显了理想 L7 在市场上的卓越竞争力。这一成绩不仅是对理想 L7 品质的肯定，更体现了消费者对理想汽车品牌的信赖与支持。理想 L7 是一个移动的家、安全的家、有 AI 的家，也是一个美学的家，它重新定义了家庭五座 SUV，为三口之家带来全新旗舰级的体验。

理想汽车的品牌使命是为用户打造"移动的家"，让每一次出行都成为一次温馨的家庭之旅。这一使命的实现，正是理想汽车不断追求自我超越、实现价值的过程。通过创新技术，理想汽车致力于为用户创造更加舒适、便捷、智能的移动空间，让家的温馨与幸福伴随每一次旅程。理想汽车借助最新的技术、良好的运营和管理、好的产品创造出移动的家，利用三维科技创造一个移动的家。AI 具备赋能每个人的潜力，理想汽车怀揣着愿景，期望通过 AI 技术和可再生能源，为家庭用户带来前所未有的服务体验，从而革新两个至关重要的生活空间——车与家。理想汽车致力于将汽车的研发理念转变为全面照顾家庭中的每一位成员。

理想汽车的品牌价值主张是成为家庭的首选，与用户共同成长。品牌价值主张包含三个方面。一是家庭的。理想汽车始终坚守初心，专注于满足家庭用户的需求，致力于打造更为安全、舒适与便捷的产品和服务，让每一个家庭都能享受到贴心而高质量的出行体验。通过可再生能源技术与 AI 技术为用户创造"移动的家",真正服务每个人,赋能用户实现"幸福的家"。二是共创的。始终用协作的方式解决所有问题,用共创的运营达成共识。赋能用户、公众和员工,激发每个人的创造力,创造共同的产品、共同的价值,实现共同的理想。三是成长的。始终以成长为驱动,让理想汽车的产品和技术都具有生命力,陪伴每位家人、每个家庭共同成长。理想汽车致力于将组织塑造为快速成长的先锋,使其能够自主把握命运之舵,勇敢迎接成长的极限挑战,从而不断超越自我,实现更为卓越的成就。

(二)技术创新情况

1. 企业技术创新战略

2023 年,理想汽车正式提出了"双能战略",决心在"智能"与"电能"两大领域全面发力,展现其前瞻视野与坚定决心。智能战略包括智能驾驶和智能空间。在智能驾驶方面,产品层面,理想汽车提供给用户使用时间更长的城市 NOA(导航辅助驾驶)功能;技术层面,理想汽车使用 AI 大模型技术,应对所有场景挑战,并且可以高效迭代,最终解决所有问题。复杂的城市自动驾驶场景,包括大路口左右转、人车混行场景、绕行违停车辆场景等,只用规则算法是无法解决的。借助 AI 大模型的强大能力,理想汽车能够实现接近人类驾驶水平的精准驾驶表现,为用户带来更加智能、安全的驾驶体验。整个城市所有道路都能用 NOA 固然是好事,但是站在个人的立场上,很多车主其实更加关心的是每天上下班这条通勤路线上,能不能用 NOA 来开,通勤 NOA 应运而生。通勤 NOA 功能将覆盖理想汽车车主高达 95% 以上的日常通勤场景,为他们提供更加便捷、高效的出行体验。在通勤 NOA 使用过程中,各个模型仍会不断地迭代训练,让体验越来越棒。在智能空间方面,理想汽车在三维空间的交互形式从"以触控为主,对话为辅"转变为"以对话为主,触控为辅"。基于自研的大模型和 OS 系统,理想汽车有机会把理想同学理解上下文的能力做得更完整。而这个上下文不仅限于对话,也包含场景,就是理想同学会像人一样去感知环境、认知学习、表达和互动，更像一位懂你的家人。与"触控"相比，"对话"不存在距离限制和稳定性限制。随着汽车功能的不断增加，传统的触控式操作会让用户的学习成本变得越来越高。而基于对话式的语音交互，用户只需要通过简单的语音指令即可完成操作，降低了用户的学习成本和操作难度。此外，它还可以帮助用户更加安全地驾驶，减少对视觉和手部操作的依赖，避免分散注意力。因此，传统依赖"触控"的机械式人机互动方式正在逐步被更柔和、更自然的新型互动方式取代。电能战略包括了增程电动和高压纯电，实现增程电动和高压纯电并行发力。理想汽车成功研发了 800V 高压纯电平台，并计划大规模量产 5C 纯电车。通过对电池进行系统级别的优化，更加充分地利用了电池的最大 5C 充电倍率，12 分钟就可以充电 500 公里。到 2025 年，理想汽车计划完成超过 3000 个超级充电站的建设，以全面提升充电网络覆盖能力。在城市核心环线方面，理想汽车计划于 2024 年底前建立超过 300 个城市枢纽站，确保以 6 公里为间隔的双向覆盖，充分满足城市环线及高速、城市连接路段的充电需求。此外，理想汽车还将致力于研发自动充电机器人，以进一步提升充电服务的便捷性和智能化水平。同时，智能充电导航会在不远的将来推出，发起导航时，根据车辆的剩余续航和场站的数据进行测算，自动做好沿途的超充规划，设置有超充站的服务区作为途经点，所有桩的充电情况透明可见，帮助车主提前预订充电车位，无须人工规划，完全消除焦虑。到 2025 年，理想汽车的产品布局将全面升级，涵盖 1 款超级旗舰车型、5 款增程电动车型、5 款高压纯电车型，从而更加精准地满足广大家庭用户的多样化需求。

2. 企业技术创新成果

在"智能"方面，理想汽车的智能驾驶进入 3.0 阶段，从高速场景进入城市场景。理想汽车分别用静态 BEV 网络、动态 BEV 网络和 Occupancy 网络对物理世界进行还原，并使用 NeRF 技术增强了 Occupancy 网络还原的精度和细节。静态 BEV 网络算法可以实时地感知并构建道路的结构，解决了高精地图实时性问题；动态 BEV 网络算法解决了传统视觉中存在的遮挡、跨相机问题，对周围环境具备了一定的"脑补"能力，与人类的思维过程非常相近；Occupancy 网络算法，通过对物理世界进行数据化建模完成通用障碍物的识别，构建了一个与物理世界完全对应的虚拟世界。

在"电能"领域，理想汽车推出了前沿的 800V 超充纯电解决方案，通过整合先进的第三代功率半导体高压电驱系统、4C 快充能力的电池、宽温域热管理系统以及 4C 超充网络，成功实现了"充电 10 分钟，续航 400 公里"的高效充电体验。这一创新技术将充电效率从 2G 时代提升到 5G 时代，为用户带来更为便捷、快速的充电服务。第三代功率半导体 SiC 技术的应用是提升能效的关键，SiC 芯片的能力也决定了电驱性能的上限，理想汽车自研的 SiC 芯片在同样面积下提升 6% 以上的电流能力。自研功率模块较行业通用品缩减 50% 的面积，高压三合一电驱动系统更紧凑，体积减 9 升、重量降低 11 公斤，充电效率高达 98%，低电压平台也能速充，为用户带来卓越的体验。为了实现宽温域的最佳快充体验，理想汽车与宁德时代深度合作，从电芯超充设计和电池换热性能着手，打造行业领先的快充能力。为了减少超充过程中电芯的发热量，理想汽车通过构建高精度、电-热-力多场模型，精准定义设计需求，实现小于 0.3mΩ 的超低内阻。理想汽车还自研了全栈的热管理系统，能提供超强的制冷和制热能力，在夏季实现 12kW 以上的电池冷却能力，在冬季零摄氏度可达到 3.5 以上的制热能效，即使在零下 25 摄氏度行车场景下，利用整车余热，能效最高也可以达到 COP1.6 以上，相比 PTC 采暖，能效降低 35%。为了实现用户在低压平台充电桩上也能拥有快速补电的体验，理想汽车创新地利用电机绕组的电感特性，把电机转变为升压电源，相比传统分体方案，体积更小，重量更轻，最高充电效率可以达到 98%。

在智能制造方面，理想汽车建立了理想汽车常州智能制造基地和理想汽车北京绿色智能制造基地。理想汽车自 2016 年起，在江苏常州建立了自有工厂，该工厂集成了从冲压、焊装、涂装、总装到检测线、物流、IT 等的全方位整车生产工艺，实现了全面的自给自足。在产线研发上，理想汽车也投入了大量精力，致力于让制造的机器更加智能化，逐步迈向大规模自动化和无人化生产的制造新境界。同时，理想汽车北京绿色智能制造基地更是引入了太阳能光伏发电系统，提高了绿色能源的利用比例，为减少碳排放、推动可持续发展做出了积极贡献。

在质量管理方面，理想汽车建立了全面覆盖产品全生命周期的严格管理体系，致力于培育企业质量文化，确保为用户提供安全、健康、卓越的产品体验。这一努力也获得了多项外界奖项的认可，充分证明了理想汽车在质量管理方面的卓越实力。理想 L9 获 2022 年中国汽车保险安全指数多项最高评级；理想 L9 在 C-AHI 中国汽车健康指数评级中表现突出，其车内挥发性有机物和车内气味强度、车内颗粒物、车内致敏物、车内电磁辐射四项指标均获得五星认证，并在 2022 年总分排名中稳居榜首，充分展现了其卓越的健康性能。

在行业合作方面，理想汽车积极与包括全国汽车标准化委员会、中国通信标准化协会在内的多个行业标准化机构开展合作，广泛参与汽车行业标准与智能网联汽车标准的体系建设。截至 2022 年底，理想汽车参与标准研究项目近 50 项，参加各类专项工作组超 30 个。在知识产权保护方面，截至 2022 年底，理想汽车累计获得授权专利 2061 件，注册核准商标 655 个，著作权数量达 54 个。理想汽车的"能量回馈控制方法与装置"发明专利在第二十三届中国专利评选中获得优秀奖，彰显了其在技术创新方面的卓越实力。

（三）技术创新经验总结

1. 打破垂域创新，实现通用技术平台化创新

理想汽车存在较多的部门和业务，技术创新会局限在各自的垂直领域，但各垂直领域的技术创新包含相同的通用技术和不同的特定技术，导致存在通用技术的重复创新。为了避免这种重复造轮子的情况，理想汽车对技术关联性部门和业务进行横向协同，组织单一研发资源进行通用技术的创新，实现通用技术的平台化创新，各个部门和业务聚焦垂直领域的特定技术的创新。例如，智能驾驶、智能座舱均涉及摄像头技术，两个业务线均涉及图像获取、图像去噪等摄像头领域的通用技术，同时两条业务线也包含各自的特定技术，智能驾驶要求摄像头具有更远的摄像能力，智能座舱要求摄像头具

有更广的摄像能力，通过对摄像头通用技术进行平台化创新，将创新成果复用到智能驾驶、智能座舱业务线，而智能驾驶和智能座舱业务线聚焦各自特定技术的创新。

2. 加强行业合作

理想汽车积极与科研机构和行业协会开展产学研合作与技术交流，广泛参与科研项目研究、学术会议讨论以及行业标准制定工作。2022 年，为充分发挥校企资源优势，理想汽车与清华大学、麻省理工学院（MIT）达成关键技术研究合作，共同研发业界全新范式、首个公开 BEV 视觉检测方法纯视觉 3D 检测算法 DETR3D、业界首个公开的实时高精地图感知算法 HDMapNet，DenseTNT 算法在国际计算机视觉大会（ICCV）多障碍物行为预测竞赛中夺冠。

3. 重视吸引和培养人才

理想汽车为员工提供平等多元的职场环境、富有竞争力的薪酬和福利待遇、广阔的职业发展平台。理想汽车积极吸引来自全球各地、拥有不同背景的人才，努力构建一支多元化的团队。同时，理想汽车高度重视多元化人才梯队的构建，不断优化员工招聘渠道，以吸引更多优秀人才的加入。2022年，理想汽车首次开启应届校招渠道，吸引了超过 2000 名不同专业背景的校招生。理想汽车设立了博士后科研工作站一级站点，并与清华大学车辆与运载学院携手，共同致力于博士后人才的培养与发展。

结　语

自主创新是装备制造业企业发展的关键。国机重型装备集团股份有限公司、中国农业机械化科学研究院集团有限公司、理想汽车在技术创新过程中均坚持政策导向和市场导向，在构建科研机制、探索合作模式、推动智能制造、创新人才评价、打造产品体系等方面制定了新的管理制度，发挥技术创新在企业发展中的先导作用，走出了一条创新驱动、结构优化的发展新路。

专题篇

B.10
2023年国际装备制造业发展概况

王茜 戚悦 褚祺*

摘　要：　2023年，装备制造业呈现国际化、智能化升级，绿色化转型和服务化延伸的发展趋势，全球制造业整体呈现缓慢回落的态势。就全球分布而言，2023年装备制造业仍以美国、德国、日本三国为主导，其中美国和德国的装备制造业工业增加值均大幅增长，日本制造业的营业利润和企业运营状况均出现复苏。在国际贸易方面，美国装备制造业的贸易逆差持续扩大，德国装备制造业的进出口额明显提升，贸易顺差扩大，而日本装备制造业的出口额在制造业出口额中占比较大。在相关政策措施方面，各国积极争取战略制高点，主要着眼于提升本国制造业竞争力，增强产业链供应链韧性，促进产业清洁发展，并加强数字技术方面的布局。就科技创新形势而言，美国、德国、日本在多个领域取得突破，如研发新型机器人，开

---

* 王茜，中国社会科学院经济学院博士，副研究员，机械工业经济管理研究院产业经济研究所副所长、重大技术装备研究中心副主任，主要从事工业经济、投资经济、政府采购研究；戚悦，博士，副研究员，国务院国资委研究中心创新发展处副处长；褚祺，工程师，机械工业经济管理研究院综合办公室副主任。

发无人驾驶技术，培育高端医疗装备、航空航天装备，建设智能工厂等。在产业分布上，美国的产业主要分布在三大带状地区，德国的产业分布相对均衡，而优势企业多集中在原西德地区，日本的产业主要分布在五大工业区。

关键词： 国际装备制造业　美国装备制造业　德国装备制造业　日本装备制造业

一　国际装备制造业发展概况

2023 年，全球制造业景气水平总体呈现波动下降的趋势。装备制造业领域正迎来一场深刻变革，智能化、绿色化和服务化转型趋势日益凸显，为整个行业带来了前所未有的发展机遇和挑战。

（一）国际制造业复苏进一步放缓

中国物流与采购联合会发布的全球制造业 PMI（CFLP-GPMI）显示，2023 年全球主要国家制造业 PMI 的平均值为 49.89%，低于 2021 年和 2022 年的同期水平，说明制造业恢复态势进一步放缓。从月度数据看，全球制造业 PMI 2 月急速上升，然后急速回落；6~9 月缓慢回升，之后缓慢回落（见图 1），说明制造业发展水平受经济发展状况影响明显，呈现在波动中下降的趋势。

（二）智能制造和数字化管理模式稳步升级

智能制造正日益占据装备制造行业的主流地位，成为引领行业发展的核心力量。通过引入先进的数字化、自动化和物联网技术，实现设备和生产线的智能化、数据化和互联互通。智能制造通过高效的技术应用，极大地提升生产效率，降低制造成本，并进一步提升产品质量，对装备制造业

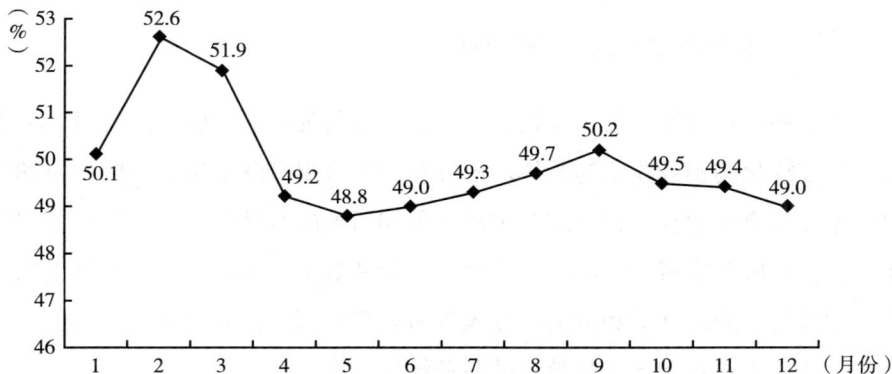

图 1　2023 年全球制造业 PMI

资料来源：中国物流与采购联合会。

具有显著的促进作用。数字化革新助力装备制造业企业构建灵活高敏的生态系统。一方面，数字化革新推动产供销协同日益紧密，通过打造数字化项目管理平台，实现项目计划的信息化、自动化和智能化管理，帮助装备制造业企业及时了解和动态监控多项目的计划执行全貌，及时根据客户需求变化调整交付时点、设计需求、采购排产、物流人员和资金安排等，保证资源高效匹配。另一方面，数字化革新带动企业进行全价值链、全生命周期成本管理，在产品研发设计环节做好成本预算，在采购、生产等环节精细化计算成本，从订单、产品、工艺角度了解成本构成，从而发现降本空间，扩大盈利空间。

（三）绿色制造和可持续发展理念持续深入

传统装备制造业因高能耗、高二氧化碳排放量和高废物排放量而饱受诟病。装备制造业的绿色化转型充分利用清洁能源和环保材料，减少废弃物和污染物排放，提高资源利用效率和循环利用率。智能制造有助于减轻环境压力，减少生态风险，进而实现装备制造业与生态环境的和谐并进。同时，随着可持续发展观念的不断深化，社会对环保、低碳和健康生活的追求也得到了更好的回应和满足。

（四）服务增值化趋势越来越明显

装备制造业以客户需求为指引，以服务创新为引领，以服务价值为牵引力，以多样化的服务模式为载体。服务化转型是提升装备制造业附加值和客户满意度的有效途径，也是应对市场竞争和风险的有效手段。全球装备制造业逐步拓展服务领域和内容，提高服务质量和效率，构建服务平台和生态系统，加强与客户的互动和沟通，深入剖析客户的真实需求与痛点，以提供具有个性化、差异化和多元化特点的服务解决方案。

二 美国装备制造业发展概况

（一）工业增加值保持稳定增长态势，比重稍有上升

2023 年前三季度美国装备制造业工业增加值为 2876.2 亿美元，同比增长 11.25%。① 从季度数据的角度观察，2022 年第一季度至 2023 年第二季度，美国装备制造业工业增加值在美国整体制造业工业增加值中的占比呈现持续上升的态势。2023 年第三季度占比出现了下滑的趋势。尽管如此，相较于 2023 年第一季度，2023 年第三季度的占比仍有所上升，达到了34.35%（见图 2）。

分行业来看，2022 年第一季度至 2023 年第三季度，美国装备制造业各个行业的工业增加值始终保持稳定态势，整体波动幅度较小。其中，计算机和电子产品行业的工业增加值最多。排第 2 位的是机械设备行业，其他交通运输设备行业，机动车、拖车及零件行业则分别排第 3 位、第 4 位。工业增加值最少的是电气设备、电器及用品行业（见图 3）。

从增速来看，2023 年前三季度，美国装备制造业中的计算机和电子

---

① 美国装备制造业包括以下 5 个行业：机械设备，计算机和电子产品，电气设备、电器及用品，机动车、拖车及零件，其他交通运输设备。

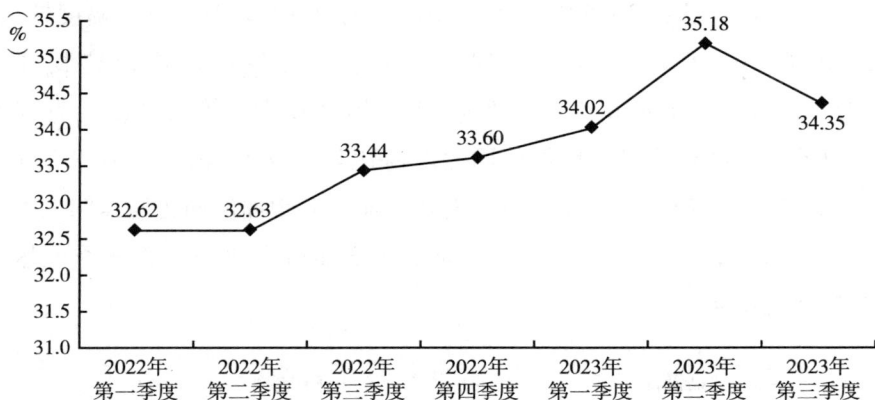

图2 2022年第一季度至2023年第三季度美国装备制造业增加值占比

资料来源：美国经济分析局。

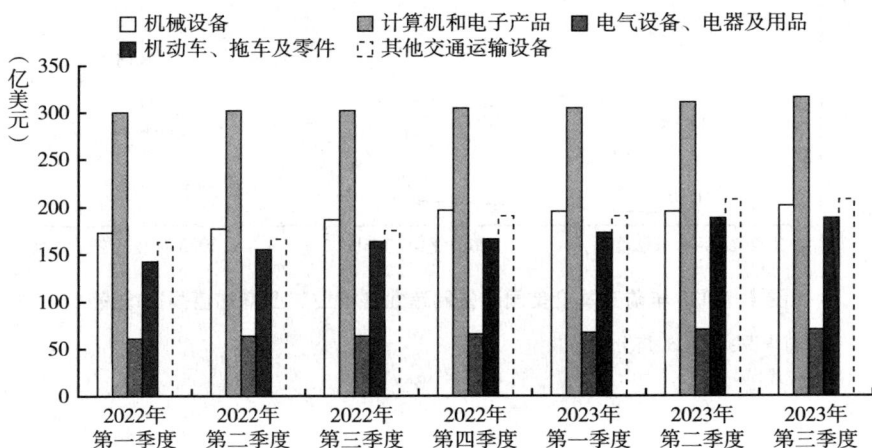

图3 2022年第一季度至2023年第三季度美国装备制造业分行业工业增加值

资料来源：美国经济分析局。

产品行业各季度工业增加值同比增速呈稳步上升趋势，其他交通运输设备行业，机动车、拖车及零件行业，电气设备、电器及用品行业各季度工业增加值同比增速呈先上升后下降的趋势，机械设备行业的工业增加值同比增速呈现持续下降的趋势。第二季度，其他交通运输设备行业工业增加值同比增速最高，达到25.58%，第三季度下滑到17.92%，下滑幅度较大。第二季度，机动车、拖车及零件行业工业增加值同比增速达到峰值22.06%，第三季度下滑到15.17%，下滑幅度较大。第二季度，电气设备、电器及用品行业工业增加值同比增速达到峰值11.68%，第三季度下滑到9.69%，下滑幅度较小。机械设备行业工业增加值同比增速第三季度降至8.55%。计算机和电子产品行业工业增加值同比增速第三季度达到4.34%（见图4）。

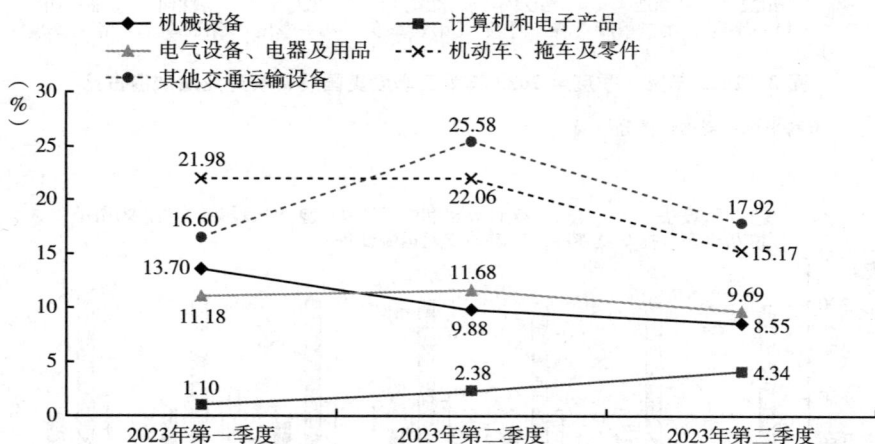

图4　2023年前三季度美国装备制造业各行业工业增加值同比增速

资料来源：美国经济分析局。

（二）进出口总额同比缓慢增长，逆差增大

在2023年的前10个月里，美国装备制造业的进出口总额累计达到了17107.61亿美元，同比缓慢增长。其中，进口总额达到了11123.94亿美元，而出口总额则为5983.67亿美元。2023年1～10月，美国装备制造业依旧处于贸易逆差状态，逆差达5140.27亿美元（见图5），逆差增大。

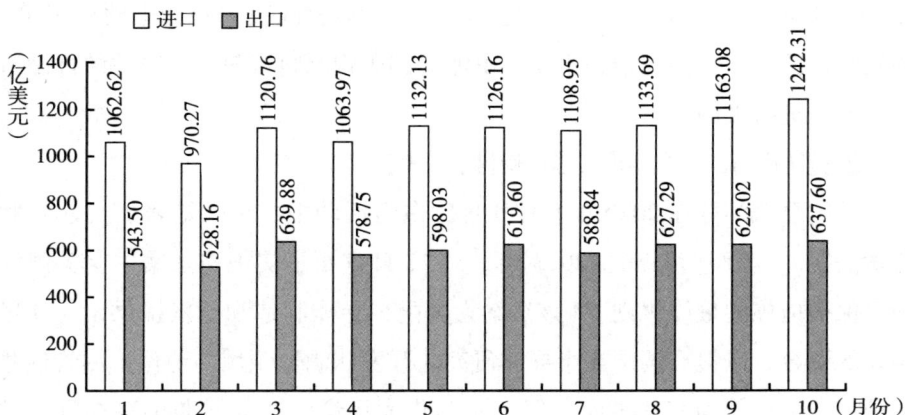

图5　2023年1~10月美国装备制造业进出口贸易情况

资料来源：Trade Map，https：//www.trademap.org。

（三）补贴能源行业，发展芯片和半导体行业

1.美国政府发布《通胀削减法案》（IRA）细则，公布可以获得补贴的电动汽车名单

2022年8月16日，美国总统拜登签署了总额高达7400亿美元的《2022年通胀削减法案》。[①] 2023年12月1日，美国财政部公布了一系列指导方针，致力于推动美国电池及清洁汽车制造业的进一步繁荣，同时增强国家的能源安全保障。2023年12月4日，美国能源部在《联邦纪事》上公开征求公众意见，就《基础设施投资与就业法》（别名《两党基础设施法》）中"受到关注的外国实体"的定义进行解释和讨论。

根据IRA的规定，消费者在购买每台新电动汽车时，可以享受最高7500美元的税收减免优惠。该条款与中国在2015~2019年实施的《汽车动力蓄电池行业规范条件》，即业内"动力电池白名单"有极高的相似性，因

---

① 《美国总统拜登签署〈通胀削减法案〉》，新华网，2022年8月17日，http：//www.news.cn/world/2022-08/17/c_1128923061.htm。

此 IRA 也被称为美国版"动力电池白名单",但美国版"动力电池白名单"的限制条款设定更为复杂,主要从电池关键矿物原料来源地和电池组件制造地两方面进行限制。

2. 美国商务部发布实施《芯片和科学法案》

美国总统拜登在 2022 年 8 月 9 日的白宫活动中,正式签署了《芯片和科学法案》;美国商务部在 2023 年 9 月 22 日宣布了实施该法案中有关国家安全保护措施的最终规则。[①] 该法案为美国半导体制造和研发提供了 530 亿美元的资金,以提升美国在半导体研究、开发和制造领域的地位。尽管这些资助有望促进美国芯片供应,但解决芯片大批量生产的问题仍存在巨大挑战。为此,美国国家标准与技术研究院提出了"美国芯片研发计量计划",该计划是"美国芯片"的 4 个子计划之一,还有美国国家半导体技术中心计划、美国国家先进封装制造计划、美国制造业研究所计划 3 个子计划,这些计划为美国建立了必要的创新生态系统,以确保美国半导体制造设施可以应用世界上最复杂、最先进的技术。

(四)创新产品和技术不断取得突破

1. 航空航天装备不断发展

2023 年 12 月 28 日,美国空军成功将 X-37B 无人航天飞行器送入太空,展开其第 7 次轨道飞行任务,进一步推进航天技术的发展。X-37B 无人航天飞行器独具一格,最高速度可以达到音速的 25 倍,不仅可以在地球卫星轨道行动,也具备深入大气层的能力,能有效规避常规军用雷达的追踪,并能在任务结束后自主安全返回地面。这一特性使得它成为未来太空战斗机领域的先驱者,预示着航天技术的新篇章。

在可持续航空领域,美国国家航空航天局(NASA)于 2023 年 1 月宣布,将与波音公司共同开展可持续飞行验证机的研发计划。双方共同制造、

---

① 《关注!美国〈芯片法案〉防中国"护栏"规则公布》,中国贸易救济信息网,2023 年 9 月 25 日,http://www.cacs.mofcom.gov.cn/article/flfwpt/jyjdy/cgal/202309/178035.html。

测试和飞行一款全尺寸验证机，目标是减少30%的燃油消耗和排放。该机将采用斜支柱支撑，更高展弦比的超长、超薄机翼。①

2. 机器人与生物学结合再创新突破

2023年，美国在生物医疗机器人研究方面取得了重要突破。塔夫茨大学和哈佛大学的科学家联手开发出一种全新的机器人，其特点在于不使用传统的芯片控制或电力驱动方式，完全由活细胞构建而成，这为机器人技术带来了全新的发展方向。美国塔夫茨大学的相关学者介绍，这种微型多细胞生物机器人由从人体器官中提取的活体细胞构建而成，大小相当于人类头发丝的直径，且具备自我生长和修复的功能。实验室研究发现，这种机器人在穿过一片受损的神经细胞时，能够帮助其在三天内恢复正常。

2023年，机器人植入技术取得了显著进展。诺斯韦尔健康中心旗下的范斯坦生物电子医学研究所成功研发出先进的AI大脑植入技术，该技术首次实现了瘫痪患者大脑、身体与脊髓的电子连接，为他们的感觉和运动功能的恢复注入了新的生机与希望。该团队将微芯片植入患者大脑中负责手臂运动和手部触觉的确切位点，并在头顶安装了连接到计算机的外部端口，通过计算机分析患者的思维并将信号传递到位于脊柱和手部的电极贴片，进而转化为具体的行动。此外，在系统关闭后患者显示出恢复的迹象，手臂力量增加一倍多，并可感受到一些刺激。

3. 无人驾驶技术继续高速发展

在无人水面舰艇领域，"海上猎手"号、"海鹰"号、"水手"号和"游骑兵"号这四艘舰艇于2023年8月7日从美国加利福尼亚州起航，驶向广阔的太平洋海域。经过长达5个月的航行与测试，这些无人舰艇于2024年1月15日顺利返回。在此期间，它们主要聚焦于如何有效地将自身能力融入有人舰队的作战行动，以提升整体作战效能。据统计，这四艘无人舰艇顺利访问了日本和澳大利亚的多个港口，累计航行46651海里。

---

① 《波音与NASA联手可持续飞行试验机计划》，航空产业网，2023年6月12日，https：//www.chinaerospace.com/article/show/096a69194c44333b34753cf320243650。

每艘无人舰艇都在海上航行了至少 50 天的时间，其间几乎完全以自主模式运行。

（五）装备产业聚集布局

美国在航空航天装备、高端医疗装备、电子专用装备、精密仪器仪表、新型农业机械等领域处于世界领先水平。其装备制造基地主要分布在三个带状区域。一是美国中央东北地区的伊利诺伊州、印第安纳州、密歇根州、俄亥俄州、宾夕法尼亚州和纽约州。该区域是传统机械制造的重要区域，拥有底特律、匹兹堡等知名工业城市。二是美国南部工业区的得克萨斯州、路易斯安那州、佐治亚州和佛罗里达州。该区域成为新兴航天、医疗和电子等工业基地的集聚地，展现出强大的发展潜力和活力。三是以电子专用设备、航空等工业为主的华盛顿州与加利福尼亚州连接的西部太平洋沿岸地带，包括拥有美国乃至全球领先高科技研发基地的世界最大飞机制造商波音公司总装线所在地西雅图。

1. 航空航天装备产业在全国呈现网络化分布特征

美国的航空航天装备工业，在空间布局上总体呈现一种网络化态势，即少数地区高度集中，又在全国范围内离散分布。堪萨斯州中南部的威奇托市（Wichita）是飞机制造的发源地，形成了以航空器研发制造产业链为核心的产业集聚区。这里拥有 5 家飞机制造商的工厂（比奇、雷神、塞斯纳、波音、空客），不仅如此，美国最重要的空军基地——麦康奈尔空军基地也坐落于此。

2. 高端医疗装备产业集聚于东部、中部和西部地区

目前，美国不仅占据了全球最大的医疗器械市场份额，还是先进医疗技术的领军国家，其在全球市场中的占有率超过 40%。[①] 美国高端医疗装备产业拥有强大的研发实力、高效的审批环节、丰富的融资渠道、创新性的公司

---

① 《深入探究美国医疗器械 | 占全球 40% 的医疗器械大国的背后揭秘》，中国医疗器械行业协会网站，2017 年 12 月 21 日，http://www.camdi.org/news/6549。

理念等，这些市场优势离不开公司、高校和医院的交流合作，以及丰富的产业链资源支持。从 2023 年全球高端医疗装备公司百强榜①来看，美国高端医疗装备企业在 20 强中占 12 位，占据绝对主导地位。美国高端医疗装备产业主要集中在新泽西州（东部）、明尼苏达州（中部）、密歇根州（西部）等地。

三　德国装备制造业发展概况

（一）制造业 PMI 下降，制造业增加值下滑

根据中国物流与采购联合会发布的全球制造业 PMI，2023 年德国制造业 PMI 整体呈下行态势。1~7 月持续下降，7 月达到最低值（38.8%），从 8 月开始德国制造业 PMI 稳步回升，年底升至 43.3%，但较年初仍略有下降（见图 6）。

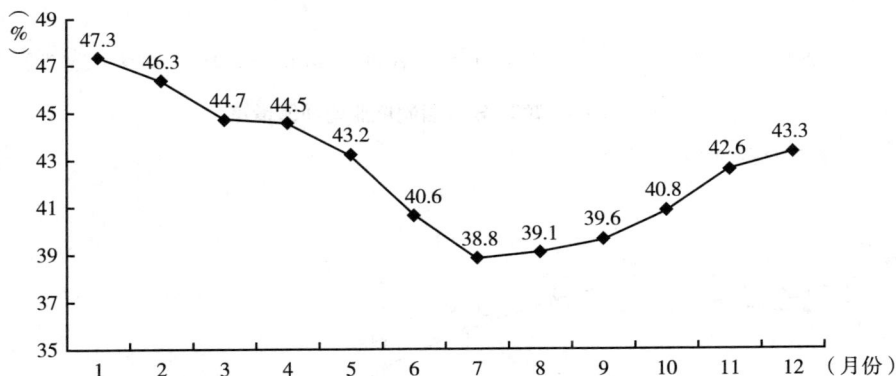

图 6　2023 年德国制造业 PMI

资料来源：中国物流与采购联合会。

制造业增加值增长再度展现出疲软的态势。与 2021 年相比，2022 年德国制造业增加值增速出现了明显下滑，降至 -2.49%，降幅达到了 3.37 个百

---

① 《2023 全球医疗器械公司 100 强排行榜 2023 世界医疗器械公司百强名单》，医疗器械网站，2023 年 11 月 14 日，https://www.maigoo.com/news/4jgNNjM3.html。

分点。2016 年以来，德国制造业增加值增速急速下降，受全球制造业发展形势等因素的影响，2019 年和 2020 年下滑严重，2020 年跌至-4.27%，但 2021 年增速略有提高，达到 0.88%（见图 7）。德国制造业增加值占 GDP 比重在 2019~2020 年下降明显，2020 年降至 18.74%（见图 8）。2022 年德国制造业发展疲软，2023 年德国制造业增加值仍继续回落。上述状况的可能原因是俄乌冲突、技术工人短缺等引起的能源价格、用工成本的上涨。

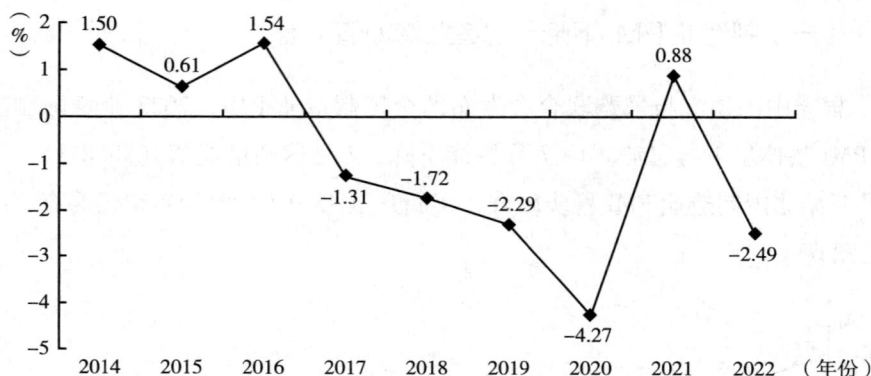

图 7　2014~2022 年德国制造业增加值增速

资料来源：世界银行数据库。

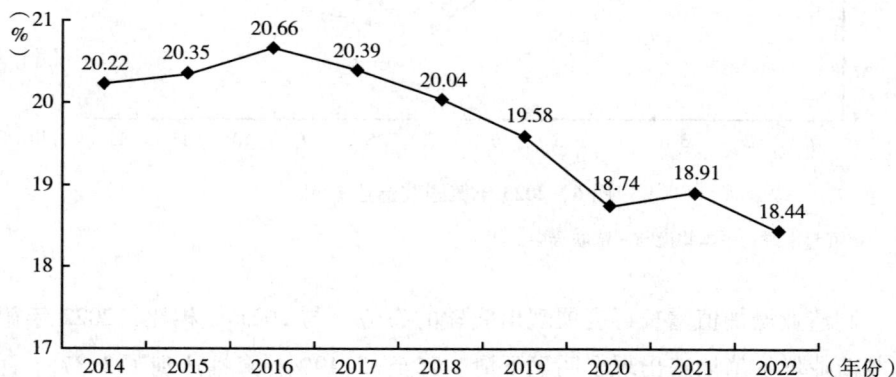

图 8　2014~2022 年德国制造业增加值占 GDP 比重

资料来源：世界银行数据库。

（二）进出口总额同比波动变化，顺差额度保持稳定

2023 年 5~9 月，德国装备制造业的进出口总额为 57556.04 亿美元，同比波动变化。进口总额达到了 24074.24 亿美元；而出口总额则高达 33481.80 亿美元。2023 年 5~9 月，美国装备制造业依旧处于贸易顺差状态，顺差达 9407.56 亿美元（见图 9），顺差保持稳定。

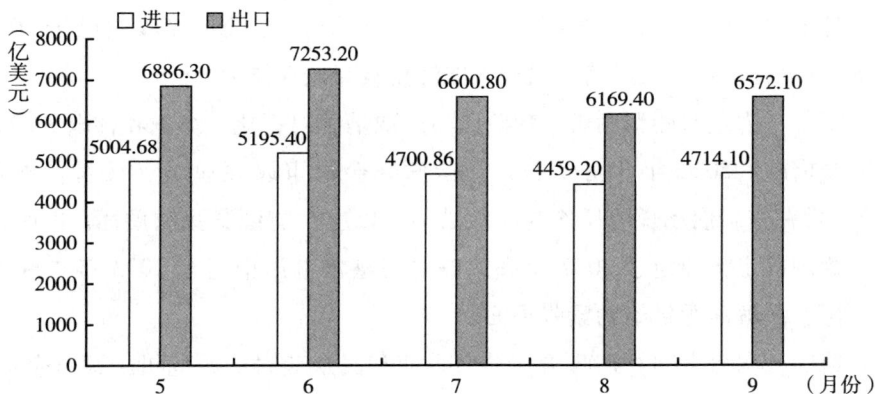

图 9 2023 年 5~9 月德国装备制造业进出口贸易情况

资料来源：Trade Map，https：//www.trademap.org。

（三）出台多项政策推动制造业稳定发展，缓解能源危机

自 2022 年起，德国政府为应对能源危机，积极采取多种举措，支持和推动制造业的转型与调整。

第一，德国政府正大力投资可再生能源领域，旨在减少对石化能源的依赖，推动能源结构的绿色转型。自 2022 年 1 月起，德国积极投资新能源汽车及其配套设施。[①] 2 月 23 日，德国提前减免了可再生能源附加税。同年 7

———————

① 《德国支持电动汽车发展的政策措施》，中国汽车工业协会网站，http：//www.caam. org. cn/chn/9/cate_ 106/con_ 5225032. html。

月，德国联邦会议顺利通过了一系列能源转型法案，涵盖了《可再生能源法》、《陆上风电法》、《替代电厂法》及《联邦自然保护法》等重要内容，推动能源领域持续转型升级。11月，德国成立了氢能基金，旨在大力建设本国企业在海外以及其他国家的氢能产业链，以促使能源结构实现多元化与清洁化。

第二，推进天然气基础设施建设，缓解"北溪"中断带来的压力。2022年2月28日，德国政府宣布要建设两个LNG接收港；5月6日，德国宣布计划建设四个浮动LNG接收站，其中首个浮式LNG接收站已于2022年12月1日正式投入运营，以加强能源接收和储存能力。[①]

第三，为应对能源危机，现阶段暂时取消了对石化、煤电和核电等能源的限制措施。2022年7月7日，德国联邦会议审议并通过了《替代电厂法》，旨在重新启动煤电厂作为应急措施，以应对能源紧张的局面。9月27日，德国决定将原定于2022年底关停的三座核电站推迟至2023年4月15日关停，缓解能源供给的紧张局面。

第四，出台多项补贴政策，助力企业和民众应对能源危机。针对企业，德国政府2022年以来先后采取政府采购、增值税率调整、成立产业基金、政府注资、价格刹车、长期补贴等一系列政策，力图减轻企业在能源价格方面的压力，并为新能源企业和整个行业的发展提供有力支持。针对民众，德国政府分别于2022年2月23日、3月25日和9月24日，推出三个能源救济方案，合计900亿欧元，[②] 对普通民众和特殊需要照顾人群实施能源补贴，设定能源价格上限，不仅缓解了企业的成本压力，也间接地保障了制造业的劳动力供给稳定。

[①] 《本轮能源危机下，德国制造业表现如何?》，新浪财经网站，2023年7月26日，https：//finance.sina.com.cn/money/future/wemedia/2023-07-26/doc-imzczhpn0099039.shtml。

[②] 《德国能源危机分析及启示》，电力网，2022年12月14日，http：//www.chinapower.com.cn/zx/jzqb/20221214/179523.html。

四 日本装备制造业发展概况

（一）装备制造业经营情况显著回升

预计日本装备制造业的营业收入将持续呈现回升态势。2019~2022 年，日本装备制造业营业收入从 6.25 兆日元先下降到 5.59 兆日元，后稳步回升至 7.20 兆日元（见图 10）。因此，随着日本制造业的复苏，预计 2023 年日本装备制造业营业收入仍会稳步上升。

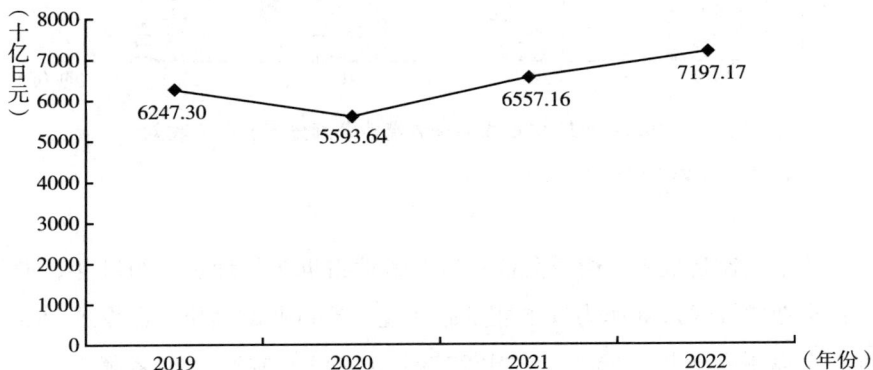

图 10 2019~2022 年日本装备制造业营业收入

资料来源：日本经济产业省。

装备制造业各细分行业的营业收入呈现同步的变化趋势。2019~2022 年，通用设备制造业、金属制品业和专用设备制造业的营业收入均呈现先下降后回升的趋势。其中，通用设备制造业的营业收入从 2019 年的 5.03 兆日元下降至 2020 年的 4.50 兆日元，后稳步回升至 2022 年的 5.40 兆日元；金属制品业的营业收入从 2019 年的 1.03 兆日元下降至 2020 年的 0.90 兆日元，后稳步回升至 2022 年的 1.58 兆日元；专用设备制造业的营业收入从 2019 年的 0.10 兆日元下降至 2020 年的 0.01 兆日元，后稳步回升至 2022 年的 0.12 兆日元。汽车制造业的营业收入始终保持稳定的增长趋势（见图 11）。

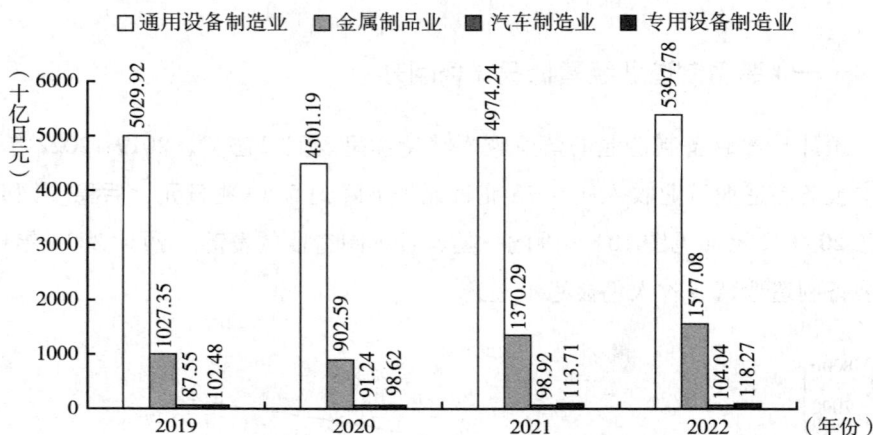

图 11　2019~2022 年日本装备制造业各细分行业营业收入

资料来源：日本经济产业省。

日本装备制造业中，通用设备制造业依然占据主导地位。2022 年，通用设备制造业继续保持其作为日本装备制造业主导行业的地位，占据了 75% 的份额；金属制品业排名第二，占比 22%；专用设备制造业排名第三，占比 2%；汽车制造业在日本装备制造业中的占比较小，仅为 1%（见图 12）。

（二）货物贸易逆差大幅下降，出口恢复提速

2023 年，日本在货物贸易方面的逆差情况出现了显著改善。根据日本财务省的统计数据，2023 年日本的货物贸易逆差大幅下降，减少至 9.29 万亿日元，较上年降低了 54.3%。汽车和建筑机械等行业的出口额在 2023 年实现了显著增长，而石油、煤炭以及液化天然气等能源产品的进口额则出现了明显的下降。就具体出口货物而言，日本财务省提供的数据显示，2023 年汽车、机电、建筑机械和船舶等行业出口均实现了快速恢复。这些行业的强劲表现有力地拉动了日本当年的出口总额，使其实现了 2.8% 的增长，并

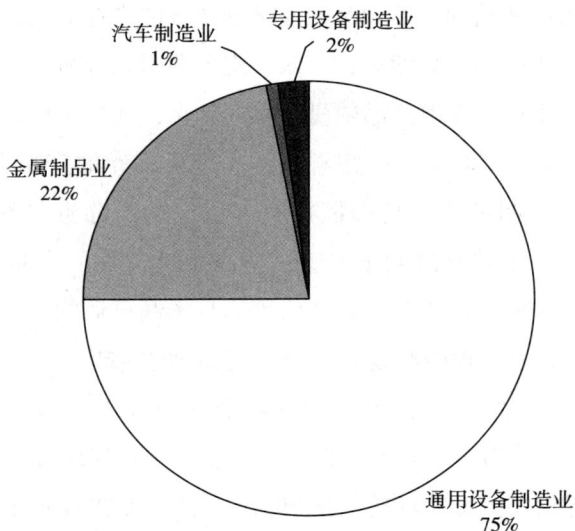

图12　2022 年日本装备制造业各细分行业营业收入占比情况

资料来源：日本经济产业省。

创下历史新高，反映出全球市场对日本高质量产品的持续需求。在进口货物方面，由于国际能源价格的回落，日本的主要进口商品——能源的进口额出现了显著下降。全年进口总额中，石油、煤炭及液化天然气等产品的进口额同比下降 7.0%，降至 110.18 万亿日元。

（三）发布多项政策强调优化供应链、增强竞争力

1. 发布《制造业白皮书（2023）》，优化供应链结构

2023 年 6 月 2 日，日本发布《制造业白皮书（2023）》。《制造业白皮书（2023）》详细解读了全球市场中，日本、中国、美国、欧洲和韩国等主要国家（地区）的优势领域，以及在全球市场中的份额，包括具有代表性的最终产品、中间产品和零部件。[①] 该白皮书指出，日本政府寻求利用既

① 《日本发布〈日本 2023 年制造业白皮书〉》，搜狐网，2023 年 7 月 24 日，https://www.sohu.com/a/705769456_121496221。

269

有优势，优化供应链结构，推动制造业基础技术的产业振兴，加快前沿技术研发工作，进一步提升国际竞争力。该白皮书还深入分析了日本制造业的产品结构，指出其生产的主要产品数量达到 825 个，其中全球市场占有率超过 60%的产品数量高达 220 个，销售额超过 1 万亿日元的产品亦有 18 个。在全球市场中，日本制造业市场份额在 60%以上的产品数量显著超过美国、欧洲和中国，表现出较强的竞争力。这些高市场份额的产品中，约 70%是电子类和汽车等关键零部件材料，这恰恰是日本制造业的强项和优势所在。

2. 通过《经济安全保障推进法》，保障制造业持续发展

日本在 2022 年通过了《经济安全保障推进法》，以法律手段强化对半导体、稀有金属及稀土等重要矿产资源，以及蓄电池、医药品等关键物资的供应链管理，确保这些关键领域的安全与稳定。这一举措显示了日本政府对经济安全和供应链稳定的重视，并为制造业的持续发展提供了相应保障。这一法律对企业形成更强的约束力和强制力，以确保关键物资的稳定供应和制造业的持续发展。日本政府高度重视半导体产业，将其视为对经济活动和国家安全具有关键性影响的产业。为了推动该产业的进一步发展，日本政府特别拨出 2 万亿日元（约合 133 亿美元）的专项资金，用于支持企业在制造设施、芯片制造设备以及半导体材料等方面的投资，补贴比例高达 50%。[①]

3. 实施《生产力提高设备投资促进税制》，降低企业应用新技术的成本

日本在 2014 年实施了《生产力提高设备投资促进税制》，旨在通过一系列税收优惠鼓励企业投资先进制造业技术设备。具体而言，投资先进制造业技术设备的企业可享受 5%的税收减免，引进先进制造业设备的企业则可享受 30%的价格优惠或 7%的税收减免。对于中小企业的研发经费，也有 12%的税收减免。[②] 这些政策举措极大地降低了中小企业应用新技术的成本和门槛，进一步促进了日本制造业的技术升级和竞争力提升。实施《生产

---

① 《日本国会通过经济安全保障法》，新华网，2022 年 5 月 11 日，http：//www. news. cn/world/2022-05/11/c_ 1128641403. htm。

② 《一些发达国家支持先进制造业的做法及启示》，中国经济网，2019 年 9 月 9 日，http：//www. ce. cn/xwzx/gnsz/gdxw/201909/09/t20190909_ 33111639. shtml。

力提高设备投资促进税制》不仅有助于降低企业应用新技术的成本，还促进了制造业的技术创新和产业升级。企业引进先进设备和技术，不仅能显著提升生产效率、降低生产成本，还能优化产品质量，进而增强其市场竞争力。

B.11
2023年中国船舶与海洋工程装备行业发展动态

郭文娜　蔡　鑫　李寒湜*

摘　要：　本报告首先介绍中国船舶与海洋工程装备行业的发展概览、行业发展特点和产业结构调整状况。其次探讨了技术创新方面，包括新技术应用、技术研发投入以及技术创新对行业发展的影响。再次分析行业的政策环境，梳理了近年来国家发布的主要政策。随后提出了船舶与海洋工程装备的技术发展方向，包括新材料的应用、数字化设计与制造、人工智能应用。最后展望了2024年行业发展前景，并提出了加大新材料研发应用力度、加快数字化设计与制造的发展、重视人工智能技术的应用等发展建议。

关键词：　船舶和海洋工程装备　技术创新　数字化设计与制造

一　2023年行业状况分析

（一）行业发展概览

整体来看，中国已具备船海产品全谱系总装建造能力。2023年中国船舶与海洋工程装备行业总体呈恢复性上涨。其中，船舶工业发展势头良好，三大指标全部大幅增长（见表1），国际市场占比优势领先，连续14年居世界第一。

---

* 郭文娜，机械工业经济管理研究院研究部主任，副研究员，主要从事产业经济、战略规划及企业管理；蔡鑫，博士，机械工业经济管理研究院乡村振兴评价与发展中心副主任，副研究员，主要从事乡村振兴、国际贸易、产业经济等研究；李寒湜，正高级经济师，国务院国资委研究中心企业改革处副处长，主要从事国有经济、国资国企改革研究。

表1　2023年中国船舶行业三大指标

单位：万载重吨，%

	造船完工量	新接订单量	手持订单量
绝对值	4232	7120	13939
同比增长	11.8	56.4	32.0

资料来源：中国船舶工业行业协会。

中日韩三国占据世界船舶行业95%以上的市场份额，中国处于绝对优势地位，且不容撼动。具体情况如图1和图2所示。

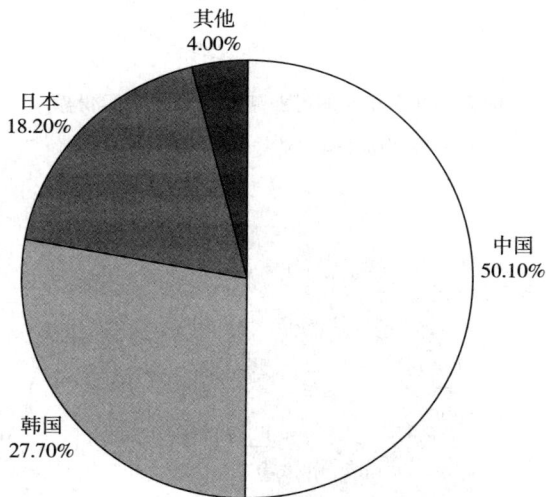

图1　2023年造船完工量世界份额

资料来源：中国船舶工业行业协会。

中国船舶产品出口强劲。出口金额较大，增速较快。2023年中国船舶产品出口额同比增长21.4%，为318.7亿美元。从出口产品结构来看，三大主流船型占出口金额的58.7%，合计达到了187.1亿美元。从出口国家和地区来看，主要出口到全世界的191个国家和地区，亚洲占比超过50%，是最主要的出口地区（见图3）。

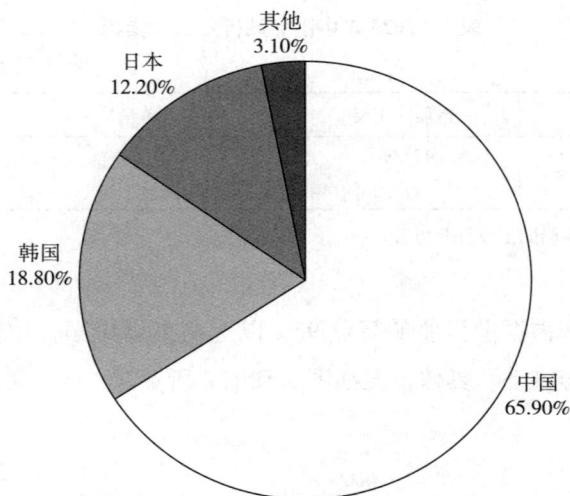

图 2 2023 年船舶行业新接订单量世界份额

资料来源：中国船舶工业行业协会。

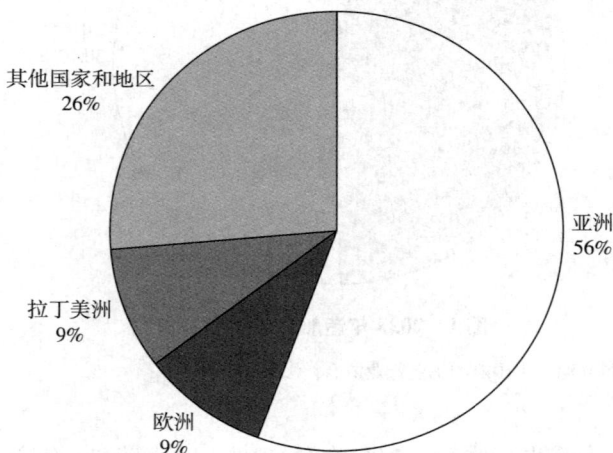

图 3 2023 年中国船舶产品出口地区构成

资料来源：中国船舶工业行业协会。

船舶工业全国规模以上企业 2023 年主营业务收入同比增长 20.0%，达到 6237 亿元；实现利润总额同比增长 131.7%，达到 259 亿元，增幅很大。

（二）行业发展特点

在国际经济贸易和国防建设中，船舶与海洋工程装备行业是必不可少的重要部分。2023年，该行业的发展呈现以下特点。

2023年行业继续保持较快的增长势头。随着世界经济的复苏，全球贸易不断增长，船舶运输迎来更多需求。同时，海洋工程装备在能源开发、海洋科研和海洋资源利用等领域的应用不断拓展，带来船舶与海洋工程装备行业广阔的市场发展空间。

行业技术创新和升级力度不断加大，关键领域产品取得重大突破。气运船舶建设再创佳绩，交付国内首艘4万立方米中型全冷式液化气船、8万立方米LNG运输船（世界最大浅水航道）、2.2万立方米超大型乙烯船（VLEC）、17.4万立方米LNG新一代船舶等。世界首艘M350型浮式生产储卸油船（FPSO）、首艘具备自航能力的"通用"型PSO、首艘SmartFPSO "OceOil123" 等海工装备顺利交付。国产首艘大型邮轮"爱达·魔都号"顺利实现出坞。

船舶与海洋工程装备行业面临的挑战不断。一方面，跨国公司综合竞争力强劲，全球船舶市场竞争愈加激烈。无论是技术创新还是品牌影响力，国内企业与其相比都还存在一定的差距。另一方面，环境保护和可持续发展也对行业发展提出更高的要求，国际强制性减排政策日趋严格，船舶供给端挑战增加。2023年7月7日，MEPC 80通过《2023年IMO船舶温室气体（GHG）减排战略》，明确尽快实现国际海事温室气体排放达峰、在2050年前或2050年左右达到净零排放的战略目标。按阶段，一是到2030年，实现零/近零温室气体排放技术，燃料和/或能源使用占比至少达到5%、力争达到10%，实现国际海事温室气体年排放总量比2008年至少降低20%、力争降低30%；二是到2040年，实现国际海事温室气体年排放总量比2008年至少降低70%、力争降低80%。上述政策将有力地支持新造船市场的继续发展，但更为严格的减排目标也使得为满足国际市场需求而加速提供新船和新设备的船厂和船用设备供应商面临的压力显著上升。船厂和船用设备供应商要重视国际合作，满足国际船东的需求，做好相关标准互认、专利合作等。

（三）产业结构调整

中国船舶工业经过 150 多年的发展，已经步入了结构调整阶段（见图 4）。产业结构的调整体现在优化和调整产业链条的各个环节。船舶与海洋工程装备行业包含设计、技术研发、制造、销售、维修等多个环节，而这些环节的协同发展对于整个行业的健康发展至关重要。因此，需要通过强化产业链的协同配合，优化各环节的资源配置，提高整体效能。

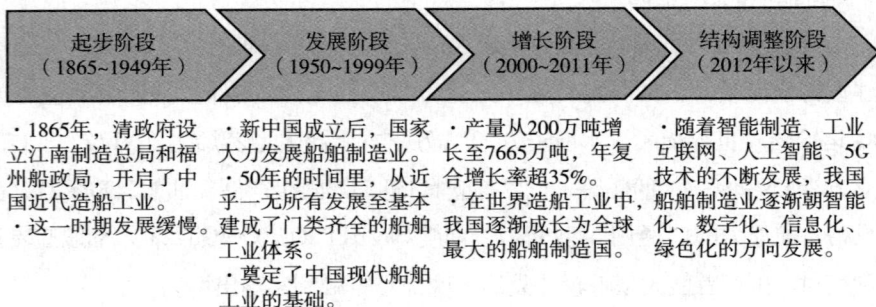

起步阶段 （1865~1949年）	发展阶段 （1950~1999年）	增长阶段 （2000~2011年）	结构调整阶段 （2012年以来）
·1865年，清政府设立江南制造总局和福州船政局，开启了中国近代造船工业。 ·这一时期发展缓慢。	·新中国成立后，国家大力发展船舶制造业。 ·50年的时间里，从近乎一无所有发展至基本建成了门类齐全的船舶工业体系。 ·奠定了中国现代船舶工业的基础。	·产量从200万吨增长至7665万吨，年复合增长率超35%。 ·在世界造船工业中，我国逐渐成长为全球最大的船舶制造国。	·随着智能制造、工业互联网、人工智能、5G技术的不断发展，我国船舶制造业逐渐朝智能化、数字化、信息化、绿色化的方向发展。

图 4　中国船舶工业的发展历程

资料来源：中国船舶工业行业协会，机械工业经济管理研究院整理。

产业结构调整还表现在行业竞争格局的变化上。从区域分布上来看，区域集中度很高，江苏是第一大省，前 5 个省（区、市）造船完工量合计占比达到了 87.6%。从企业分布来看，造船完工量指标前 10 名企业的集中度为 58.4%，新接订单量指标前 10 名企业的集中度为 60.7%，行业集中度处于相对高位。

二　2023年行业技术创新

（一）新技术应用

随着科学技术的进步和船舶与海洋工程装备需求的不断增长，新技术在行业中得到了越来越广泛的应用。

船舶与海洋工程装备领域，虚拟现实（VR）技术和增强现实（AR）技术应用逐渐增加，利用VR和AR技术，船舶设计师和工程师在虚拟模型中可进行实时观察和操作，从而减少制造过程中的错误，降低风险，同时节约时间和成本。因此，该技术的应用对于促进船舶与海洋工程装备的高效制造具有重要意义。

智能化技术在船舶与海洋工程装备行业中也占有举足轻重的地位。包括自动化系统传感器技术和数据分析在内的智能化技术，可以提高船舶的运行效率和安全性。比如，智能化船舶控制系统能够对船舶的运行状态进行实时监测，并根据数据进行相应的控制与调整。另外，智能化技术还能实现船舶设备的远程监控与维护，在提高办事效率、降低人力成本的同时，提高船舶运行的安全性。因此，在船舶与海洋工程装备行业中应用智能化技术，对于提高船舶与海洋工程装备的运行效率以及运行的安全性，具有十分重要的意义。

随着环保意识的增强和环境法规的强化，绿色环保技术在船舶与海洋工程装备行业中的应用也越来越受重视。船舶企业针对低碳与清洁能源技术进行不断的探索，以提高船舶的环保性能，如对船舶动力系统的改进和燃料选择的优化。另外，船舶废物管理与水质监测等环保技术也在不断完善与发展，以应对日益严格的环保要求。

新技术的推广应用也面临一定的挑战，一是技术成熟度与可行性的问题，部分新技术在理论上具有很大的诱惑力，但在实际应用过程中可能会遇到一些技术和工程上的难题。二是成本和投入的问题，部分先进技术初期投入和运行成本都比较高，企业在决策时必须进行综合的成本效益分析。因此，在新技术的应用上，既要注意理论上的可行性，又要考虑实际应用中可能遇到的挑战，还要结合成本效益分析，在技术推广应用上做出科学决策。

（二）技术研发投入

作为技术密集型行业，船舶与海洋工程装备行业的发展离不开技术研发投入。加大技术研发投入力度是未来行业发展的必然选择。

船舶与海洋工程装备行业每年投入的技术研发经费都在增加。2023年，行业内多家企业加大了研发经费的投入力度。中国船舶等大型企业研发费用占营业收入的比例达到 5% 以上，同时，研发人员数量逐年增加，企业技术研发实力得到提升，为行业的创新发展提供了坚实基础。

技术研发投入主要集中在新材料、数字化设计与制造、人工智能等方面。在新材料方面，船舶与海洋工程装备行业积极探索新材料的应用，以提升产品的性能和品质。在材料研发方面投入了大量的资源，提高了产品的耐用性和安全性，同时推动了行业的创新与发展。在数字化设计与制造方面，产业开始重视在产品设计、工艺流程上应用数字化技术。数字化技术可以提高产品设计的精确性和高效性，降低生产成本，提高生产效率。人工智能也是未来的发展方向之一，船舶与海洋工程装备行业在提高产品质量和自动化水平、生产流程智能化水平等方面，都会应用人工智能技术。

（三）技术创新的影响

在科技不断发展的今天，技术创新已成为船舶与海洋工程装备行业发展的重要推动力。技术创新对行业发展的影响不容忽视。

船舶与海洋工程装备的性能和效率都在技术革新中得到了提升。通过引进新技术，如先进的船舶设计制造技术、高效的能源利用技术、智能化的控制系统等，提高船舶与海洋工程装备的运行效率，减少能源消耗，减少对环境的污染。

技术革新带来新产品、新服务。技术的进步，新材料的应用，数字化设计与制造的发展，人工智能技术的应用，将会带来更多应用于船舶与海洋工程装备行业的创新产品和服务。

技术创新推动了产业结构的调整与升级，传统的船舶与海洋工程装备企业随着技术不断的革新而面临更新转型的压力。只有加大技术创新力度，企业才能提升竞争力以适应市场变化，从而促进行业实现产业结构的升级。

技术创新对行业的竞争格局有举足轻重的作用，既能增强企业的竞争优势，又能对整个行业的竞争格局产生影响。那些不断进行技术革新并拥有核心知识产权的企业将在市场中占据优势地位，而缺乏技术创新能力的企业将逐渐丧失市场份额和竞争优势。因此，对于企业和行业的长远发展来说，技术创新意义重大。

三 2023年行业政策环境

（一）国家政策沿革

国家政策的支持是船舶与海洋工程装备行业实现快速发展的重要保障。自"七五"时期中国提出"发展船舶制造业"至"十四五"时期，国家对船舶工业发展的支持力度越来越大。海洋工程装备产业是中国重点发展的新兴战略性产业之一。自"十一五"规划以来，海洋工程装备产业近20年的快速增长离不开政策的支持与保障（见图5）。

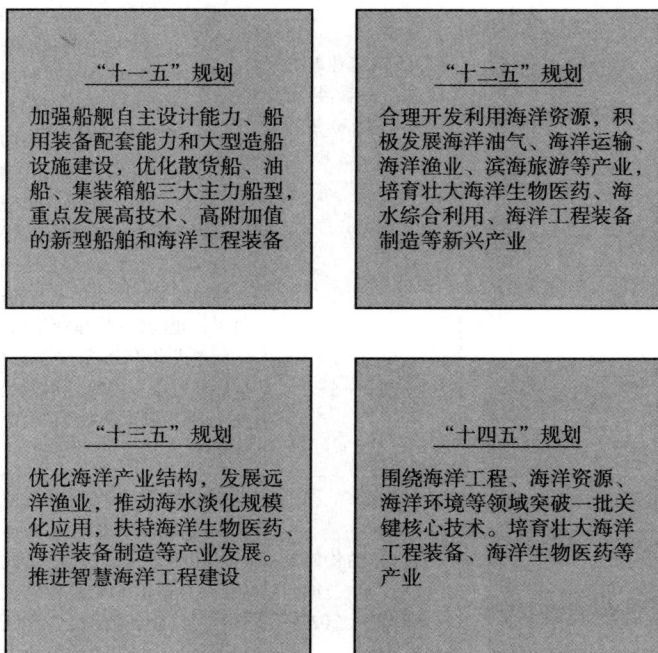

"十一五"规划

加强船舰自主设计能力、船用装备配套能力和大型造船设施建设，优化散货船、油船、集装箱船三大主力船型，重点发展高技术、高附加值的新型船舶和海洋工程装备

"十二五"规划

合理开发利用海洋资源，积极发展海洋油气、海洋运输、海洋渔业、滨海旅游等产业，培育壮大海洋生物医药、海水综合利用、海洋工程装备制造等新兴产业

"十三五"规划

优化海洋产业结构，发展远洋渔业，推动海水淡化规模化应用，扶持海洋生物医药、海洋装备制造等产业发展。推进智慧海洋工程建设

"十四五"规划

围绕海洋工程、海洋资源、海洋环境等领域突破一批关键核心技术。培育壮大海洋工程装备、海洋生物医药等产业

图5 中国船舶与海洋工程装备行业政策沿革

（二）船舶工业主要政策支持

近年来，国家多部门发布了关于船舶工业发展的政策，具体政策如表2、表3、表4所示。

表2 国家船舶工业主要政策（一）

发布时间	发布部门	政策名称	重点内容解读	政策性质
2023年12月	工业和信息化部等五部门	《船舶制造业绿色发展行动纲要（2024—2030年）》	到2025年，船舶制造业绿色发展体系初步构建。绿色船舶产品供应能力进一步提升，船用替代燃料和新能源技术应用与国际同步，液化天然气（LNG）、甲醇等绿色动力船舶国际市场份额超过50%；骨干企业减污降碳工作取得明显成效，绿色制造水平有效提升，万元产值综合能耗较2020年下降13.5%；绿色低碳标准体系进一步完善，碳足迹管理体系和绿色供应链管理体系初步建立。到2030年，船舶制造业绿色发展体系基本建成。绿色船舶产品形成完整谱系供应能力，绿色船舶技术具备国际先进水平，绿色船舶国际市场份额保持世界领先；骨干企业能源利用效率达到国际先进水平，形成一批具有国际先进水平的绿色示范企业，全面建成绿色供应链管理体系	引导类
2023年4月	交通运输部海事局	《推进船舶检验高质量发展三年行动计划（2023—2025年)》	从完善船舶检验高质量发展保障体系、推进船舶检验机构和检验队伍高质量发展、大力推进船舶检验制度优化、建立行业运行管理新机制、开展船舶检验行业发展重大政策研究等5个方面明确了22项工作任务	引导类

续表

发布时间	发布部门	政策名称	重点内容解读	政策性质
2022年11月	工业和信息化部、国家发展改革委、国务院国资委	《工业和信息化部 国家发展改革委 国务院国资委关于巩固回升向好趋势加力振作工业经济的通知》	加快邮轮游艇大众化发展，推动内河船舶绿色智能升级。提高大飞机、航空发动机及燃气轮机、船舶与海洋工程装备、高端数控机床等重大技术装备自主设计和系统集成能力	技术类
2022年9月	交通运输部等	《进一步提升琼州海峡客滚运输服务能力和安全管理水平三年行动方案（2022—2024年)》	有序推进琼州海峡客滚运输船舶运力更新。加快淘汰老旧客滚船，全面提高客滚船安全性能和绿色环保水平。推动琼州海峡客滚运输绿色发展	引导类
2022年9月	工业和信息化部、国家发展改革委、财政部、生态环境部、交通运输部	《关于加快内河船舶绿色智能发展的实施意见》	提升绿色智能船舶产业水平，建立健全绿色智能船舶产业生态	引导类
2022年7月	工业和信息化部、国家发展改革委、生态环境部	《工业领域碳达峰实施方案》	大力发展绿色智能船舶，加强船用混合动力、LNG动力、电池动力、氨燃料、氢燃料等低碳清洁能源装备研发，推动内河、沿海老旧船舶更新改造，加快新一代绿色智能船舶研制及示范应用	技术类
2022年8月	工业和信息化部等五部委	《工业和信息化部等五部委关于加快邮轮游艇装备及产业发展的实施意见》	到2025年，邮轮游艇装备产业体系初步建成，国产大型邮轮建成交付，中型邮轮加快推进，小型邮轮实现批量建造，游艇产品系列多样规模化生产，旅游客船提档升级特色化发展	支持类

资料来源：工业和信息化部、交通运输部网站，机械工业经济管理研究院整理。如无特殊说明，本报告政策部分均来源于相关部委网站，机械工业经济管理研究院整理。

表 3 国家船舶工业主要政策（二）

发布时间	发布部门	政策名称	重点内容解读	政策性质
2022 年 6 月	国家发展改革委等九部门	《"十四五"可再生能源发展规划》	推进交通等重点领域绿氢替代。推广燃料电池在工矿区、港区、船舶、重点产业园区等示范应用，统筹推进绿氢终端供应设施和能力建设，提高交通领域绿氢使用比例	引导类
2022 年 4 月	交通运输部等	《交通运输部 国家铁路局 中国民用航空局 国家邮政局贯彻落实〈中共中央 国务院关于完整准确全面贯彻新发展理念做好碳达峰碳中和工作的意见〉的实施意见》	依托交通强国建设试点，有序开展纯电动、氢燃料电池、可再生合成燃料车辆、船舶的试点。探索甲醇、氢、氨等新型动力船舶的应用，推动液化天然气动力船舶的应用	引导类
2022 年 4 月	工业互联网工作组办公室	《工业互联网专项工作组 2022 年工作计划》	推动 5G 在船舶总装建造中应用关键技术研发	技术类
2022 年 1 月	国家发展改革委、国家能源局	《"十四五"现代能源体系规划》	鼓励船舶领域使用 LNG 等清洁燃料替代，加强交通运输行业清洁能源供应保障	引导类
2022 年 1 月	交通运输部、科学技术部	《交通领域科技创新中长期发展规划纲要（2021—2025 年）》	推动新能源清洁能源船舶、智能船舶、大中型邮轮、极地航行船舶等自主设计建造及现代化导航助航设备研发，突破船载智能感知与控制关键技术及设备	技术类
2022 年 1 月	工业和信息化部等八部门	《关于加快推动工业资源综合利用的实施方案》	探索新兴固废综合利用路径。研究制定船舶安全与环境无害化循环利用方案，加强船舶设计、建造、配套、检验、营运以及维修、改造、拆解、利用等全生命周期管理，促进相关企业与机构信息共享，促进船舶废旧材料再生利用	引导类

发布时间	发布部门	政策名称	重点内容解读	政策性质
2022 年 2 月	国家发展改革委等	《关于印发促进工业经济平稳增长的若干政策的通知》	加快实施制造业核心竞争力提升五年行动计划和制造业领域国家专项规划重大工程,启动一批产业基础再造工程项目,推进制造业强链补链,推动重点地区沿海、内河老旧船舶更新改造,加快培育一批先进制造业集群,加大"专精特新"中小企业培育力度	支持类
2022 年 1 月	交通运输部	《长航系统"十四五"发展规划》	推广应用新能源和清洁能源动力船舶,推动延续新建、改建 LNG 单燃料动力船舶鼓励政策,积极支持纯电力、燃料电池等动力船舶研发与推广	技术类
2021 年 11 月	交通运输部	《珠江航运"十四五"发展规划》	加大 LNG 动力船舶开发与推广力度	技术类
2022 年 1 月	交通运输部	《水运"十四五"发展规划》	推进内河运输船舶标准化,引导集装箱船、商品汽车滚装船、重大件船等专业化运输船舶发展;推进智能船舶发展,鼓励 LNG、电动、氢能等新能源和清洁能源船研发应用	技术类

表 4　国家船舶工业主要政策（三）

发布时间	发布部门	政策名称	重点内容解读	政策性质
2021 年 12 月	国务院	《"十四五"节能减排综合工作方案》	加强船舶清洁能源动力推广应用,推动船舶岸电受电设施改造	引导类

续表

发布时间	发布部门	政策名称	重点内容解读	政策性质
2021年12月	国家发展改革委等	《关于振作工业经济运行推动工业高质量发展的实施方案的通知》	完善重点行业发展政策,积极推动绿色智能船舶示范应用,加快推进沿海、内河老旧船舶更新改造。加大制造业融资支持,紧密结合制造业企业生产经营周期,合理确定融资期限,增加制造业中长期贷款投放,提升融资支持的精准性和有效性	支持类
2021年11月	工业和信息化部	《"十四五"工业绿色发展规划》	加快发展新能源、新材料、绿色智能船舶等战略性新兴产业	技术类
2021年11月	工业和信息化部	《"十四五"信息化和工业化深度融合发展规划》	培育智能船舶等新型智能产品	技术类
2021年10月	国务院	《国务院关于印发2030年前碳达峰行动方案的通知》	推动运输工具装备低碳转型。加快老旧船舶更新改造,发展电动、液化天然气动力船舶,深入推进船舶靠港使用岸电,因地制宜开展沿海、内河绿色智能船舶示范应用。提升机场运行电动化智能化水平,发展新能源航空器。到2030年,当年新增新能源、清洁能源动力的交通工具比例达到40%左右,营运交通工具单位换算周转量碳排放强度比2020年下降9.5%左右	规划类
2021年6月	国务院	《国务院关于建设现代综合交通运输体系有关工作情况的报告》	多种智能交通方式建设有序推进,无人机、智能船舶、智能网联汽车、无人仓加快应用	支持类

发布时间	发布部门	政策名称	重点内容解读	政策性质
2021 年 5 月	交通运输部	《2020 年沿海省际散装液体危险货物船舶运输市场及 2021 年新增运力规模和推荐发展船型》	为深化运力结构调整,满足特殊时期、特种货物运输需求,保障沿海省际散装液体危险货物运输,2021 年将适当新增原油、化学品、液化石油气、液化天然气船舶运力	支持类
2021 年 2 月	国务院	《国务院关于加快建立健全绿色低碳循环发展经济体系的指导意见》	推广绿色低碳运输工具,淘汰更新或改造老旧车船,加大推广绿色船舶示范应用力度,推进内河船型标准化	支持类

（三）海洋工程装备主要政策支持

为推动海洋工程装备行业的发展,国家近年来出台了多项扶持政策,如表 5 所示。

表 5　2020~2022 年中国部分海洋工程装备支持政策

日期	政策名称	内容
2021 年 12 月	《"十四五"节能减排综合工作方案》	支持海洋碳汇机制,完善海洋蓝碳交易平台建设。培育和发展排污权交易市场,进一步扩大政府收储来源、加大政府储备力度
2022 年 1 月	《关于促进钢铁工业高质量发展的指导意见》	大幅提升供给质量。建立健全产品质量评价体系,加快推动钢材产品提质升级,在航空航天、船舶与海洋工程装备、能源装备、先进轨道交通及汽车、高性能机械、建筑等领域推进质量分级分类评价,持续提高产品实物质量稳定性和一致性,促进钢材产品实物质量提升
2021 年 12 月	《"十四五"智能制造发展规划》	面向汽车、工程机械、轨道交通装备、航空航天装备、船舶与海洋工程装备、电力装备、医疗装备、家用电器、集成电路等行业,支持智能制造应用水平高、核心竞争优势突出、资源配置能力强的龙头企业建设供应链协同平台,打造数据互联互通、信息可信交互、生产深度协同、资源柔性配置的供应链

日期	政策名称	内容
2021 年 11 月	《"十四五"能源领域科技创新规划》	研发远海深水区域漂浮式风电机组基础一体化设计、建造与施工技术,开发符合中国海洋特点的一体化固定式风机安装技术及新型湾浮式桩基础。建设海洋地震采集装备制造及检测平台,应用海洋地震勘探系统地震拖缆、控制与定位、综合导航、气枪震源控制等核心装备并装配三维地震物探船,支撑海洋地震勘探技术装备在海洋深水油气勘探开发的推广应用等
2021 年 10 月	《2030 年前碳达峰行动方案》	坚持陆海并重,推动风电协调快速发展,完善海上风电产业链,鼓励建设海上风电基地。到 2030 年,风电、太阳能发电总装机容量达到 12 亿千瓦以上;集中力量开展复杂大电网安全稳定运行和控制、大容量风电、高效光伏、大功率液化天然气发动机、大容量储能、低成本可再生能源制氢、低成本二氧化碳捕集利用与封存等技术创新
2021 年 6 月	《国家发展改革委关于 2021 年新能源上网电价政策有关事项的通知》	2021 年起,对新备案集中式光伏电站、工商业分布式光伏项目和新核准陆上风电项目,中央财不再补贴,实行平价上网。2021 年新建项目上网电价,按当地燃煤发电基准价执行,新建项目可自愿通过参与市场化交易形成上网电价,以更好体现光伏发电、风电的绿色电力价值。2021 年起,新核准(备案)海上风电项目、光热发电项目上网电价由当地省级价格主管部门制定,具备条件的可通过竞争性配置方式形成,上网电价高于当地燃煤发电基准价的,基准价以内的部分由电网企业结算。鼓励各地出台针对性扶持政策,支持光伏发电、陆上风电、海上风电、光热发电等新能源产业持续健康发展
2021 年 3 月	《中华人民共和国国民经济和社会发展第十四个五年规划和 2035 年远景目标纲要》	加快发展非化石能源,坚持集中式和分布式并举,大力提升风电、光伏发电规模,加快发展东中部分布式能源。有序发展海上风电,加快西南水电基地建设,安全稳妥推动沿海核电建设,建设一批多能互补的清洁源基地,非化石能源占能源消费总量比重提高到 20% 左右
2020 年 12 月	《新时代的中国能源发展》	按照统筹规划、集散并举、陆海齐进、有效利用的原则,在做好风电开发与电力送出和市场消纳衔接的前提下,有序推进风电开发利用和大型风电基地建设。积极开发中东部分散风能资源。积极稳妥发展海上风电。优先发展平价风电项目。推行市场化竞争方式配置风电项目。以风电的规模化开发利用促进风电制造产业发展,风电制造产业的创新能力和国际竞争力不断提升,产业服务体系逐步完善

四 行业技术发展方向

（一）新材料应用

新材料应用是船舶与海洋工程装备行业发展的重要方向之一。传统材料在船舶与海洋工程装备领域已经不能满足市场对高强度、轻量化和高耐腐蚀性的要求，新材料的开发与应用成为行业发展的必然之选。

一方面，船舶与海洋工程装备的性能与效率可通过新材料的应用得到提升。例如，碳纤维复合材料，其特点是强度高、刚度高、密度低，能使船体结构重量减轻、载重量增加、航速提高。另外，应用抗腐蚀新材料、抗污渍涂料等，可使船体寿命延长，维护保养费用也随之降低。

另一方面，对新材料的应用还能促进船舶与海洋工程装备行业的可持续发展，如生物降解材料的应用可减轻船舶与海洋工程装备对环境的污染，降低生态风险；太阳能光伏材料的应用能为船舶提供动力，减少其对传统石油能源的依赖。应用新材料，既能促进行业朝绿色低碳方向转型，又能在环保与减少能源消耗上多做贡献。

在新材料应用方面，纳米材料的研究和应用大有可为。纳米材料可以赋予设备更多的特性和功能，如尺寸效应（size effect）、界面效应（interface effect）。例如，纳米复合材料可以在提高强度和刚度的同时，增强材料的耐磨性和抗冲击性能。应用纳米镀膜，可增强抗污、润滑等性能。

总之，在船舶与海洋工程装备行业发展中，新材料应用起着举足轻重的作用，既有利于提高装备的性能与效率，促进行业的可持续发展，又可以为行业带来更多的创新发展机会。因此，在促进船舶与海洋工程装备行业发展的同时，要加大对新材料研发和应用的支持力度，以促进行业朝着更为先进环保的方向发展。政府、企业、科研单位要加大投入力度，加强合作与交流。

（二）数字化设计与制造

数字化设计与制造已经成为船舶与海洋工程装备行业发展的趋势，并产生了重要影响，具有十分重要的意义。

第一，数字化设计与制造可以使产品研发效率得到很大的提高。因为传统的设计与制造过程存在大量手工操作和试错成本高的问题，而数字化设计与制造通过建立数字模型并进行仿真分析来减少实际试验的次数和时间成本，同时提高产品设计的精确性和可靠性，具有很大的优越性。通过数字化设计与制造，船舶与海洋工程装备企业可以更快速地对市场需求做出反应，缩短研发周期，从而提高产品的竞争力。因此，数字化设计与制造是一种十分有效的产品研发方式，可以在很大程度上提高产品质量和生产效率。

第二，以数字化为基础的设计和制造，对制造工艺的优化和改进起着推动作用。利用数字化技术对工艺流程进行仿真和优化，可以提高生产效率和产品质量。而且数字化制造具有柔性化的特点，可根据不同的订单和市场需求进行个性化生产，提高企业对市场变化的适应能力。另外，数字化制造还能对工艺进行全过程的追踪和质量监控，提高工艺的可控性和可追溯性。因此，数字化设计与制造在促进制造工艺优化和改进的同时，为企业带来了更大的灵活性。

第三，在数字化设计与制造中，企业与供应链的信息共享和协同是重点之一，企业通过数字化平台实现与供应商及合作伙伴的及时沟通与信息共享，促进协同设计和制造，提高整个供应链的效率和协同能力。数字化设计与制造还能实现物理产品与数字模型的一体化管理，在降低产品生命周期成本、提高企业整体竞争能力的同时，提高企业的创新能力。

数字化设计与制造是一个不间断的推进过程，需要应对技术和人才的挑战，并不断完善数字化设计与制造的相关制度。

（三）人工智能应用

人工智能的出现为传统产业带来了新的发展契机，使船舶与海洋工程装备的设计制造和运营在智能化、高效化方面得到了更好的发展。目前，人工智能应用贯穿于船舶与海洋工程装备的设计、制造、运营和维护各环节中，提供更加智能化和高效化的解决方案（见表6）。

表6　人工智能在船舶与海洋工程装备行业中的应用

领域	人工智能的作用	具体影响
总体影响	带来新的发展机遇	提升设计、制造和运营的智能化与高效化水平
设计	自动产生最优设计方案	提高设计效率和准确性
制造	实现智能控制和自动化生产	提高生产精度和效率
运营和维护	通过数据采集与分析实现实时监测和预警	提高设备可靠性，延长使用寿命
挑战	数据的收集和处理，人工智能算法的优化和升级	需要提高数据采集和分析能力，不断优化更新算法

第一，在设计环节，人工智能发挥了重要作用。传统的船舶设计需要依靠专业的设计师进行手工设计，需要大量的人力和时间成本，设计具有复杂性。而借助人工智能技术，可以通过对历史数据和模型的分析，自动产生最优的设计方案。AI算法可以对船舶的外形、结构和性能进行快速仿真和优化，从而提高设计的效率和准确性。

第二，在制造环节，人工智能得到了广泛应用。在传统制造中，依靠人工劳动和经验进行生产和组装，容易出现误差和浪费。而人工智能技术可以实现智能控制和自动化生产，提升生产精度和效率。例如，利用机器学习算法对生产过程进行监控和优化，可以降低人为因素对生产过程的干扰，减少质量缺陷的产生和资源浪费。

第三，在运营和维护环节，人工智能起到了重要作用。通过传感器和监控装置的数据收集，可以实现实时监控和预警。结合人工智能算法进行分析和预测，有助于提前发现设备可靠性和使用寿命的潜在问题，并采取相应的措施进行维护和保养。

但同时人工智能的应用也面临一些挑战。首先是数据的收集和处理问题。船舶与海洋工程装备的运营过程中产生了海量而复杂的数据，收集、整理和分析这些数据是一个巨大的挑战。其次是人工智能算法的优化和升级问题。为了使人工智能在船舶与海洋工程装备行业中发挥更大的作用，需要不断改进和更新算法，以适应行业的发展和需求。

五　2024年行业发展前景展望

（一）行业发展趋势预测

随着全球船舶与海洋工程装备行业的快速发展，2024年将是该行业迎来新的发展机遇和挑战的一年。

增长势头持续。全球经济持续回暖，国际贸易增加，海洋资源的开发需求将推动船舶与海洋工程装备需求增加。同时，新兴市场的发展将为行业提供新的增长机遇。中国船舶制造企业手持订单量逐年增加。根据行业近年来的发展情况，按照趋势研究方法，预测2024年中国船舶制造行业工业总产值将维持2%左右的增长。

绿色化。绿色环保成为行业发展新趋势。随着全球气候变化、世界各国环境保护意识增强，在"双碳"目标的推动下，船舶与海洋工程装备行业将更加注重设备环保技术和绿色化发展，产品朝着绿色化、环保化方向发展。因此，LNG船等产品市场需求和发展机会更多。

智能化。智能化是行业发展的重要趋势。智能化不仅表现在产品装备本身，而且贯穿产品的生产制造过程。数字化设计与制造、流水线机器人应用和人工智能技术极大地提高了装备的研发设计和生产效率。通过数据分析和智能控制系统，产品后续的运行和维护也将更加可靠和及时。

集中度提升。市场集中度不断提升。船舶与海洋工程装备行业属于重型资产行业，需要很强的资金实力、研发实力及较强的资源整合能力，因此行业集中度一直保持在较高水平。随着优势资源的不断集中，预计行业市场集中度将进一步提升。

（二）行业发展建议

为了进一步提升行业的发展水平，对船舶与海洋工程装备行业未来的发展提出如下建议。

一是在新材料的研发应用上要加大力度。随着技术的不断进步，新材料在船舶与海洋工程装备领域的应用将会发挥越来越重要的作用。例如，轻质、高强度的复合材料可以提升船舶与海洋工程装备的性能，同时减少能源消耗和环境污染。因此，行业应加强新材料的研发，提高其稳定性和可靠性，促进其在实际应用中的推广。

二是应加快数字化设计与制造的发展。通过引入大数据、云计算等技术，建立互联互通的网络化工业生态，推动数字化设计与制造的发展，注重积累数据信息资源，提升智能船舶网络和信息安全防护能力，提高产品的质量和竞争力。

三是重视人工智能的应用，积极参与相关国际标准规范制的修订，研究智能船舶标准规范体系建设，建立船舶总装智能制造标准体系。人工智能可以提供智能化的决策支持和自主控制能力，提高船舶的自动化程度和工作效率。例如，通过机器学习和智能算法，可以实现航线规划、状态预测和故障诊断等功能。因此，行业应加强在人工智能领域的研究与应用，推动船舶与海洋工程装备行业朝智能化方向发展。

面对市场的竞争和政策环境的变化，行业需要积极应对挑战，制定相应的发展战略，以确保可持续发展。

Abstract

President Xi Jinping pointed out that the equipment manufacturing industry is the major important weapon of the country and it is an important part of the real economy. The equipment manufacturing industry produces equipment for various economic sectors and it is a pillar industry of the national economy. Otherwise, its development level is related to the national security and international influence. Since the "14th Five-Year Plan", China's equipment manufacturing industry has reached the international leading level, which have a significant increase in industrial added value, continuous optimization of structural layout, and breakthrough progress in core technologies. However, the equipment manufacturing industry also face some problems, such as mismatch between supply and demand, weak industrial chain and insufficient innovation power and so on. In order to accelerate the transformation of old and new driving forces, China's equipment manufacturing industry should adhere to the innovative development ideas and build a modern manufacturing powerful country.

Report on the Development of Equipment Manufacturing Industry in China (2024) consists of general reports, industry reports, enterprise reports and special Topics. General reports introduce the development of China's equipment manufacturing industry in 2023, put forward the main problems faced in the current industrial development, and then provide some valuable suggestions to boost the industry. Industry reports analyze the development situation in 2023 of four sub-industry fields including general equipment manufacturing industry, special equipment manufacturing industry, electrical machinery and equipment manufacturing industry, and instrumentation manufacturing industry. Enterprise reports introduce the value creation of listed companies in China's equipment manufacturing industry in 2023, and select the top 100 value creation lists of A-share listed companies, and then summarize the typical cases of technological innovation enterprises. Special topics conduct a special study on the development of international equipment manufacturing industry and ship and offshore engineering equipment industry in 2023.

General reports point out that the growth rate of added value of China's equipment manufacturing industry is picking up and increasing month by month, the asset scale is growing steadily, the growth rate of fixed assets investment is fluctuating, the product structure continue to upgrade, the overall operation is stable and good, the independent innovation ability continue to strengthen, and the foreign trade grow steadily in 2023. However, at the international level, China's equipment manufacturing industry still face some problems, such as high international dependence on core technologies, lack of international discourse power in the high-level equipment field, need for optimization of industrial layout, and insufficient level of intelligence and greening. Further, general reports propose suggestions from some aspects, such as increasing the level of innovative development, optimizing industrial layout, accelerating industrial transformation, creating an ecological environment, establishing brand effects, cultivating high-level talents, and improving the level of internalization.

Industry reports study the development of four sub-industry fields, and show that the four sub-industries fields develop steadily, and in which multiple sub-industries have achieved to increase the level of production and major technological breakthroughs. Some of the major technologies have reached the global leading level. However, there are still some problems in sub-industries, such as insufficient innovation, imbalanced industrial structure, and bad business environment. Thus, the four sub-industries need accelerate the development of industries towards high-level, intelligent, green, and branded.

Enterprise reports analyze the value creation of China's listed manufacturing companies, and then conclude that listed manufacturing companies perform well in asset value, industry value, and innovation value. Enterprise reports select three typical equipment manufacturing enterprises to conduct case studies and find that these three enterprises have taken some measures, such as building scientific research mechanisms, exploring cooperation models, and promoting intelligent manufacturing in the process of technological innovation, which providing reference for equipment manufacturing enterprises to carry out technological innovation and improve management methods.

Special topics study the development of international equipment manufacturing industry and conclude that more and more countries have made breakthroughs in a number of fields, such as chips, aerospace, healthcare, and robotics. The United States, Germany, and Japan still hold a global leading position in the manufacturing industry. Each country focuses on strengthening technological breakthroughs in its own manufacturing industry, stabilizing the resilience of its industrial chain, and exploring the green and intelligent development path. In addition, special topics analyze the development of intelligent and green manufacturing, and then find that at the international level, the manufacturing industry have made some breakthroughs in digital and green transformation. However, China's enterprises still have some shortcomings. Thus, the manufacturing industry need adhere the concept of green development and promote the steady upgrading of intelligent manufacturing.

Keywords: Equipment Manufacturing Industry; Intelligent Manufacturing; Green Manufacturing

Contents

I General Reports

Abstract: This report mainly summarizes the development status of China's equipment manufacturing industry in 2023 from the perspectives of industrial scale, economic operation, industrial structure, and technological innovation. The added value growth rate of the equipment manufacturing industry continued to recover, the asset scale increased steadily, the fixed asset investment growth rate of various sub-sectors was uneven, and the product structure continued to upgrade. In 2023, the overall operating conditions of China's equipment manufacturing industry were relatively stable, with steady growth in revenue and rising operating costs, a slight decrease in total profit, a slight decline in profitability, and a basic leveling off of debt repayment ability. From the perspective of sub-sectors, there are differentiated characteristics in the asset scale and revenue of major industries. In terms of technological innovation, China's equipment manufacturing industry's R&D expenditure has maintained steady growth, and its ability to innovate and its level of technology have been continuously improved. In terms of foreign economic relations, China's equipment manufacturing industry's foreign trade performance has shown a differentiated trend, with steady growth in outbound direct investment and increased foreign investment.

Keywords: Industrial Structure; Technological Innovation; Manufacturing Industry

B . 2 China Equipment Manufacturing Industry Development Prospect   *Shi Zhongguang , Li Hexin and Zhang Ting* / 028

Abstract: In 2023, the global economy is gradually moving towards stability, and the development of major economies is gradually returning to the right track. At the international level, with the slowdown in the growth of international trade and the weakening momentum of foreign direct investment, industrial chains and supply chains have formed a situation of mutual dependence and inseparability. However, the new technological revolution is driving a systemic transformation of industrial models, and the related risks cannot be ignored. Domestically, after the epidemic, China's total economic growth rate has remained stable, the industrial structure continues to optimize, the technological innovation capabilities are constantly improving, and the scale of foreign trade has once again broken records. Overall, in 2023, China's manufacturing industry is developing steadily, but there still exists a contradiction of being " big but not strong, comprehensive but not optimal ", and the development of the manufacturing industry has entered a phase of overcoming challenges. Currently, China's equipment manufacturing industry investment market is active in venture capital, the scale of enterprise mergers and acquisitions and initial public offerings is continuously expanding, and some emerging technologies and high-end equipment fields have become investment hotspots, such as 5G + industrial Internet, green aviation equipment, industrial robots, intelligent inspection equipment, etc.

Keywords: Equipment Manufacturing Industry; Industrial Internet; High-quality Development; Robots+

B.3   China Equipment Manufacturing Industry Development

Policy Suggestion   *Zhang Ting, Wang Qian* / 049

Abstract: This report proposes development policy recommendations in eight aspects to promote the innovative development of the equipment manufacturing industry, accelerate the optimization of the industrial layout of the equipment manufacturing industry, expedite the industrial transformation of the equipment manufacturing industry, build the industrial ecosystem of the equipment manufacturing industry, promote integrated development of equipment manufacturing enterprises, promote the upgrading of the quality brands of the equipment manufacturing industry, strengthen talent cultivation in the equipment manufacturing industry, and improve the level of open cooperation in the equipment manufacturing industry. In terms of promoting the innovative development of the equipment manufacturing industry, the report suggests building a technological innovation platform, improving the collaborative innovation system, strengthening the role of enterprises, enhancing intellectual property protection, and promoting the transformation of scientific and technological achievements. For optimizing the industrial layout of the equipment manufacturing industry, it is recommended to solidify the foundation of industrial development, improve the industrial chain and supply chain, accelerate the adjustment of industrial structure, and promote the development of industrial clusters. Regarding expediting the industrial transformation of the equipment manufacturing industry, measures such as promoting high-end upgrades and advancing intelligent transformation are suggested to accelerate the transformation of manufacturing. In building the industrial ecosystem of the equipment manufacturing industry, it is suggested to increase policy supply, enhance financial service capacity and optimize the development environment. In promoting the integrated development of equipment manufacturing enterprises, the report recommends nurturing backbone enterprises while also supporting the growth of small and medium-sized enterprises. To promote the upgrading of the quality brands of the equipment manufacturing industry, the focus should be on improving product quality and building product brands. In terms of strengthening talent cultivation in the equipment manufacturing industry, efforts should be made to introduce and cultivate high-end talents and enhance the quality of enterprise talents. Lastly, to improve the level of open cooperation in the equipment manufacturing industry, suggestions include increasing the utilization of foreign investment, expanding the import and export of key products, and deepening international cooperation in industrial chain and supply chain.

Keywords: Equipment Manufacturing Industry; Green Transformation; Industrial Chain; Industrial Transformation

Ⅱ Industry Reports

B . 4 General Equipment Manufacturing Industry Development

Report *Zhi Yige, Guo Wei and Song Aimin* / 058

Abstract: This report summarizes the market overview and development trends of China's and international general equipment manufacturing industry in 2023. It studies and analyzes the operation, product technology, and existing problems of China's general equipment manufacturing industry. Combining with the prediction of the development prospects and investment opportunities of China's general equipment manufacturing industry, objective and targeted development suggestions are proposed for China's general equipment manufacturing industry from three levels: policy, industry, and enterprise. Analysis shows that in 2023, the scale of China's general equipment manufacturing industry has steadily increased, profitability and debt paying ability have remained stable, and debt paying ability has slightly improved. The technical level of major products has significantly improved. Under the influence of global economic stability and changes in the international energy landscape, China's general equipment manufacturing industry should seize major national development opportunities, build a green manufacturing system, promote the integration of informatization and intelligence development, and further enhance the competitiveness of China's general equipment manufacturing enterprises.

Keywords: General Equipment; Green Manufacturing; Intelligent Manufacturing

B.5 Special Equipment Manufacturing Industry Development Report　　　*Tong Tong, Li Leiqiao and Niu Lina* / 082

Abstract: This report reviews the current development status and trends of special equipment manufacturing industry both domestically and internationally in 2023. It studies and analyzes the operation, product technology, existing problems, and investment prospects of China's special equipment manufacturing industry, and puts forward development suggestions. Research has shown that in 2023, China's special equipment manufacturing industry will operate steadily overall, with continuous growth in asset size, a slowdown in revenue growth, a decline in various profit indicators, and a slight improvement in debt repayment ability. In the new stage, China's special equipment manufacturing industry should seize the new opportunities of domestic substitution and equipment export, improve product quality, optimize the industrial ecosystem, accelerate green and low-carbon transformation and intelligent development, and enhance the competitiveness of China's special equipment manufacturing industry.

Keywords: Special Equipment; Green and Low-carbon; Intelligent

B.6 Electrical Machinery and Equipment Manufacturing Industry Development Report　　　*Li Peng, Xu Hui and Wang Zhaohu* / 107

Abstract: This report reviews the domestic and international development overview and trends, and through annual and monthly analysis, studies the changes in the industrial scale, operation, and structure of China's electrical machinery and equipment manufacturing industry in 2023. It analyzes the main product technology levels and major technological breakthroughs in China's electrical machinery and equipment manufacturing industry, discusses the main problems existing in the current development of the industry, and predicts future development trends. The research results indicate that currently, with the steady recovery of China's economy, the gradual release of industrial and commercial electricity demand, rapid growth in the total electricity generation of the whole society, China's electrical machinery and equipment manufacturing industry is gradually recovering, and the development growth rate is steadily increasing. In 2023, the electrical machinery and equipment manufacturing industry continued to grow. The annual output of generator sets increased by 28.5%, and the production of solar cells increased by 54%. In the transmission and transformation products, the output of products such as low-voltage switchboards and power transformers continued to grow. Currently, cutting-edge information technologies such as artificial intelligence, big data, and the Internet of things are deeply integrated with power industry technologies, and the construction of smart grids and the intelligent transformation and upgrade of power transmission and distribution have greatly promoted the intelligent development of power equipment. With the construction of digitization and smart grids, as well as new power system construction, the demand for secure, reliable, and intelligent power equipment in the national economy will steadily increase.

Keywords: Electrical Machinery and Equipment Manufacturing Industry; Electric Power Equipment; Intelligent; Nuclear Power; New Energy

B.7 Instrumentation Manufacturing Industry Development Report

Yuan Xingyu, Huang Jiatong, An Chen and Zhou Xingyu / 135

Abstract: This report summarises the development status and trend of the international instrumentation manufacturing industry in 2023, analyses the market scale, level of development and operation status of China's instrumentation manufacturing industry and its sub-industries, bases on the long-term development of the industry, and provides relevant policy recommendations on the direction of sustainable production and basic technology research. Relevant statistics show that the development of China's instrumentation manufacturing industry in 2023 slowed down compared to the growth rate in 2022. Digital intelligence and localisation have become the development trend of products in many sub-sectors, and the market channels and service scope of the industry continue to expand, however, there is still potential for improvement in sustainable development and green production. China's instrumentation manufacturing industry in the future shall focus on the construction of industry standard system, strengthen the industry supervision, to promote the orderly development of related industries, and enhance the international influence of China's instrumentation manufacturing industry.

Keywords: Instrumentation; Digital Intelligence; Domestication; Sustainable Development

Ⅲ   Enterprise Reports

B.8   2023 Annual Development Report on Value Creation

of Listed Companies in China's Manufacturing Industry

Zhou Yongliang, Lyu Hanyang and Zhang Jingru / 158

Abstract: In 2023, Chinese manufacturing listed companies hold a core position in the A-share market. From the perspective of capital value, compared to 2022, the average asset return rate, average PE (price-earnings ratio), and net asset return rate of listed manufacturing companies in 2023 are higher than the average level of the A-share market. In terms of industrial value creation, the focus of China's manufacturing industry development is accelerating the shift from traditional to technological end, with equipment manufacturing becoming the main driver of manufacturing industry growth. In terms of innovation value creation, manufacturing listed companies continue to increase investment in research and development, significantly enhancing their technological strength, and continuously producing major technological achievements. In terms of social value creation, from 2020 to 2022, manufacturing listed companies have achieved significant growth in employment, government subsidies, and interest expenses. In terms of export value creation, during the global epidemic, China's resumption of work and production speed was much faster than other major economies, leading to a significant increase in the export value of some products. The growth rate of China's manufacturing industry export value has increased against the trend. Manufacturing listed companies have made the necessary contributions to maintaining social stability, and their resilience is more prominent globally.

Keywords: Manufacturing; Listed Companies; Value Creation

B.9 Case Analysis of Equipment Manufacturing Technology Innovation Enterprises

Liang Yongsheng, Xu Tianyao and Yang Ao / 237

Abstract: This report analyzes the basic situation, technological innovation, and technological innovation experience of three equipment manufacturing enterprises: China National Machinery Heavy Equipment Group Co., Ltd., China Academy of Agricultural Mechanization Sciences Group Co., Ltd., and Ideal Automotive. The research results show that these three enterprises adhere to policy-oriented and market-oriented approaches in the process of technological innovation. By establishing research mechanisms, exploring cooperation models, promoting intelligent manufacturing, innovating talent evaluation, and building product systems, they provide important references for the technological innovation and management method improvement of equipment manufacturing enterprises.

Keywords: Equipment Manufacturing Industry; Technological Innovation; Intelligent Manufacturing

IV Special Reports

Abstract: In 2023, the equipment manufacturing industry is experiencing trends of internationalization, intelligent upgrading, green transformation, and service extension, while the global manufacturing industry as a whole is showing a slow decline. In terms of global distribution, the equipment manufacturing industry in 2023 is still dominated by the United States, Germany, and Japan. The industrial value added of the equipment manufacturing industries in the United States and Germany has increased significantly, and the operating profit and business conditions of the manufacturing industry in Japan have shown signs of recovery. In terms of international trade, the trade deficit of the U. S. equipment manufacturing industry continues to expand, the import and export volume of the German equipment manufacturing industry has significantly increased, leading to an expanded trade surplus, and the export volume of the Japanese equipment manufacturing industry accounts for a large proportion of total manufacturing exports. In terms of relevant policy measures, countries are actively striving for strategic high ground, focusing on enhancing their own manufacturing competitiveness, strengthening the resilience of industrial and supply chains, promoting clean industry development, and increasing investment in digital technology. In terms of technological innovation, the United States, Germany, and Japan have made breakthroughs in multiple areas, such as developing new types of robots, unmanned driving technology, cultivating high-end medical equipment, aerospace equipment, and building smart factories. In terms of industrial distribution, the U. S. industry is mainly concentrated in three major belt regions, Germany's industrial distribution is relatively balanced, with many key enterprises concentrated in the former West Germany region, and Japan's industry is mainly distributed in five major industrial zones.

Keywords：International Equipment Manufacturing Industry；United States Equipment Manufacturing Industry；Japan Equipment Manufacturing Industry；Germany United States Equipment Manufacturing Industry

B.11　2023 Shipbuilding and Marine Engineering Equipment Industry Development Trends

Guo Wenna，Cai Xin and Li Hanshi ∕ 272

Abstract：This report first introduces an overview of the development, characteristics, and industrial structure adjustment of the shipbuilding and marine engineering equipment industry. It then explores technological innovation, including the application of new technologies, analysis of research and development investment, and the impact of technological innovation on industry development. it analyzes the industry's policy environment, outlining various policies issued by the country in recent years. It then proposes the technological development direction of shipbuilding and marine engineering equipment, including the application of new materials, the development of digital design and manufacturing, and the use of artificial intelligence. Finally, it looks ahead to the industry development trends in 2024 and provides development recommendations such as strengthening the research and development of new materials, accelerating the development of digital design and manufacturing, and attaching importance to the application of artificial intelligence technology.

Keywords：Shipbuilding and Marine Engineering Equipment；Technological Innovation；Digital Design and Manufacturing

权威报告·连续出版·独家资源

皮书数据库
ANNUAL REPORT(YEARBOOK)
DATABASE

分析解读当下中国发展变迁的高端智库平台

所获荣誉

- 2022年，入选技术赋能"新闻+"推荐案例
- 2020年，入选全国新闻出版深度融合发展创新案例
- 2019年，入选国家新闻出版署数字出版精品遴选推荐计划
- 2016年，入选"十三五"国家重点电子出版物出版规划骨干工程
- 2013年，荣获"中国出版政府奖·网络出版物奖"提名奖

皮书数据库　　"社科数托邦"
　　　　　　　　微信公众号

成为用户

登录网址www.pishu.com.cn访问皮书数据库网站或下载皮书数据库APP，通过手机号码验证或邮箱验证即可成为皮书数据库用户。

用户福利

- 已注册用户购书后可免费获赠100元皮书数据库充值卡。刮开充值卡涂层获取充值密码，登录并进入"会员中心"—"在线充值"—"充值卡充值"，充值成功即可购买和查看数据库内容。
- 用户福利最终解释权归社会科学文献出版社所有。

数据库服务热线：010-59367265
数据库服务QQ：2475522410
数据库服务邮箱：database@ssap.cn
图书销售热线：010-59367070/7028
图书服务QQ：1265056568
图书服务邮箱：duzhe@ssap.cn

社会科学文献出版社　皮书系列
SOCIAL SCIENCES ACADEMIC PRESS (CHINA)
卡号：299653964212
密码：

S 基本子库
SUB DATABASE

中国社会发展数据库（下设 12 个专题子库）

紧扣人口、政治、外交、法律、教育、医疗卫生、资源环境等 12 个社会发展领域的前沿和热点，全面整合专业著作、智库报告、学术资讯、调研数据等类型资源，帮助用户追踪中国社会发展动态、研究社会发展战略与政策、了解社会热点问题、分析社会发展趋势。

中国经济发展数据库（下设 12 专题子库）

内容涵盖宏观经济、产业经济、工业经济、农业经济、财政金融、房地产经济、城市经济、商业贸易等 12 个重点经济领域，为把握经济运行态势、洞察经济发展规律、研判经济发展趋势、进行经济调控决策提供参考和依据。

中国行业发展数据库（下设 17 个专题子库）

以中国国民经济行业分类为依据，覆盖金融业、旅游业、交通运输业、能源矿产业、制造业等 100 多个行业，跟踪分析国民经济相关行业市场运行状况和政策导向，汇集行业发展前沿资讯，为投资、从业及各种经济决策提供理论支撑和实践指导。

中国区域发展数据库（下设 4 个专题子库）

对中国特定区域内的经济、社会、文化等领域现状与发展情况进行深度分析和预测，涉及省级行政区、城市群、城市、农村等不同维度，研究层级至县及县以下行政区，为学者研究地方经济社会宏观态势、经验模式、发展案例提供支撑，为地方政府决策提供参考。

中国文化传媒数据库（下设 18 个专题子库）

内容覆盖文化产业、新闻传播、电影娱乐、文学艺术、群众文化、图书情报等 18 个重点研究领域，聚焦文化传媒领域发展前沿、热点话题、行业实践，服务用户的教学科研、文化投资、企业规划等需要。

世界经济与国际关系数据库（下设 6 个专题子库）

整合世界经济、国际政治、世界文化与科技、全球性问题、国际组织与国际法、区域研究 6 大领域研究成果，对世界经济形势、国际形势进行连续性深度分析，对年度热点问题进行专题解读，为研判全球发展趋势提供事实和数据支持。

法律声明

"皮书系列"（含蓝皮书、绿皮书、黄皮书）之品牌由社会科学文献出版社最早使用并持续至今，现已被中国图书行业所熟知。"皮书系列"的相关商标已在国家商标管理部门商标局注册，包括但不限于 LOGO（　）、皮书、Pishu、经济蓝皮书、社会蓝皮书等。"皮书系列"图书的注册商标专用权及封面设计、版式设计的著作权均为社会科学文献出版社所有。未经社会科学文献出版社书面授权许可，任何使用与"皮书系列"图书注册商标、封面设计、版式设计相同或者近似的文字、图形或其组合的行为均系侵权行为。

经作者授权，本书的专有出版权及信息网络传播权等为社会科学文献出版社享有。未经社会科学文献出版社书面授权许可，任何就本书内容的复制、发行或以数字形式进行网络传播的行为均系侵权行为。

社会科学文献出版社将通过法律途径追究上述侵权行为的法律责任，维护自身合法权益。

欢迎社会各界人士对侵犯社会科学文献出版社上述权利的侵权行为进行举报。电话：010-59367121，电子邮箱：fawubu@ssap.cn。

社会科学文献出版社